일본어 잡지로 본 조선영화 7

일제강점기 영화자료총서 14

일본어 잡지로 본 조선영화 7

한국영상자료원 한국영화사연구소 엮음

Korean Film Archive
한국영상자료원

발간사

　『일본어 잡지로 본 조선영화』 시리즈가 올해로 일곱 번째 권을 맞이하게 되었습니다. 일제강점기에 일본어로 발간된 영화 잡지들 중에서 '조선영화'와 관련된 기사를 찾아 정리·번역하고 해제를 덧붙여 도서로 발간하는 본 시리즈는, 같은 시기 조선어 신문에 수록된 영화 관련 기사를 정리하여 공개하는 『신문기사로 본 조선영화』 시리즈와 더불어 초기 한국영화사 연구를 위한 토대를 성실하게 구축해온 성과물로 평가받고 있습니다.

　올해 발간되는 『일본어 잡지로 본 조선영화』 7권은, 1937년부터 1940년까지 발간되었던 『만주영화』와 더불어 작년에 이어 1943년부터 1945년까지 발간되었던 『영화연감』에 수록된 조선 관련 기사들을 번역하여 싣고 있습니다. 2000년 이래 기존 영화 연구의 영역을 확대하고자 만주와 관련한 다수의 연구가 이루어져온 반면, 연구 자료가 되는 『만주영화』의 번역은 이번이 처음으로 알고 있습니다. 시리즈 성격상 전체를 다 다루지 못하고 조선과 관련된 부분만을 추려서 수록한 것이 안타깝습니다만, 모쪼록 이를 출발점 삼아 앞으로 더 다양한 연구와 자료 조사가 이루어지기를 바라봅니다. 작년에 분량 관계상 1942년분까지밖에 싣지 못했던 『영화연감』 또한 당시의 어느 자료보다 구체적인 정보들을 제공하고 있는 만큼, 일제강점기 말의 영화사 연구에 기여할 수 있기를 기대합니다.

　이 자리를 빌려 본 자료집 시리즈에 관심을 가져주신 여러분께 다시 한 번 감사의 말씀을 드립니다. 앞으로도 한국영상자료원은 한국영화사 연구를 위한 사료 발굴과 공개의 임무를 게을리하지 않을 것입니다. 기대와 격려, 그리고 애정 어린 비판과 함께 지켜봐주시길 부탁드립니다.

류재림
한국영상자료원장

일러두기

1. 이 책은 '일제강점기 영화자료총서' 시리즈 열네 번째 권으로 기획된 『일본어 잡지로 본 조선영화』 제7권입니다. 『만주영화』 및 『영화연감』에 실린 조선 관련 영화기사들을 번역·수록했습니다.

2. 이 책의 연구진은 한국영상자료원 한국영화사연구소 연구원 이유미, 미국 미시간대학(University of Michigan Ann Arbor) 아시아언어문화학부 박사 수료 손이레, 일본 이와테대학(岩手大学) 인문사회과학부 교수 양인실입니다. 한편, 『만주영화』에 수록된 만주어 기사는 중국영화연구자 한나리가 번역했습니다.

3. 일본어를 비롯한 외국어의 한글 표기는 국립국어원 외래어표기법을 따랐습니다. 단, 독음 표기가 애매한 고유명사들의 경우에는 초출에 일반적으로 통용되는 독음을 따라 적고 원문의 표기를 병기하였습니다.

4. 본문에서 2회 이상 언급되는 인명들은 부록의 '인명 정보'로 정리하였습니다.

5. 외화에 관하여는 다음 데이터베이스를 참고하여 원제를 추적하고 부록의 '영화 정보'로 정리하였습니다.
   – 일본문화청 일본영화정보시스템 [http://www.japanese-cinema-db.jp]
   – 일본영화데이터베이스(JMDB) [http://www.jmdb.ne.jp]
   – 중문전영자료고(中文電影資料庫) [http://www.dianying.com]
   – 홍콩영고(香港影庫, HKMDB) [http://hkmdb.com/]
   – Movie Walker [http://movie.walkerplus.com/]
   – The Internet Movie Database [http://www.imdb.com]

   단, 데이터베이스의 검색값이 없거나 부족한 경우에는 '영화 정보'에 포함시키지 않고 본문 내에 원문 기사의 표기를 병기하였습니다. 한편, 조선영화 역시 위의 데이터베이스에 검색값이 있는 경우에는 부록의 '영화 정보'에 포함시켰습니다.

6. 영화명·연극명·곡명은 화살괄호(〈 〉), 도서와 잡지명은 겹낫표(『 』), 기사명과 논문명은 홑낫표(「 」)로 표기했습니다.

7. 원문의 괄호는 대괄호([ ])로 표기하여, 번역 및 편집 과정에서 추가한 괄호와 구별하였습니다.

8. 원문의 사진 및 이미지는 이 책에 포함시키지 않았습니다. 그 대신 사진과 이미지가 있었던 자리를 표시하고 설명을 달았습니다.

9. 이 책은 2차 저작물이므로 본문에 실린 기사를 인용하실 경우 기사 원문의 출처와 함께 이 책에서 인용하였음을 반드시 명기해주시기 바랍니다.

차례

만주영화

滿洲映畫

1937년[1] 12월 | 제 1–1호, 일문판(一文版) | 49쪽 | 서지사항

만주영화 제1권 제1호

매월 1일 발행

정가 금 20전 송료(送料) 4전

정가
보통호 금 20전 [송료 4원]
반년·6권 금 1원 20전 [송료 포함]
1년·12권 금 2원 40전 [송료 포함]

강더(康德) 4년 11월 25일 인쇄 / 강더 4년 12월 1일 발행

발행자 야마우치 도모카즈(山內友一)
　　　　 신징특별시(新京特別市) 신파루(新發路) 204호

1　원문에서는 만주국 연호인 '강더(康德)'를 사용하고 있으나 본 자료집에서는 서력으로 표기한다.

편집자 이다 슈세이(飯田秀世)

신징특별시 종지후통(崇智胡同) 208호

인쇄자 세키 신(關眞)

펑톈(奉天)공업구 시마루(四馬路) 고분-유한공사(股份有限公司) 고아(興亞)

인쇄국

광고

본지 광고에 관한 건은 신징특별시 다퉁다제(大同大街) 주식회사 만주영화협회

내 『만주영화』 편집부 광고계[대표 전화 2-5253]로 조회하시기 바람.

발행소 만주영화발행소 신징특별시 다퉁다제 213 주식회사 만주영화협회 내

도매 전(全) 만주 및 조선, 펑톈·오사카 도매부

판매소 일본 내지 도쿄 도쿄도(東京堂)

1937년 12월 | 제 1-1호, 만문판(滿文版) | 2쪽

발간사[2]

우리 만주국 건국 이래 순식간에 6년이 흘렀다. 선량한 정치의 인도하에 국가는 나날이 태평성대를 이루고 있다. 국가는 민중의 교육 보급을 위해 일체의 시설에 진력(盡力)하고 그 일환으로 영화산업의 제창(提倡)을 통해 문화 발전을 촉진하고자 한다.

본 협회(만주영화협회)는 정부의 명을 받들어 본 잡지를 급선봉으로 진실한 언론과 논조를 통해 국가의 바람을 전할 것이며 품위 있는 예술을 널리 알릴 수 있도록

---

2 『만주영화』는 애초 일문판과 만문판 2종으로 발매되다 나중에는 만일문합병판(滿日文合倂版) 1종으로 발매되었다. 본문의 「발간 사」를 비롯하여 관련 기사가 만어로만 실린 경우가 소수 있는바, '일본어 잡지로 본 조선영화'라는 본 자료집 시리즈의 취지에는 어긋나나 만문판 혹은 만일문합병판의 만주어 기사를 번역하여 싣기로 한다.

아름다운 그림들도 함께 실을 것이다. 또한 여가시간의 활동을 위하여 흥미로운 문장들과 만화, 새로운 소식들, 세계 곳곳의 진귀한 이야기 등 모든 분야를 아울러 담을 것이다. 그리하여 문학 연구자, 교육에 관심이 있는 자, 예술 애호가 및 수많은 영화 팬 대중을 위한 읽을거리가 되도록 할 것이다.

본 잡지는 이제 막 창간하여 발아기를 지나고 있다. 우리는 독자들의 아낌없는 사랑과 성장을 위한 지지를 부탁드리며, 그 기대를 저버리지 않을 것을 약속드린다.

발간사 마침. 삼가 독자 여러분의 건강을 빕니다.

1938년 2월 | 제 2-2호, 일문판 | 36~38쪽

만주 · 영화 금석담(今昔譚)[3]

일전에 다롄(大連)의 집에 간 김에 책장을 뒤져 보니 조금 오래된 자료가 나와 활동사진 발생기의 에피소드를 또 하나 적는다.

애초 만주에서의 활동사진 상영은 메이지(明治) 39년 2월 오카야마(岡山) 고아원 일행의 자선음악활동사진회가 다롄에 온 것을 효시로 한다. 사진은 〈뤼순커우 해전(旅順口海戰)〉[4] 〈맥킨리 대통령 장례(マッキンレイ大統領の葬儀)〉 〈오카야마 고아원의 실사(岡山孤児院の實寫)〉 등으로 자금 모집이 목적이었는데, 이것이 엄청난 성공을 거두어 다음 해 창춘(長春)까지 순업(巡業)을 하였다. 기독교청년회가 처음 활동사진을 가지고 온 것은 40년 5월인데, 음악회의 여흥으로 〈호접무(胡蝶の舞)〉라는 것을 상영하여 호평받았다. 41년에는 하얼빈에서 러시아인 아무개의 활동사진이 들어와 센쇼칸(千勝館) 대실(大広間)에서 예기(藝妓) 발표에 덧붙여 영사한 것이 누님들

---

3   원 기사는 1938년 1월호부터 4월호까지 4회에 걸쳐 연재되었으나 본 자료집에서는 조선에 대한 언급이 있는 2회분만을 수록한다.

4   일본영화정보시스템에 따르면 1904~1905년 사이에 뤼순커우 해전과 관련한 다큐멘터리가 여러 편 제작되었다. 그러나 모두 본문에서 언급되는 작품과 제명이 정확히 일치하지 않기 때문에, 이 작품의 원제를 확신하기 어렵다.

의 인기를 끌었고, 프랑스인의 브라스대활동사진(ブラース大活動寫眞)이라는 것이 연예장인 오야마칸(大山館)에서 흥행하여 평판을 얻기도 했다. 42년에는 가부키자(歌舞伎座)에 파테포노시네머신(パテフォノシネマシン)[5] 회사 제조 누보 식(Nouveau 式) 대활동사진이라는 것이 와서 여흥으로 색전기(色電氣)를 응용하여 버터플라이댄스를 상연, 갈채를 받기도 했다. 이것이 만철(滿鐵)의 덴키칸(電氣館) 개설까지의 만주영화사(史)이다.

전호(前號)에 덴키칸은 43년에 생겼다고 썼는데, 이제 보니 42년이었다. 그 후로 나니와칸(浪速館)이 다이쇼(大正) 2년 1월, 고토엔게이칸(高等演藝館)이 같은 해 7월 개관했으며 가게쓰칸(花月館)이 활동사진관으로 바뀐 것은 훨씬 뒤의 일이다. 〈지고마〉가 일본 전국을 석권하고 결국 도쿄경시청으로부터 상영금지 처분을 받은 일이 메이지 시기에 벌어졌는데, 당시에도 덴키칸에서는 상영되었으며 그 필름 역시 만철에 남아 있던 것으로 기억한다. 특히 (일본) 어디서도 〈지고마〉를 볼 수 없게 된 다이쇼 2년 9월, 나니와칸이 '프랑스 에클레어(Éclair) 회사 촬영 〈아, 명탐정(噫名探偵)〉'이라는 제명으로 다롄 경찰의 검열을 멋지게 통과시켜 상영했을 때는 매일 밤 극장이 부서지도록 사람들이 몰렸는데, 이를 『만주일보』가 폭로해버리는 바람에 경찰 당국이 크게 고민하기도 했다. 이는 만주에서 독립적 검열제도가 선포된 이래 처음으로 벌어진 문제였다.

당시까지의 일본영화는 극히 유치했던 까닭에 상영 영화의 대부분은 양화였다. 그중에서도 프랑스나 이탈리아 작품의 전성기로, 미국영화는 많지 않았다. 역사는 반복된다. 만주영화협회 통제시대가 된 지금, 또다시 유럽영화시대가 출현하고 있는 것도 보기에 따라서는 재미있다. 만주에서 대작이 상영된 것은 다이쇼 3년 10월, 전호에 적었던바 기독청년회가 이탈리아 시네스회사(Società Italiana Cines)의 〈쿼바디스〉를 수입하여 가부키자에서 개봉했을 때부터이다. 활동사진은 저급한 것이라 간주되어 인텔리 계급은 그다지 관심을 기울이지 않았던 시기, 이 영화는 다롄의 인사들을 경도시켰고 미증유의 성공을 거두었다. 이 다음 해인 (다이쇼) 4년 4월에 (기독)청년회

5   파테(Pathé)사에서 초기에 에디슨의 키네토포노그래프(Kinotophonograph)를 가지고 흥행했던 일을 일컫는 것으로 추정된다.

는 또 프랑스 엠·파테(エム·パテー)회사의 〈아, 무정(噫無情)〉[6]을 끌어와 가부키자에서 상영, 다시금 큰 성공을 거두었다. 입센의 〈유령〉을 상영한 것은 그다음의 일이다.

〈아, 무정〉 때 처음으로 야마토(ヤマト)호텔에서 시사회라는 것을 열었는데, 야마토호텔 관현악단이 반주를 했으며 2원의 회비를 받았다. 이것이 상류 인사들의 환영을 받은 이래 대작영화는 호텔에서 시사하는 것이 상례가 되었고, 이는 협화회관(協和會館)이 세워질 때까지 계속 이어졌다.

만주에서의 영화 보급은 상설관 혹은 흥행사의 손에 의해 이루어졌으나, 발달 초기의 기독교청년회에 이어 앞서 언급한 만주영화협회, 앞으로 기술할 만철협화회관 및 다롄의 전 영화인을 망라한 만주영화인협회 등의 활동에 기대하는 바가 크다.

후기는 이 정도로 하고, 이제 전호에서부터 이어 쓰겠다.

다이쇼 말기부터 쇼와(昭和)에 걸쳐 다롄(36쪽)영화계는 장족의 진보를 이루어 특히 각 관 공히 변사와 반주에 힘을 썼다. 애초에는 변사라고 하지 않고 해설자라 칭했는데, 데이코쿠칸(帝國館)의 오야마 호게쓰(大山峯月)와 다치바나 게가이(橘桂外)는 각각 서양 작품과 일본 작품을 전문으로 했다. 나니와칸에서는 마쓰바 시로(松葉詩郎)가 양화와 신파 모두 명성을 떨쳤으며, 이후 대닛카쓰(大日活)가 돼서는 시라후지 로쿠로(白藤六郎)가 양화 전문 명해설자로 큰 역할을 했다. 현재 데이코쿠칸의 왕으로 독재 중인 오가사와라 라이온(小笠原ライオン) 군은 엔게이칸의 주임 해설자로 목소리가 커 라이온(雷音)이라 자칭, 눈물을 자아내는 해설이 18번으로 클라이맥스 부분에서는 단연 인기였다. 현 도키와자(常盤座)의 관주 고이즈미 도모(小泉友男) 군도 다카라칸(寶館)을 경영하며 이따금씩 무대에 섰다.

홀과 기계설비 면에서 (다른 곳과) 거의 비할 수 없을 정도의 우수함을 자랑했던 협화회관도 해설자는 상설관의 지원을 받을 수밖에 없었다. 타이틀을 읽으면 의미가 통하는 일본 작품도 변사가 있어야 했던 만큼, 양화에서 해설자는 반드시 필요한

6 엠·파테상회(エム·パテー商会)는 프랑스 파테사 프린트를 수입하여 상영하고 이후에 영화제작사로 성장한 일본회사로, 무역상 우메야 쇼키치(梅屋庄吉)가 설립하였으며 이후에 닛카쓰로 합병된다. 일본영화정보시스템에 따르면, 엠·파테사가 제작하여 1910년 공개한 일본영화 〈아, 무정〉이 존재하나 연출자나 배역을 포함한 어떠한 정보도 존재하지 않는다. 〈아, 무정〉은 〈레미제라블〉의 일본 번역서 제목인바, 본문에 상영된 작품이 엠·파테에서 제작한 일본판 〈아, 무정〉인지 아니면 여기서 수입한 프랑스 작품인지는 확정할 수 없다.

존재였으며 영화를 살리고 죽이는 것 모두 해설자의 힘이었다. 이는 전국에서 공통적인 현상으로 굳이 만주에 국한된 것은 아니었지만, 만주에서는 대부분의 양화가 상하이에서 오는지라 유독 해설난이 뒤따랐다. 그것도 그럴 것이, 일본에서는 각각의 전문가가 완전한 대본을 만들지만 만주에서는 아마추어가 영어 타이틀을 시사하면서 번역하기 때문에 대충 만든 것이 많았다. 거기다 해설자 중에 영어를 아는 자가 거의 없어 낡아빠진 필름이 한 번이라도 튈라치면 그 순간부터 당황하여 뭐가 뭔지 알지 못하는 형편이었다. 그래도 상설관 관객들은 별로 불평하지 않았다. 여담이다만, 일전에 기념공회당에서 조선영화 모임이 있었다. 관객은 모두 반도인이었는데, 본격 상영에 앞서 웬일인지 반갑게도 에밀 야닝스(Emil Jannings)의 〈바리에떼〉가 조선어 변사로 상영되었다. 아마 오래된 필름을 앞뒤 가리지 않고 이어 붙인 듯, 타이틀 좌우가 바뀐 곳이 반은 됐는데도 누구 하나 신경 쓰지 않고 변사의 열변에 박수갈채를 보냈다. 만영 치하의 만주영화계에 아직 이런 세계가 남아 있다니 정말 어이가 없었다.

타이틀뿐만 아니라 번역 제명에서도 때때로 묘한 것이 튀어나왔다. 로이드의 〈핫 워터〉는 직역하여 〈열탕 로이드〉로 상영되었는데, 나중에 내지에서 이것이 〈로이드의 첫사랑〉이라는 제목으로 평판을 얻게 된{37쪽} 사실을 모른 채 팬들이 《로이드의 첫사랑》을) 보고 싶어했다는 웃지 못할 이야기도 있다. 〈물랑루즈의 비밀(ムランルージュの秘密)〉은 '물랑루즈'가 고유명사라는 걸 몰라 〈붉은 벽의 비밀(赤い壁の秘密)〉[7]로 번역된 적도 있었다.

상설관 관객은 그래도 별 문제가 없었는데, 협화회관 관객들은 말이 많았다. 그들은 고급 팬을 자처, 해설이 방해된다는 등 해설자가 조금이라도 이상한 말을 하면 바로 주의를 주러 왔다. 때문에 협화회관을 통과한 자는 일류 해설자로 간주되었다. 마쓰바 시로, 시라후지 로쿠로, 후지와라 아이(藤原愛), 기타 류이치로(喜多流一郎) 군 등이 협화회관 스테이지에 가장 많이 섰던 이들이다. 현재 만영의 명 카메라맨 하야카와 이치로(早川一郎) 군 역시 못하는 게 없는 재주꾼으로, 프리랜서 해설로도 일가를 이루어 일반 해설자가 다루기 어려운 작품은 그에게 돌아오곤 했다. 여하튼 변사들의 호시절, 『만주일보』 주최로 가부키자에서 '변사 경연회'가 열리는 등 토키시대 이전에 해설자의 지위는 매우 중시되었다. 그러나 그중에 인물은 적었던바, 이는 현재 해설자 출신의 영화관주가 적은 것을 봐도 알 수 있다.

반주로 말할 것 같으면, 협화회관에서는 주로 야마토호텔 관현악단을 썼다. 이는 지극히 사치스런 일로 상설관에서는 좀체로 따라 하기 어려웠다.

요컨대 협화회관의 출연은 만주영화계에 큰 영향을 미쳤다. 이에 대해서는 뒤에서 또 다루기로 한다.

이제 영화 배급 상황에 대하여 조금 이야기해두자. 앞에서도 잠시 언급한바, 당시 대부분의 양화는 상하이에서 왔다. 일본인 측 배급자로는, 이름은 잊어버렸는데 파라마운트 에이전트를 하던 남자가 한 명 있었고, 현재의 쓰나시마 상점(網島商店)이 유나이티드의 에이전트를 맡았다. (이렇게) 양사의 필름은 일본에서 수입되었으며, 아라케라후(アラケラフ)[8]라는 러시아인이 상하이의 파테공사(公司) 에이전트로 미국영화를 배급하였다. 그런데 이 상하이 파테공사가 미국영화 각각에 대한 올 차이나(all China) 배급권을 가지고 있었고 여기에 만주도 포함되었던 까닭에 뜻밖에 시끄러운 배급권 문제가 벌어져 분규가 끊이지 않았다. 물론 일본의 각 양화 배급사는 올 재팬(all Japan) 판권을 가지고 있었고, 만주 특히 관둥(關東)주는 일본 영토로 당연히 배급권이 미치리라고 생각했다. 그런데 상하이의 외국인 측에서는 만추리아가 지나라 주장하며 필름을 보내오는지라 항상 충돌이 벌어졌고, 일본 측 필름을 계약하여 상영할라치면 아라케라후라는 놈이 곧바로 소송을 제기했다. 마치 일본음악계에서 벌어진 '플라게(Wihelm Plage) 선풍'[9]과 같은 상황이었다. 재판에서 싸우면 종국에 어떻게 될지 알 수 없지만, 어쨌든 (영화를) 선전하고 상영을 하루 앞둔 상황에서 그런 일을 당하고 마는 것이다. 가처분이라도 당해 상영이 불가능해지면 큰 손해를 입기 때문에 이를 갈면서도 몇백 원인가 돈을 주고 합의를 봐주었더니, 여기에 재미를 붙여 양화기만 하면 어느 회사고 배급권 침해라며 바로 트집을 잡았다. 때문

8   아라켈로프(Arakelov)로 추정되나 정확한 이름은 찾을 수 없다.
9   1930년대, 독일 외교관이었던 플라게가 일본 방송국 등에서 사용하는 유럽 음악에 대해 저작권 사용료를 청구했던 일을 말한다.

에 관주 측에서는 울화가 터져도 어쩔 수 없이 대본도 뭣도 아무것도 없는 상하이 물을 빌릴 수밖에 없었다. 이 상태가 다이쇼 말년부터 쇼와 3년경까지 이어져, 만주 영화계의 발달을 심히 저해했다.

그리하여 각 관주 및 필자 등이 모여 고심한 결과, 다음 결론에 도달했다. 즉, 영화 상영권은 일본 법률에서 저작권이다. 저작권 주장은 등기에 의해서만 유효하다, 관둥주에는 아직 등기제도가 없으므로 이를 주장할 수 없으며 설혹 주장할 수 있다 하더라도 이를 증명할 수 있는 서류가 필요하다, 이 정식 증명서 없이 단지 회사의 (양화)리스트 정도를 증거로 제출하는 소송을 재판소가 수리하는 것은 부당하다. 이후, 정식 증명서가 첨부되지 않는 한 배급권 침해 소송을 수리하지 말아달라는 탄원서를 연서하여 재판소에 제출했는데, 이것이 인정되어 아라케라후 소송이 서류 불비로 각하, 그들도 포기하여 오랜 난제가 겨우 해결되었다. 하지만 해결이라고 해도 이는 일본 측 배급권이 확립된 것이 아니라, 만주가 영화 배급 자유지역이 된 것에 불과하였다. 이후에도 상하이로부터의 수입은 계속되어 때때로 같은 영화를 양방(상하이와 일본)에서 수입, 도키와자와 댄닛카쓰 등이 고집을 부리며 동시 개봉하여 상영하는 등 어수선한 상황이 계속됐다. 지금의 영화 통제 상황에서 보자면 참으로 격세지감이다.

아마노 고타로(天野光太郎)

1938년 3월 | 제 2-3호, 일문판 | 24~28쪽

전설(傳說)의 만주

빛나는 건국의 이전에 민중의 목소리가 있었다. 전설이 있었다. 이 단편이 만주 창조를 그려보는 데에 '마음의 양식'이 되기를 바란다.

유원(悠遠)한 역사와 더불어 (사람들의) 입을 따라 신비한 향기를 더해가는 전설은 이 민족의 심장에서 생동하는 피가 되고 혼이 되고 힘이 되어 장래에 반짝이는 빛줄기를 내린다.

장백산 남북으로 드높이 둘러싸인 산기슭으로부터 굽이굽이 강물이 흘러 모인 쑹화강(松花江)의 품에서 서북으로 전개되는 지린(吉林)평야야말로 만주족의 요람으로, 숙신(肅愼)으로부터 발해와 여진을 거쳐 대(大)청나라가

되어 지나를 석권한 민족의 고향이다. 만주 전설은 왕도의 나라 만주가 이 땅에 생겨난 것은 우연이 아님을 충분히 설명해준다.

만주국의 전설은 한마디로 하늘 혹은 하늘의 명(命)과 관련된다. 만주 제 민족의 전설들이 난생민족설(卵生民族說)이거나 수류초충(獸類草蟲)의 기원에서 발하는 것과 비교하면 특이한 모습을 보이고 있다.

그러니까 만주 제 민족의 전설들 특히 개국에 관한 전설들을 기록해보면 부여족(夫餘族)은 왕자의 시비(侍婢)가 어떤 기운을 받아 남자아이를 낳고 그 아이가 장성하여 왕이 되는데 일설에는 난생이었다고도 전해진다. 고구려의 개국 전설은 금색 개구리가 남자로 변하는 것이고, 거란(契丹)의 시조는 그 출생까지는 인간적이나 태어난 것은 해골이라는 둥 저류(猪類)라는 둥 실로 괴기하기 짝이 없다.

만주족과 관련된 대표적인 전설은 다른 것을 내세운다. 개국 전설로는 천녀가 하늘의 사자인 까치에게서 받은 붉은 나무 열매를 먹고 아이를 배는데, 이 남자아이가 훗날 왕자가 되었다고 알려져 있다. 요순(堯舜)의 천의(天意)에 의해 황제가 되었다는 것과 청국(淸國) 직계인 만주국 황제가 '민중의 추대(推戴)'에 의해 제위에 올랐다는 것도 표현은 상이하나 모두 동궤를 이루고 있다. {24쪽}

붉은 나무 열매

압록강과 쑹화강의 상류에 우뚝 솟은 부쿠리산(布庫里山) 기슭에 부얼리호(布爾里湖)라는 호수가 있습니다. 물이 구슬과도 같이 맑습니다.

어느 해 초봄의 일입니다.

세 명의 천녀 자매가 하늘에서 내려와 호수 근처에서 놀고 있었습니다. (날이) 따뜻하여 천녀들은 상의를 벗고 춤을 추거나 노래를 하면서 한껏 봄의 즐거움을 맛보고 있었습니다.

그때 까치 한 마리가 붉은 나무 열매를 물고 날아와서는 셋 중에서도 가장 아

름다운 막내 천녀 퍼쿨런[10]이 벗어놓은 상의 위에 두고 다시 날아갔습니다.

상의 위에 뜻밖의 나무 열매가 놓여 있는 것을 발견한 퍼쿨런은

"아, 이 얼마나 아름다운 나무 열매란 말인가. 맛있는 향이 나는 붉은 나무 열매"
라고 말하며 아름다운 붉은 나무 열매를 먹었습니다.

그러자 신기하게도 퍼쿨런은 남자아이를 낳게 되었습니다. 이 아이는 남보다 몸집이 월등하게 컸으며 신기하게도 태어난 지 얼마 되지 않아 말을 할 수 있었습니다.

이 남자아이가 훌륭한 청년이 된 어느 날의 일입니다. 모친은 아이를 곁에 불러 탄생 당시의 기적에 대해 이야기해주었습니다.

"당신은 신의 아이입니다. 신께서 어지러운 나라를 진정시키라고 내려준 것입니다. 그러므로 오늘을 기해 앞으로는 성을 '아이신기오로(愛親覺羅)'로 이름을 '부쿠리용순'(布庫里雍順)이라고 하십시오."

청년은 놀란 눈으로 어머니를 바라보며 집중하여 이야기를 들었습니다. 자애로운 어머니는 눈이 흐려지는데도 상냥한 미소를 잃지 않고 말을 이어갔습니다.

"저기에 작은 배를 엮어두었습니다. 저 강의 흐름을 따라가면, 분명 어지러운 땅이 나올 것입니다. 자, 가서 난국을 평정하세요."

말을 끝내자 어머니는 천녀가 되어 구름을 타고 홀연히 하늘 높은 곳으로 올라가버렸습니다. 남겨진 청년은 모친이 사라져버린 동쪽 하늘을 그립다는 듯 바라보더니

"어머님, 어머님!"
하고 외쳤습니다.

아이신기오로는 이날 작은 배를 타고 큰 강으로 나갔습니다. 해 저무는 강가에서 갈대와 수초 냄새가 흘러왔습니다. 그는 버드나무 우거진 물가로 올라가 버드나무 잔가지를 깔고 그 위에 정좌하였습니다.

그때 그 지방은 전쟁이 한창이었습니다. 서로 일승일패, 승부가 쉽게 나지 않았습니다.

때마침 병사 한 명이 물을 길러 왔습니다. 그리고 물가에 앉아 있는, 크고 빛나

---

10   원문에는 '佛固論'으로 표기되었으나 이 문장 이후에는 원문에서도 모두 '佛固倫'으로 표기되어 있으며 통용되는 명칭 역시 '佛固倫'이다.

는 눈에 적동빛 안색, 단단히 여문 입매, 발달한 근골을 가진 청년을 발견했습니다.

"너는 누구냐?"

불안과 놀람과 수상함으로, 병사는 자기도 모르게 열두 보 뒷걸음질을 치며 물었습니다. 청년은

"나는 천녀 퍼쿨런의 자식이다. 신의 명령으로 너희들의 난을 진정시키기 위해 왔도다"

라고 말했습니다. 물을 길러 온 병사는 그대로 진영에 달려가 모두에게 고했습니다.

"그야말로 하늘이 낳은 영웅이다. 소홀히 대해서는 안 된다."

그러자 모두가 크게 존경하며 (그를) 맞아 우두머리로 삼았습니다. {25쪽}

아이신기오로는 이 지방의 난을 눈 깜짝할 새에 진정시키고 장백산 동쪽에 오돌리성(鄂多里城)을 세워 왕이 되었습니다. 그리고 국호를 만주라 하였습니다.

그로부터 몇 대(代)가 지났을 무렵, 국내가 어지러워진 오돌리성은 적군(賊軍)에 함락되었습니다. 왕의 일족은 거의 모두 붙잡혀 죽임을 당했습니다만, 단 한 사람 어린 태자인 화자이(花祭)만이 겨우 피하여 넓고 넓은 벌판으로 도망쳤습니다. 이를 안 적군이 즉각 뒤따라와 가련한 태자가 붙잡히려는 찰나

'이제 끝이다'

라며 모든 것을 체념한 순간, 신기하게도 하늘에서 까치 한 마리가 내려와 태자의 머리 위에 앉았습니다.

뒤따라온 적들은 까치가 앉아 있는 태자를 고목(枯木)으로 착각하고 다른 쪽으로 가버렸습니다.

이 태자로부터 또 몇 대를 지나, 태조 누르하치[11]가 지금의 푸순(撫順) 근방에 있는 싸얼후산(薩爾滸山) 전투에서 명나라 군을 격파하고 눈 깜짝할 사이에 만주 랴오둥(遼東)을 점령하여 청조(淸朝)의 기틀을 잡았습니다. 그리고 그 아들 태종과 세종[12]이 랴오시(遼西)를 평정, 연경(燕京)[현재의 베이징(北京)]을 함입(陷入)하여 지나 전역을 통일하였습니다. 바로 지금 만주국의 푸이(溥儀)황제는 이 자손이라 할 수 있습니다.

11　원문에는 '奴兒哈赤'이라 표기되어 있으나 통용되는 표기는 '努爾哈赤'이다.

12　원문에는 '世宗'으로 표기되어 있으나, 맥락상 순치제(順治帝)를 가리키는바, '世祖(세조)'의 오기로 추정된다.

청 태조의 어린 시절

나중에 청 태조에 올라 지나 400여 주(州)를 풍미한 영웅도 아직 한왕(憨王)에 불과했던 12, 13세 소년 시절, 랴오양(遼陽) 진수사(鎭守使)로 와 있던 명나라 장수 리청량(李成梁)을 모신 적이 있었습니다. 어딘지 모르게 기품을 갖추고 재기가 충만하여 어떤 일이든 빈틈없이 처리하는 이 미소년을 리 장군은 크게 귀여워했습니다.

어느 날의 일입니다. 외출에서 돌아온 장군이 한왕을 보고는

"나의 발을 보거라. 여기 붉은 색 반점이 하나 있지 않느냐. 이 때문에 내가 현직(顯職)에 올라 황가(皇家)의 병사들을 통솔할 수 있었던 것이다"
라고 득의에 차 말하였습니다.

지기 싫어했던 소년 한왕은 이 말을 듣고 가만있지 않았습니다.

"장군, 저에게도 반점이 있습니다."

"뭐라, 너에게도 있다는 것이냐?"

장군의 눈이 빛났습니다.

"장군은 반점 하나로 병사들을 잘 통솔하고 현직에 올랐다 말씀하시지만, 저는 좌우 발에 각각 일곱 개의 반점이 있습니다."

이 말에는 아무리 장군이라도 놀랄 수밖에 없었습니다.

(한왕을) 내려다보던 장군의 눈이 (장군을) 올려다보는 한왕의 눈과 딱 마주쳤을 때, 장군은 무서운 것이라도 본 듯 슬쩍 눈을 돌렸습니다.

언제나 커다랗게 빛나는 예리한 안광과 천품으로 상대를 압도하는 한왕의 태도에서 어딘지 제왕의 모습이 보였기 때문입니다.

"아, 그러하냐? 참으로 진귀하구나. 한 번 보여주려무나."

과연 일곱 개씩의 점이 있었습니다. 게다가 그것들 모두 붉은 색을 띠고 있었습니다.

이를 본 장군은 크게 놀라지 않을 수 없었습니다.

장군은 곧바로 가신들에게 명하여 한왕을 옥에 가둬버렸습니다.

"대단한 놈이 있구나. 한(憨)은 제왕의 상을 갖추고 있다. 그를 살려두어서는 명의 종가에 엄청난 화를 초래할지도 모른다."

이렇게 말하며 중신들을 모아 한왕을 죽이기 위해 여러 논의를 하였습니다. 이

를 들은 장군의 부인은 한왕이 가엾게 여겨졌습니다.

'아무 죄도 없는 이 가엾은 한을 죽이다니 참으로 무자비하다. 지금 바로 도망치게 하자.'

이렇게 결심한 부인은 한왕이 갇혀 있는 감옥 문을 몰래 열고, 장군이 항상 자랑하는 애마로 하루에 천 리도 간다는 준마 '칭(靑)'을 내어주고는

"자, 이걸 타고 도망치세요. 그렇지 않으면 당신은 죽임을 당할 것입니다"

라고 재촉하였습니다.

한왕은 부인의 깊은 정에 감사하며 말에 올라타 힘껏 채찍질을 하였습니다. 그러자 장군의 명마는 과연 질풍과도 같이 달렸습니다.

넓고 넓은 들판, 끝을 모르게 펼쳐진 바다와도 같은 평원을 한참 십 지리(支里)나 달렸을까 싶어 뒤를 돌아보니 야단이 났습니다. 대군(大軍)이 구름처럼 쫓아오는 것이 아니겠습니까?

'큰일이다. 말을 타고 달리면 오히려 눈에 띄겠구나.'

이번에는 말을 버리고 힘껏 뛰었습니다.

'이제 끝이다.'

이렇게 생각하면서도 도망칠 수 있는 만큼은 도망치겠다고 결심하며 바람과 같이 달렸건만 거대한 강에 다다르고 말았습니다. 보아하니 거기에는 다리가 없었습니다. 배도 없었습니다. 양양(洋洋)한 강이 조용히 흐를 뿐이었습니다.

한왕은 완전히 곤경에 처하고 말았습니다. 추격대가 점점 가까워져왔습니다. 아무리 애가 타서 발버둥을 쳐도 이제 끝입니다. 강물과도 같이 다가오는 발굽소리가 손에 잡힐 듯 가까이 들려왔습니다.

완전히 지친 한왕이 작은 도랑에 쓰러져

'아, 하늘이 결국 나를 버리는 것인가?'

생각하며 먼 하늘을 올려다봤을 때입니다.(26쪽) 어디선가 까마귀 떼가 날아와 쓰러진 한왕의 전신을 감쌌습니다.

이윽고 추격대가 강가에 다다랐습니다.

"이 근방에 있을 것이다. 없을 리가 없다."

이렇게 말하며 여기저기 찾아보았습니다만 한왕의 모습은 어디서도 보이지 않

았습니다. 단지 까마귀들이 새까맣게 떼를 지어 까악까악 울어댈 뿐이었습니다. 까마귀는 결코 인간과 같이 있지 않는 새인지라, 이 새 떼 안에 한왕이 있으리라고는 생각지도 못한 가신들은 완전히 힘이 빠진 듯 터덜터덜 되돌아갔습니다. 한왕은 까마귀 덕택에 위험에서 벗어나 목숨을 부지했습니다.

나중에 한왕이 '후금(後金)'이라는 나라를 세워 즉위했을 때, 이 강가의 토지를 '예라오관탄(野老鸛灘)'이라 이름 붙이고는 여기에 궁전을 지어 거대한 항아리를 놓은 뒤 곡물을 채워 넣고 까마귀들을 길렀다고 합니다.

지금도 태조의 사당 동쪽 언덕에서는 아침 일찍부터 까마귀가 모여 능을 보호하고 해질 무렵에는 떼를 지어 황궁으로 돌아간다고 합니다.

사진
백두산 정상의 천지

싸얼후 전투의 기적 같은 승리

'여진(女眞)의 꿈이 미치면 적으로 삼아서는 안 된다'[13]라는 옛말이 있습니다. 이는 태조의 군이 대단히 강했음을 증명하는 것으로 지금부터 이야기하려는 싸얼후 전투도 그 (증거의) 하나입니다.

싸얼후는 펑지선(奉吉線, 펑톈-지린선) 잉판역(營盤驛)에서 남쪽으로, 훈허(渾河) 강을 건너 산협의 수전(水田) 사이를 이어가는 4킬로미터 정도 지점에 있습니다.

청 태조는 부조(父祖)가 전사하자 라오성(老城)[현재의 싱징성(興京城)]을 중심으로 천하평정 패업(霸業)의 대목적을 달성하기 위해 군을 일으키게 되었습니다. 그리하여 첫 번째로 벌어진 것이 싸얼후 전투인데 실로 청국의 운명을 건 전투였습니다.

이 전투에서 명나라는 병사 총 20만을 4개의 군대로 나누어 일제히 진발(進發)하여 왔습니다. 반면 태조의 군은 8기(八旗)로 약 6만에 지나지 않았습니다. 청군이 아무리 강하다 해도 병력이 세 배나 앞서는 명군에 맞서 싸우다니, 태조의 심경에서는 비통한 결의일 수밖에 없었습니다. 이를 무릅쓰고 나갈 때

'나는 하늘의 명으로 지나를 평정하려는 것이니 반드시 하늘의 도움이 있을 것이다'

---

13 청대의 역사가 장이(張翼)가 이야기했다는 "여진이 만(万)에 미치면 적으로 삼아서는 안 된다"는 말의 '万'을 원문에서 '夢' 즉 '꿈'으로 오기한 것으로 추정된다.

하는 기분이 강하게 들었는데, 부하들 역시 이를 확신하고 있었습니다.

척후의 보고를 통해 명군이 병사를 4개로 나누어 주력부대를 선양(瀋陽)에서 진발시킨다는 것을 안 태조는 이를 격파하기 위해 전력을 다했습니다. 복병(伏兵)으로 적을 혼란시키고 수미(首尾) 좋게 첫 번째 교전에서 기적 같은 승리를 거두었습니다. 그다음으로, 카이위안(開原) 방면에서 닥쳐오는 제2군을 훈허강 서쪽에서 섬멸해야 했습니다. 그렇지 않으면 제3군, 제4군을 함께 맞닥뜨릴 수밖에 없기 때문이었습니다. (병사를) 점차 진출, 전투를 준비할 때였습니다. 훈허강가에 와 보니 어느샌가 강물이 불어 어떻게 해도 강을 건널 수 없었습니다. 혹 이때를 놓친다면 제4군이 라오성의 본거를 칠 것이므로 후로가 끊길 게 불 보듯 뻔했습니다. 부장(部將)을 집결시켜 회의를 했지만 어떤 묘안도 나오지 않았습니다.

그때, 모든 방책을 생각해보던 태조의 머릿속에 '천신의 가호'가 떠올랐습니다. 태조는 곧바로 말에서 내려 언덕 위에 제단을 짓고 공양하며 하늘을 향해 공손하게 세 번 절하고 아홉 번 머리를 조아리는 예를 행한 뒤 정성껏 빌었습니다. 그러자 세상에 신기한 일이지요. 어디서 나타났는지 수를 헤아릴 수 없는 거북이와 게 무리가 눈 깜짝할 사이에 강을 덮어버렸습니다.

이렇게 기적이 벌어지자 전군(全軍)의 의기가 차차 오를 대로 올라 파죽지세로 제3군까지 완전히 격파, 그날 밤 라오성으로 돌아가 제4군에 맞설 전열을 완전히 정비했습니다. 이 신출귀몰한 활동에 전의를 거의 잃은 제4군을 요격하는 데는 힘을 들일 필요도 없었습니다. 사실 제3군은 명나라 군의 대패를 듣고 일전도 하지 못한 채 패주(敗走), 이 대전(大戰)은 완전한 태조의 승리로 돌아갔으며 태조는 이어 선양으로 진출하였습니다.

융링(永陵)의 노송(老松)

훈허강의 지류 쑤쯔허(蘇子河)를 따라 약 100킬로미터 정도를 올라가면 융링이라는 부락이 나옵니다. 오래전에는 선양[평톈]에서 조선으로 가는 통로였는데, 청조 초기 구 도읍이었던 싱징 쪽으로 나 있는 28킬로미터 남짓의 깊은 산골입니다.

현재 이 융링의 한 구역에서 청조의 위령(偉靈)을 모시고 있습니다만, 이곳은 태곳적 그대로의 삼림을 뒤로하고 깊은 계곡으로 둘러싸인 자연 요새입니다.

서력 1623, 1624년경 청 태종은 아버지 태조의 유해와 더불어 겨우 수십 명 (남은) {27쪽} 수하와 장백산 자락 허투아라[14][싱징]의 라오성을 향하고 있었습니다. 산길을 가던 도중 노송 밑에 관을 잠시 내려놓고, 태조가 선양 전도(奠都)에 앞서 명나라 대군을 격파했던 싸얼후산을 바라보며 쉬고 있었습니다.

태조는 선양으로 도읍을 정한 바로 다음 해에 만주군 정예부대를 모아 서둘러 명나라 정벌에 나섰습니다. 연승을 거듭하며 랴오허(遼河)강 서쪽 닝위안성(寧遠城)[싱청(興城)]을 포위하고 역투하였습니다만, 명의 수장 위안충환(袁崇煥) 역시 잘 싸워 자웅을 가리기 어려웠습니다. 명나라 군대가 가지고 있던 포르투갈제 홍이포(紅夷砲)에 고전을 거듭하던 태조는 불행히도 병을 얻어 죽음을 맞았고, 결국 그의 시체는 말가죽에 싸여 선양으로 돌아왔습니다.

태종은 원래 아버지의 유지를 이어 명나라 타도를 위한 방책을 강구하는 데 여념이 없었습니다만, 닝위안에서 대패를 겪으며 큰 타격을 입었고 군병의 회복을 꾀하는 것도 필요하여 우선 태조의 유해라도 고향에 모시고자 길을 나섰던 것입니다.

잠시 쉬고 난 뒤였습니다. 노송 밑에 내려놓았던 관이 갑자기 무거워져 얼마 없는 병사로는 도저히 옮길 수 없었습니다. 놀란 태종은 태조의 영이 그곳에 멈추어 명나라 군을 비예(睥睨)하면서 이를 타도하기 위한 태종의 출진을 바라고 있음을 통감하였습니다. 미련이 남았지만 태종은 일단 귀향길을 서둘렀습니다.

1926년 수만의 군사 훈련을 마치고 병기(兵器)까지 손에 넣은 태종은 아버지의 복수전을 위해 랴오시 벌판으로 군을 진격시켰습니다. 그리하여 닝위안 부근까지 나아갔습니다만 선발대가 길을 잃는 바람에 맥이 빠져 후퇴할 수밖에 없었습니다. 이 부근 지리에 밝았던 태종이 선두하여 얼마나 갔을까, 신기하게도 한줄기 빛이 반짝이는 것을 보았습니다. 그것은 태조의 영을 모신 관에서 나온 빛으로 서쪽으로 갈 길을 비추어주었고, 군병들은 길도 없는 산중의 덤불 속을 아무 어려움 없이 나아갈 수 있었습니다. 태종을 비롯한 군병 모두가 신비로운 빛에 감격, 좋은 징조라 여기며 대지에 엎드려 감사를 드렸습니다.

태종은 아버지의 유해를 봉(奉)하여 3군을 지휘하려 했습니다만, 어느샌가 관이

노송의 뿌리에 비호되어 움직이지 않았습니다. 그 순간 태종의 귀에 '나는 상관하지 말고 어서 진군하여 적을 섬멸하라'는 격려의 속삭임이 들려왔습니다.

태조의 가호에 자연히 사기가 오른 청군은 파죽지세로 랴오시에서 복수전을 마치고 중원으로 나아가 결국 전 지나의 패권을 쥐게 되었습니다. 나라의 기초를 이룬 닝위안에는 능이 모셔졌고, 이는 청국의 수호신으로 오래 숭앙받았습니다. 노송 역시 영전(靈殿)을 감싸듯 웅대한 줄기를 뻗으며 무음 속에서 고인의 생전에 대해 이야기해주고 있습니다.

쑹산바오(松山堡) 회전(會戰)

태종의 군사는 다링허성(大凌河城)의 적을 쫓아내고 진저우성(錦州城) 남쪽 16킬로미터 남짓 떨어진 쑹산바오에 진을 쳐 진저우성을 일기(一氣)에 공략할 획책을 짜고 있었습니다.

멀리 보이는 진저우성은 대평원에 우뚝 솟아 있었는데, 너비 4킬로미터에 높이가 근 10미터에 이르는 견고한 성벽은 샤오링강(小凌河)의 흐름에 둘러싸여 더욱 난공불락으로 보였습니다. 성내는 봄날인 듯 지극히 평화로워 피어오르는 아지랑이 사이로 다광지사(大廣濟寺)의 가람(伽藍)과 13루(樓) 백탑 꼭대기가 모습을 드러냈습니다. 이를 가만히 바라보며 태조[15]는 천우(天佑)를 받아온 지난날을 뒤돌아보며 지나 평정이라는 대업 달성에 대해 생각하고 있었습니다.

그로부터 얼마 지나지 않아 태종을 비롯한 수많은 병사는 청군의 비장무기 홍이포를 둘러싼 채 마른침을 삼키고 있었습니다. 이는 태종이

"하늘이 나를 버리지 않고 이 군대를 지켜주겠다 생각하셨으니, 이 화포로 저 탑의 정상을 치게 해주소서. 만일 하늘의 뜻에 어긋나는 싸움이라면 저는 여기서 군을 정리하고 선양으로 돌아가겠습니다"

라며 제단을 세우고 하늘에 아홉 번 절하는 예를 올리고 있었기 때문입니다.

꽝음 일발, 불붙어 날아가는 포환은 하늘의 뜻과 선조의 가호가 더해져 탑의 정상을 훌륭하게 타격했습니다. 순식간에 함성소리가 울려 퍼져 산 전체에 메아리치

15   원문에는 '太祖'로 표기되어 있으나, 문맥상 '太宗(태종)'의 오기로 추정된다.

고 진저우성도 요동쳤습니다.

그리하여 사기로 넘쳐흐른 전 군은 결국 진저우성을 함락, 명나라 군을 관내로 패주시켰습니다.

오쿠무라 요시노부(奧村義信)

1938년 3월 | 제 2-3호, 일문판 | 46~47쪽

영화 흥행·이문(異聞)

유벌(流筏)로 유명한 O강을 가운데 국경으로 두고 A시와 S시가 서로 마주하여, 이른바 접속도시를 형성하고 있다. 공중에서 바라보면 그저 다리 하나로 이어진 접속도시이다. 그러나 속한 나라가 각기 다른 까닭에 두 도시는 복잡한 관계를 맺고 있다. 밀수 갱단이 횡행하고 있는 것이다. 이 국경을 왕복하노라면, 금단추를 단 젊은 세관나리와 상습적 밀수 갱단 사이에서 예기치 않게 벌어지는 활극과 추격 장면을 목격할 수 있다. 원숭이처럼 철조망을 뛰어넘어 도망치는 갱들과 그들의 뒤를 쫓는 세관나리가 돌을 던지고 또 던진다. 현실의 활극에 영화의 스릴이 견줄 바 아니다.

여기까지는 그저 이 두 도시의 위치를 설명한 것에 불과하다. 내가 이야기하려는 본론과는 관계없다.

이들 두 도시, A시와 S시에는 각각 두세 개의 상설관이 있었다. 내지의 시골 상설관에도 대개 롤라(Rola) 발성기 정도는 보급되었던 쇼와 8년, 즉 다퉁(大同) 2년경, 이곳 상설관도 언제까지고 발성판(영화)을 소리 없이 설명만으로 때울 수는 없어 결국 모든 관에서 부랴부랴 요란한 토키 부설(敷設) 경쟁이 벌어졌다. 신문에 큼직큼직한 활자로 광고가 실리고, 스크린에서는 코맹맹이 소리의 슈발리에(Maurice Chevalier)가 활약했다. 화로를 주문하여 뜨거운 차를 마시면서 본고장의 멜로디를 들을 수 있다는 것은 고마운 일이었다.

이렇게 화로를 두고 뜨거운 차를 마시는 기분은 결코 나쁘지 않았다. 고전미도 있고 좋았으나, 관람석이 판자바닥인 까닭에 신발을 벗어야 했던 것이 일부, 아니 대

부분의 영화 팬을 불쾌하게 했다. 흥행이 끝나 집에 돌아가는 것이 큰 문제였는데, 봇물 터진 듯 신발 지킴이에게 몰려드는 모습은 거의 아수라장을 방불케 했다. 노인들은 신발을 찾는 데 목숨을 걸어야 할 정도여서 차 심부름꾼 녀석들에게 50전 정도 쥐어주었다. 그러면 그치들은

　　"신발 보관증을 주세요"

라며 끝날 때 대신 줄을 서주었다. 이런 전차로 영화 구경 한 번 하는 데 입장료 50전, 방석값 5전, 화로값 10전, 찻값은 팁을 포함하여 깎아서 50전, {46쪽} 합계 1원 15전이나 내야 그나마 안심하고 볼 수 있었다. 대신, 관객이 적을 때는 관람석에 누워 뒹굴거리며

　　"천장에 스크린을 만들었으면…"

하는 태평한 소리도 할 수 있었다.

　　이러한 설비가 근대인들에게 맞지 않는다는 것은 관주들도 잘 알고 있었다지만, 어떤 관에서 한 번 계단 밑을 구획하여 벤치를 둔 것이 보기 좋게 실패한 이래로는 누구도 이를 다시 시도하지 않았다. 겨울에 발이 시리고 영화전문관이 아닌지라 연극이나 나니와부시(浪花節)를 할 때 불편하다는 이유였다.

　　이즈음, S시 일각에서 타오른 두 도시 영화계 개혁의 불길…이라 하면 얘기가 커지지만, 젊은 반도인 형제에 의해 근대식 설비를 갖춘 영화전문관이 등장했다. 젊은 형제의 성은 김(金)[가명], 들리는 말로는 광산으로 벼락부자가 되었다고 했다. 관명은 네오(ネオ)극장[가명]이라 칭했는데, 오래된 극장을 임차해서 내부를 바르고 개조한 뒤에 접이식 개인의자를 설치했다. 기계로는 심플렉스(Simplex)에 RCA발성장치를 쓰고 상영작으로는 주로 양화 대작을 골랐다. 이것이 고급 팬을 자처하는 인텔리층에게 먹힌 것은 당연했다. A시의 열성적인 팬들은 얼음 녹는 소리가 따가운 어둠을 뚫고 철교를 넘어 특별 감상에 나서곤 했다.

　　A시의 유력지 Q신문사의 젊은 영업부원 마치다(町田) 군이 네오극장의 화려한 선전 방식에 주목한 것은 말할 것도 없다. 영화관과 타이업(tie-up)하여 독자 우대 명화 감상의 밤을 개최한다면 쌍방을 선전하는 가장 효과적인 방법이라며 (네오극장

을) 단신 방문한 마치다 군은 지방에서는 잘 볼 수 없는 선전부 겸 사무실이 있는 것을 보고 가장 크게 놀랐다. 다음으로 관주 형제의 지적인 태도에도 감탄했다. 여러 이야기를 나누어보고 알게 된바, 형제가 중심이 되어 반도영화주식회사[가명]를 조직하고 현재 그 첫 사업으로 경성에서 만들어진 조선 토키영화들의 배급권을 확득하려는데 언젠가는 프로덕션을 설립할 계획이라고. 이 사람들은 거물이 될 것이다! 마치다 군은 완전히 흥분해버렸다.

독자 우대 명화 감상의 밤은 A시, S시 사이에 임시열차까지 운행하여 일본에서도 좀처럼 찾아보기 어려울 정도의 엄청난 규모로 개최되었으며, 대성황을 이뤘다. 제1회가 대성공으로 끝나자 한 달 후에 또 제2회, 이 역시 예상대로 성공이었다. 이렇게 되자 군이 특별열차 같은 것을 마련하기보다 차라리 A시에 진출해볼까 생각하게 된 것은 자연스런 흐름이었다. 다행히 네오극장은 지방 순업용 RCA 포터블 영사기를 한 대 가지고 있었다. 그때까지의 경험으로, 우수영화를 우수한 기계로 보여주기만 한다면 손님이 들 것이라는 계산도 섰다. 그리하여 곧바로 이 안을 실현, Q신문 주최 '명화 감상의 밤'이 공회당에서 열리게 되었다.

세계적 명화를 이 분야에서 정평이 난 RCA발성장치로 공개한다는 것으로, 네오극장을 통해 이미 RCA의 우수함을 알고 있던 팬들의 입소문도 작용해 사흘간에 걸친 감상회는 주야 초만원의 성황을 이루었다. 누구라도 영화는 돈이 된다…고 생각할 수밖에 없었을 것이다. (47쪽)

이때 외화로는 〈장미꽃 필 무렵〉과 〈처녀의 바다〉, 일본작품으로는 〈누이여 꽃과 같이〉[16]가 상영되었는데 모두 그해의 우수작품이었다. 특히 〈장미꽃 필 무렵〉에서 나오는 테너 독창 같은 것은 관객들을 완전히 매료시켜버렸다.

기분이 몹시 좋아진 Q신문사와 네오극장 관계자들이 제2회를 계획할 때였다. 호사다마라고 했던가. 갑자기 일대곤란한 사태가 불어닥쳤다. A서(署)의 보안계로부터 "잠깐"이라는 말이 나와버린 것이다. 설비가 되어 있지 않은 장소에서의 영화 상

16 　각각 〈バラ咲く時〉 〈處女の海〉 〈妹よ花のやうに〉. "대작"이며 해당년도 "우수작품"이었다는 설명에도 불구하고, 특히 일본작품인 〈妹よ花のやうに〉의 검색값이 없는 것으로 보아 본문 중 표기되지는 않았으나 필자가 다른 고유명사들과 더불어 영화 역시 가제를 쓴 것으로 추정된다.

영은 위험하므로 안 된다는 것이었다.

"포터블이라… 아크(Arc)등을 사용하는 것이 아니고… 전구인데…"
등등 여러 가지 사정을 말하고 애써보았으나 좀체 허락이 떨어지지 않았다. 여기에
는 제1회 때 필름에 불이 붙은 것을 가까스로 진화시켰다는 소문이 도는 등 중상도
있었다고 한다.

흥행열에 매우 들떠 있던 마치다 군은 이 정도 일로 기운이 꺾이지 않았다. 네오
극장의 김씨 형제와 비밀리에 다른 계획을 세웠던 것이다. 이 계획은 A시의 영화계
를 또 한 번 흔들어놓기에 충분했다 할 수 있다.

무라야마 슌지(村山俊二)

1938년 4월 | 제 2-4호, 일문판 | 34~35쪽 | 에세이

열차 안에서 영화를 생각하다

오지 사람들의 이야기

촛불 (조명의) 기차를 타고 가 램프 여관에 머물렀다. 어두컴컴한 램프 밑에서
겨우 하루에 한 번 쌀밥을 먹을 수 있었던 여행. 그것이 나흘째.

지금 기차는 예바이서우(葉柏壽)에서 청더(承德)를 향해 출발하려 한다. 딸랑딸
랑, 발차를 알리는 종소리에 어슴푸레 여수(旅愁)를 느끼며 나는 문득 이 여행에서
만난 여러 사람의 이야기를 떠올렸다.

• 다후산(大虎山)에 사는 젊은 일본인 역무원의 이야기

"오락… 같은 것은 이곳에 온 이상 별로 기대하지 않습니다. 다만 가끔 영화가
보고 싶거나 음악이 듣고 싶거나 하죠. 시골로 돈 지 벌써 3년째입니다만, 도회지 물
이 아직 빠지지 않은 거죠."

• 산하이관(山海關) 근처 쑤이중현(綏中縣) 일본인소학교 교장선생의 이야기

"1년에 두세 번 철도총국의 위안영화반이 옵니다. 자극이라 한다면 그게 다입니

다. 보시다시피 저희 학교 학생들이 13명이므로, 그것이 분에 맞는 것 같습니다."

젊은 교장선생은 쓴웃음을 지으며 이야기를 이어갔다.

"일전에 1년 만에 펑톈에 갔더니 자동차가 겁나서, 지금 생각해도 뭔가 싶습니다. 그때 활동(사진)을 일곱 편 보았습니다. 1년분을 듬뿍 본 것이지요. 그런데 크게 재밌지도 않더군요. 보지 않으려면 안 봐도 상관없겠다 싶습니다만… 역시 때로는."

- 예바이서우 램프 여관 여종업원의 이야기

"전기는 눈이 부시지요. 차라리 램프가… **당연하지요**(원문 강조)."

여종업원은 유행가처럼 **가락**(원문 강조)을 붙여 큭큭 웃었다.

"낙이랄까, 그런 것은 없지요… 만철의 순회활동뿐이지요."

나는 이 사람 좋은 시골 여종업원의 이야기가 우습고 또 슬펐다.

오지 사람들은 오락이라면 영화를 생각하는 듯하다. 오지의 황량하고 적적한 생활을 '영화 한 편 보지 못한다'는 말로 표현하려는 것 같았다.

1년에 한두 번 보는 그 영화가 어떤 것인지 묻는다는 걸 잊었는데, 쑤이중현의 교장선생 이야기로는 기차역 구내에 흰 천을 붙이고 "토키를 튼다"고 했다. 토키 설비가 그렇게 간단히 될 수 있을지 어떨지 나로서는 잘 알 수 없지만, 어쨌든 순회영화반이 온다는 통지를 받으면 가슴이 콩닥콩닥할 정도로 기쁜 모양이다. 좋아하는 것을 골라 영화 구경을 가는, 도회지에 사는 나 같은 사람들은 절대 상상도 못할 일인데, 젊은 교장선생은 기침이 나서 더듬거리면서도 그것이 얼마나 기쁜 일인지 나중에는 양손을 높이 들어 펼치면서까지 이야기했다.

철도총국의 위안영화반은 오지 사람들로부터 지금도 얼마나 많은 환영을 받고 있는지 모른다. 오지 아이들의 아버지들은 이 위안영화반이 오는 날이야말로 간신히 아버지가 된 듯한 기분이 든다고 한다. 아이를 하룻밤 즐겁게 해줄 수 있다는 기쁨으로 가득 차 그야말로 발걸음이 가벼워져서 집으로 향할 수 있다는 것이다.

영화의 시(詩) 외

예바이서우에서 며칠 만에 몸을 담그고 13시간 숙면을 취한 덕택에 오늘의 여행은 꽤나 상쾌하다. 어제 다롄의 친구에게 보낸 엽서에는 '단지 황(荒), 적(寂) 두 글자로 충분. 지치고 피곤할 뿐'이라고 적었다. 실제로 차창 밖으로 보이는 길가의 풍경은 붉은 흙과 황차(黃茶)빛 들판, 이따금 마른 가지가 날리곤 하는 갈색의 흐린 하늘뿐, 나는 몸도 마음도 맥이 풀려 그저 자고 싶을 뿐이었다. 그리하여 엽서 마지막에는 다음과 같이 적었다. '내가 시인이라면, 이 황과 적 사이에서 시를 끄집어냈을지 모르지만, 지금은 그저 자고 싶을 뿐입니다.'

오늘은 풍속 30미터 속에서 날이 밝았다. 날이 밝으면서 바람도 멎어 하늘도 화창했다. 둥근 산들이 신기할 정도로 이어졌고 길가의 들판도 부드러운 황색빛으로 부풀어 초봄과 같이 평화스럽다. 나는 차창에 한쪽 팔을 괴고 이 부드러운 풍경을 바라보며 '영화의 시'라는 것을 생각했다.

영화의 시로 말할 것 같으면 나는 먼저 〈아리가토상〉 〈연애수학여행〉 〈스타플레이어〉 〈바람 속의 아이들〉 등 시미즈 히로시의 작품과 〈남풍〉 〈초여름〉 〈강〉 등의 서양영화를 떠올린다.

그보다 더욱 깊고 향기로운 시를 느낀 것으로 '만철 단편영화'가 있다. 단순한 기록사진이 아니다. {34쪽} 나는 이 만철 영화를 보고서 생생한 풍경을 느꼈으며 유구한 역사라는 것에도 깊은 관심을 갖게 되었다. 그러고 보니 이 〈비경열하〉라는 작품은 쇼와 11년도 일본영화 베스트 10에도 뽑혔을 것이다.

극영화에서 실사영화로, 라는 목소리가 지금 요란하다. 그만큼 실사영화 중에 뛰어난 작품이 많은 것이다. 실사영화는 역사적 기록과 더불어 뜻하지 않았던 '시'를 담을 수 있다. 실사영화가 내 마음을 치는 것은 이 뜻하지 않게 부딪혀오는 우연의 '시' 때문이 아닐까.

뛰어난 작품이라 기억하고 있는 영화들도 지금 생각해보면 역시 '시'로 넘쳐흐른다. 극영화든 실사영화든 '시'를 잊어버린 영화는 의미가 없을 뿐만 아니라 매력도 없는 것 같다. 〈외인부대〉의 무상한 시, 〈벌거벗은 거리〉의 냉정한 시. 바로 이 때문에 나는 (이 영화들을) 잊지 못하는 것이리라.

첫 번째 '만주영화'는 어떻게 제작될 것인가.

만주의 시를 듬뿍 담은 진정 만주다운 영화라면 좋겠다고 바라본다. 그런 의미에서 체코영화 〈강〉이 기억에 깊이 남아 있고, 조선영화 〈나그네〉가 보고 싶다. 〈새로운 땅)을 가지고 일본영화라며 소리를 높이기 전에 선수를 쳐, 만주의 시가 넘쳐흐르고 만주의 향기가 나는 작품을 먼저 보여주었으면 좋겠다. 만주인들이 정말로 보고 싶어하는 것은 그러한 작품이리라. 만주인들에 대한 영화교육은 그리 이루어져야만 한다.

만주의 시와 만주의 향을 가진 영화를 만들기 위해서는 첫째로는 '시나리오'가, 둘째로는 카메라맨의 '눈'이 필요하다. 만주에 대한 출연자들의 애착이 그 위에 선다. 출연자의 경직성은 당분간 면키 어려울 터이므로 그만큼 좋은 시나리오와 예리한 카메라맨, 만주에 대한 애착이 필요하다. 일본영화의 아류가 아니라 어디까지고 만주인들이 보는 독자적인 만인영화가 창조되기를 바라는 바다. 지금 와서 내가 다시 이야기할 것도 없다는 생각이 들지만.

차창 밖으로 이제 날 저무는 기색이 짙다. 산, 또 산. 둥그런 산과 산이 어느샌가 험준하게 우뚝 솟은 산들의 연속으로 바뀌었다. 이제 곧 청더다. 옆자리의 만주인 세 사람은 아까부터 이 원고지에 대해 이야기했는지 얼굴을 들이밀고 보고 있다. 이러한 오지의 만주 사람들은 어떤 영화를 보고 싶어할까. 아니 영화 같은 건 본 적도 없을 것이다. 노인들은 그만큼 소박한 표정을 하고 있다. 이런 사람들에게 '만영'은 어떤 영화를 보여줄 것인가. '만영'이 이 오지 사람들까지 염두에 두고 있을지 어떨지. 아, 불빛이 보인다. 청더 거리의 빛이다.

마치바라 고지(町原幸二)

1938년 4월 | 제 2-4호, 일문판 | 52쪽 | 영화계 습록(拾錄)

조선영화주식회사 경성에 창립되다

반도 예술의 재음미가 문제 되고 있다. 도쿄 신쿄극단(新協劇團)이 무라야마 도모요시(村山知義) 연출의 〈춘향전〉을 상연한 것을 비롯하여 도와상사(東和商事)가 반도영화제작소와 제휴하여 〈한강〉을 배급, 도호(東寶)는 일전에 〈나그네〉로 신코(新興)와 제휴했던 스태프들과 함께 〈군용열차〉를 기획하는 등 정월(陽春) 이후 반도영화의 발흥이 약속되고 있다. 이러한 기운을 맞아 종래의 타력적(他力的) 제작 태도에서 자주적인 태도로, 라는 기치로 반도영화계를 재조직하고자 하는 사람들을 중심으로 경성에 자본금 50만 원의 조선영화주식회사가 탄생, 벌써부터 일본·조선·만주 영화계의 주목을 받고 있다. 동 회사에서는 첫 번째 작품으로 반도문단의 거성 이광수(李光洙) 씨 원작 『무정(無情)』을 택하여 일본영화계에서 조감독으로 10여 년간 일해온 박기채(朴基采) 씨 감독으로 3월 15일부터 제작을 개시하고자 준비하고 있다고. 나아가 촬영 개시를 즈음하여 만선영화 친선의 의미로 만주영화의 반도 공개 및 반도영화의 만주 진출을 기획하고 있는데, 이 친선의 첫걸음으로 반도색이 듬뿍 담긴 새색시 인형 두 세트를 각각 만영 본사와 만영 촬영소에 선물했다.

사진
조선영화주식회사가 선물한 새색시 인형 주위에 둘러앉은 만영 연기자들

1938년 5월 | 제 2-5호, 일문판 | 42~43쪽 | 읽는 시나리오

국도(國都) 건설

– 언덕 위이다.
버드나무에 기대어 나는 휘파람을 불고 있다.
언덕은 마을에서 남쪽 방향으로 멀리 떨어진 곳에 있다. 성긴 버드나무 숲을 향해 살구밭이 넓게 펼쳐져 있고 그 속에 진흙으로 만든 시골집 하나가 쓸쓸한 듯 덩그러니 서 있다.
– 봄이었다.
바람은 아직 차가웠으나 어쩐지 봄이 바로 옆에까지 온 듯한 기분이 들 무렵이었다.
– 고토 마타헤이(後藤又平) 일좌(一座).
이것이 내가 속한 극단이다. 여기서 저기로 여행을 하며 검극, 레뷰(revue), 여성 나니와부시, 마술, 만담 등을 하는 유랑극단이다. 조선에서 출발하여 남만 연선(沿線)을 따라 펑톈, 궁주링(公主嶺)까지는 비교적 순조로웠다.
– 건국축하, 일만친선흥행

이것이 극단의 선전구였다.

음력 정월 한몫 단단히 기대했던 지린에서 여러 고난을 겪고 꼴이 말이 아니게 된 극단이 신징까지 흘러들어왔을 때는 아직 그래도 새로운 국도.

- 어떻게든 될 거라고, 단장 고토도 극단 사람들도 모두 믿고 있었다.

- 오스미(おすみ).

극단의 프리마돈나. 단장의 애인이다. 하지만 나에게 아주 잘 대해주었던 1년 전, 산인선(山陰線)의 작은 마을에서 스물 셋의 나는 오스미를 위해 남자가 되었다.

- 찌는 듯한 여름밤.

일본 서쪽의 작은 마을에서는 때마침 백중으로 사람도 많았다. 죽도록 마신 끝에 남자고 여자고 서로서로 (인파에) 적당히 어울렸는데, 단장과의 엄청난 칼싸움을 연기했던 오스미는 나를, 익숙하지 않은 술에 완전히 뻗은 나를 데리고 해안으로 갔다.

- 달맞이꽃이 예쁘게 피어 있었다.

그래, 오스미는 달맞이꽃 같은 여자였다. 그 달맞이꽃 속에서 나는 풍만한 오스미의 육체에 안기었다.

- 겐(健).

오스미는 조선의 한 여인숙에서 겐을 낳았다.

"어때, 당신과 많이 닮지 않았어? (42쪽) 보스의 아이라고 하지만 사실 겐은 당신 아이야."

오스미는 나에게 자주 그렇게 말했다. 그러나 나는 왠지 그 말을 믿을 수 없었다.

- 서쪽 공원 앞 광장.

'일만친선흥행'이라 쓰인 깃발이 바람에 펄럭였다. 선전악단의 쥐어짜내는 듯한 소리가 시끄러웠다. 대기실에서 새하얀 분장을 지우고 있던 오스미에게, 누이처럼 애틋한 오스미이기에 나는 같이 도망치자고 이야기했다. 오스미는 눈물을 흘렸다.

달이 서쪽 공원의 수풀 뒤로 숨어버렸을 무렵, 천막 가건물 뒤에서 겐을 안은 오스미가 잠자코 내 손에 지폐 몇 장을 쥐여주었다.

- 나는 그래도.

운명대로 빵을 대신하여 꿈과 공명을 먹으며 살아가던 젊은 청년이다.

'새로운 국도'가 나 한 사람 정도는 어떻게든 해주겠지 하고 생각했다.

- 사교댄스와 무용 교습.

그로부터 5, 6일 후 하숙 앞에 이런 간판을 붙였다.

이제까지 배워온 기술이 도움이 되었다고나 할까. 중고 축음기와 레코드에 학생은 세네 명이었지만 나는 최선을 다했다.

- 다시 언덕 위.

버드나무에 기대어 그저 이런저런 생각을 하는 것이 나는 좋았다.

겐은 어떻게 되었을까. 오스미가 무대에 오를 때면 대기실에 남겨져 울고 있지나 않을까.

이전에는 마음씨가 아주 곱고 상냥한 아이가 있어서 그럴 때 잘 안아주었는데, 지린에서 난항이 계속되었을 때 악사와 손을 잡고 도망쳐버렸으니.

- 나는 예술로 일어선다.

이 새로운 나라에서, 새로운 예술을 만들어 보여줄 것이다.

살구밭은 끝도 없이 펼쳐져 있다. 이 대륙의 끝이 어디인지 알 수 없었다. 이 파란 하늘과 바다는 그보다도 훨씬 넓은 것이었다. 나는 이 웅대한 대륙을 테마로 굉장한 춤을 완성시키고 싶다고 생각한다.

- 아, 그러나.

지금 나의 현실은 생활난에 쫓기고 있다. 무언가에 완전히 매달리고 싶었다. 그러한 초초한 마음을 어찌지 못했다.

"너에게 대관절 예술적 재능이 있는 것이냐?"

"어느 정도는 있을 것이다."

"생활난을 뚫고 나아갈 만큼의 자신이 있는 것이냐?"

자문자답하면서 점점 회의하게 되는 내 마음.

걸핏하면 식어버리곤 하는 예술적 정열.

버드나무 언덕에서 나는 머리를 쥐어뜯었다.

- 밤이었다. 그리고 완연한 봄이었다.

살구꽃 봉오리가 완전히 피어 온통 하얀색이었다. 봄날의 달은, 만주의 달 역시 어슴푸레하게 흐릿해져 어쩐지 누군가가 그리운 밤이었다.

"거친 벌판의 끝에 빛이 저물어 하늘의 석양이 비치던 때…"

꽃향기를 몰고 온 봄바람이 울어버리고 싶은 내 기분을 노래하는 휘파람 소리마저 태우고 멀리 가버렸다.

– 두레박 소리가 들린다.

새하얗고 폭신폭신한 대지에 배 한 척 떠 있는 듯, 살구밭 한가운데 까만 집 한 채가 홀로 잠겨 있다. 누군가가 아직도 깨어 있는 것일까. 뒷마당의 우물에서 두레박 소리가 들린다.

나는 무언가에 홀린 듯, 누군가에게 불린 듯 소리가 나는 곳으로 걸어갔다.

갑자기 꽃향기가 났다.

소녀가 머리를 빗고 있었다.

뒷마당의 유달리 커다란 살구 고목 아래에서 달빛을 받으며 구냥(姑娘, 처녀)이 머리를 빗고 있었다. 나는 좋지 않은 것을 보고 말았다. 앗, 나는 그 자리에 우뚝 서버렸으나 모든 것을 보고 말았다. 열입곱, 열여덟 살 정도일까.

작은 속곳 하나, 상반신을 드러낸 채 전신에 녹아드는 듯한 달빛을 맞고 있는 제법 성숙한 소녀의 육체가 기품 있게 그려져 있었다.

나의 가슴이 뛰기 시작했다. 그렇지만 구냥은 아무것도 모른 채 머리를 빗고 있었다.

이윽고 다 빗은 머리를 뒤로 길게 늘어뜨리고 우물 옆 세면기에 걸쳐둔 타월을 집어 몸을 다 닦았을 때, (그녀는) 문득 나의 존재를 깨닫고 쓰러질 듯 놀라 휘청거리며 집으로 뛰어 들어갔다.

– 나는 광명을 발견했다.

구냥을 본 뒤로 사막과도 같았던 나의 마음속에 한줄기 광명이 보였다.

그렇다, 지금 내가 생각 중인 대륙을 배경으로 한 무용 속에 기품 있는 소녀의 모습을 넣어 보여주자.

나는 자주 살구밭으로 갔다.

구냥의 이름은 팡팡(芳妨), 살구밭 주인은 그녀의 아버지 류하이윈(劉海雲)이었다.

일요일 오후가 되면 부속지(附屬地)의 어떤 내지인도 이곳에 지팡이를 짚고 와

꽃구경을 하곤 했다.

－살구꽃 마을 비(碑)

이렇게 적힌 시비(詩碑)가 류가(劉家)의 정원에 세워져 있었다.

유정(有情)한 시인이 세운 거대한 비석이었는데, 지금은 사라졌다.

새로운 도시계획에 포함된 이 밭은 살구가 맺기도 전에 벌채되었다. 쿨리(苦力, coolie) 떼가 들어왔다. 벽돌과 철재를 쌓은 마차가 끊임없이 왕복했다.

몇 년, 몇십 년 동안이나 살구밭을 지키며 유일한 생활의 터전으로 삼았던 류가는 어디로 가버린 것일까.

－그로부터 5년.

내가 자주 오르곤 했던 언덕에는 지금 국무원(國務院) 신청사가 세워져 있다.

새로운 국도는 전부 완성되었다. 당시에는 술과 여자밖에 없었던 신징에 지금은 겨우 예술이 이해되는 때가 왔다.

－국도 건설.

나의 무용도 완성되었다.

이번 일요일 공화당에서 나의 첫 번째 발표회가 개최될 것이다.

물론 첫 상연물은 머리를 빗는 소녀와 건설을 위해 슬프게 희생된 류 노인을 테마로 한 것으로, 이름하야 '국도 건설.'

나는 지금 준비에 매우 분주하여 긴장하고 있다. 그러나 나의 이 야심작 〈국도 건설〉은 바로 두 명의 여성, 오스미와 팡팡에게 꼭 보여주고 싶은 것이다.

오스미는 지금 어디서 어떻게 유랑지의 달을 보고 있을까. 아니, 오늘 나를 무엇보다도 슬프게 하는 것은 팡팡이 겨우 30원에 북만 핑캉리(平康里)로 팔려 갔다는 사실이다.

오쿠 이치(奧一)

1938년 5월 | 제 2-5호, 일문판 | 62~65쪽 | 영화의 자료

영화 자료로서 만주 고고(考古)미술

내게 주어진 과제는 '만주영화의 자료로서 만주 고고학과 고미술'이다. 알려진 대로 만주는 먼 석기시대부터 현대에 이르기까지 유구한 3000년 역사가 있고, 역사시대에 흥망했던 한(漢)·고구려·발해·요(遼)·금(金)·원(元)·

사진 1
잉청즈(營城子) 벽화고분
내부

명(明)·청(淸) 각 민족의 독특한 문화유산이 전해지고 있다. 만주국가가 융성하면서 이러한 각 시대의 유적·유물 내지 고미술 방면에 큰 관심이 쏟아져 획기적인 업적들이 소개되고 있다는 것은 많은 사람이 아는바, 이들 중 근래 내외인들이 경이적인 발견이라 여기는 것도 두세 가지가 아니다. 본론에 들어가기 전에 고고미술적 입장에서 각 시대의 주요 문화유산을 일별해보면 구석기시대 것으로는 하얼빈 부근의 구샹툰(顧鄕屯) 유적이, 신석기시대로는 러허성(熱河省)의 츠펑(赤峯)(유적)이 있다. 금석(金石)병용시대 것으로는 남만주 각 지역에 점재하는 당대의 분묘로 소위 돌멘(dolmen)이라 불리는 거석 기념물, 고인돌의 가치가 점점 강조되고 있다. 이어서 지나 황하(黃河)문화의 소산인 주말한초(周末漢初)시대의 청동유물이 북지나에서 만주에 걸쳐 다수 전해져 동아(東亞)문화의 여명을 여실히 시현(示現)한다. 더불어 북방계문화로서, 광의의 스키토시베리아(Scytho-Siberian)문화에 속하는 유목수렵적 특이문화 또한 만주에 적지 않게 덧씌워져 있다는 사실을 간과할 수 없다.

한대(漢代)에 들어서면 남만주 일부가 한족의 식민으로 여기에 랴오둥군(郡)이 설치되는데, 군치(郡治, 군의 도읍)는 샹핑(襄平)[현재의 랴오양]으로 하였고 곳곳에 현치(縣治)를 두었다. 때문에 오늘날 유존(遺存)하는 것은 겨우 뤼순(旅順) 라오톄산(老鐵山) {62쪽} 기슭의 무양성(牧羊城) 터[다다이현(沓代縣)]뿐임에도 불구하고 도처에 당시의 위정자나 도래(渡來) 한족의 분묘가 남아 있다. 이 중에서도 분묘의 구조와 특이한 벽화의 존재 때문에 가장 저명해진 것이 관둥주의 잉청즈 벽화고분이다.

당대 남만주 한족의 성쇠에서 같은 환경에 처해 있던 북선(北鮮) 평양을 중심으로 한 낙랑군치(樂浪郡治) 터의 많은 분묘와 풍부하고 귀중한 유물에 비교하면, 랴오

둥군치의 것들은 지극히 평범하고 빈약하다. 여기에는 여러 원인이 있는데, 당시 북선은 한족의 동방 경략지(經略地)로 랴오둥보다 훨씬 중요한 지역이었고 본토에서 멀리 떨어져 있던 관계로 유력한 통치자가 많았으며 풍부한 재력도 있었으리라 생각된다. 여기 분묘에서 발견된 유물들 중에서도 특히 화려한 칠기(漆器) 다수가 멀리 쓰촨성(四川省) 촉군(蜀郡)[청두(成都)]의 장인에 의해 만들어져 전해졌다는 사실은 이를 여실히 증명해준다. 그러나 여기에도 앞서 언급한 랴오둥 잉청즈 벽화고분의 장려(壯麗)함에 필적할 만한 것은 없다. 잉청즈가 당시 군치로부터 멀리 떨어진 일개 지방이었음에도 불구하고 이렇게나 장려한 대규모 축조가 가능했다는 사실로 보건대, 만약 랴오둥군치 터에서 완전한 유적·유물이 발견된다면 필시 낙랑군치의 것에 뒤지지 않으리라 상상된다.

사진 2
잉청즈 고분 벽화 일부

육조시대 (유적으로는) 특히 진저우성 이현(義縣)의 북위(北魏) 식 석조굴이 추천할 만하다. 이는 산시(山西)의 다퉁(大同)이나 허난(河南)의 룽먼(龍門) 석굴의 한 분파인데 만주 지역에서도 볼 수 있다는 것이 실로 유쾌하다.

이어 고구려시대로, 압록강 연안의 지안(輯安)에 소재한 만(萬)을 헤아리는 고분군(群)에서 당대의 벽화고분이 많이 발견된다. 육조문화를 충분히 소화한 고구려 문화의 특징에 대해서는 새삼스럽게 말할 필요도 없을 것이다. 잇따라 발견되는 이들 벽화고분은 만주의 고고미술자료로서 제일가는 것이라 해도 좋다.

발해시대 (유적으로) 가장 유명한 것은 빈장성(濱江省)·동경성(東京城) 터인데, 성당(盛唐)문화를 흡수한 만큼 아주 흥미로운 유물이 많다. 이 지역은 만주국 성립 후 조직적인 발굴이 이루어졌던 곳으로, 상고시대 일본과 수많은 교섭이 있었음은 우리(일본) 고문헌에도 기록되어 있다. 이것이 여실하게 드러나는바, 우리의 와도카이친(和銅開珍) 은화가 발견되어 한층 더 흥미롭다.

요대(遼代)를 대표하는 것은 싱안시성(興安西省) 린둥(林東) 부근 소재의 요대 제후릉인데, 그중에서도 북송(北宋) 식 사계산수를 주제로 한 벽화가 있는 제릉(帝陵)을 꼽을 수 있을 것이다. 이 벽화는 거란 민족으로서는 패나 이채로운 화법으로 그려져 있어 같은 능에서 출토된 거란 문자의 묘지(墓誌)와 더불어 자료로서 이미 정평이 나 있다. 안산(鞍山)을 중심으로 발견된 요대 화상석(畵像石) 역시 흥미로운 미술자료이다.

요대 및 금대(金代)(유적)에는 만주 각지에 우뚝 솟아 있는 전탑(塼塔)이 있다.

원나라시대에는 두드러지는 것이 없으나, 지난 여름에 발굴 조사된 다수의 칭기즈칸 성(城)이 흥미롭다. 한편 관둥 진저우에는 원구(元寇, 원의 일본 정벌)에 참가하여 우리나라를 습격하러 왔던 장바이후(張百戶)라는 자의 묘비가 있는데, 이는 양국 유일의 금석(金石)자료로 원구에 대한 인식을 한층 더할 것이다.

명나라시대에는 진대(秦代)에 축조되어 현재까지도 볼 수 있는 만리장성이 완전히 수복되었다. 관둥주 내에 점재하는 봉화대는 왜구(倭寇)를 방위(防衛)하기 위해 만들어진 것으로 크게 관심이 간다. 왜구와 관련된 것으로 또 관둥주 왕하이궈성(望海堝城)이 있는데, (63쪽) 명사(明史)에 우리의 2000명 무사가 무운이 나빠 참패했다고 하니 사뭇 추억의 정을 금할 수 없는 유적이리라.

청대(靑代)를 되돌아보면 펑톈에 소재한 고궁을 비롯, 동릉과 북릉이 엄연하며, 나아가 청더의 러허 행궁(行宮) 및 가람들에서 근대적 건축미가 전개되고 있다.

이상 만주 소재 고고미술자료 중 각 시대별로 두드러지는 것을 개략하였다. 이들 자료를 영화자료로 활용하고자 한다면, 말할 필요도 없이 앞서 나온 만주에 대한 역사 서술을 염두에 두어야 할 것이다

앞에 나온 고고미술자료 중 만주 소산의 것으로 가장 관심을 기울여야 할 것이 무엇인지 적출하여 시대순으로 열거해보면,

고인돌 [금석병용시대]
잉청즈 벽화고분 [한대]
지안 벽화고분군 [고구려대]
랴오 제후릉 [요대]
전탑 [요금대]

사진 3
고구려 고분 벽화 일부
[수렵도 및 씨름도]

만리장성 [진-명대]

러허 행궁 및 가람 [청대]

일 것이다. 모두 질과 양에 있어서 만주의 고문화를 대표하고 있으며 영화 자료로 소개하는 데에도 그 특색을 충분히 발휘할 만하므로, 만주 고문화 선전을 위한 기록 영화에 더할 나위 없다는 것은 말할 필요도 없으리라.

나아가 이것들을 대상으로 시대영화 한 편을 만들어도 흥미로울 것이다. 이어서 는, 평범한 스토리 두세 가지를 생각나는 대로 짧게 적어 제현(諸賢)의 비판을 청하고자 한다. 단, 사실(史實)과 다른 점이 있다는 것은 미리 양해를 구해둔다.

랴오둥 군수 [가제] [사진 1, 2]

[경개(梗概)]

시대는 한대로 잉청즈 벽화고분과 고인돌이 주요 배경이다.

젊은 미남 군수가 본토에서 새로 부임해 와 현재의 관둥주 지방을 순수(巡狩)한 다. 하루는 량자뎬(亮甲店) 고인돌 근방으로 몰이사냥을 나가 어떤 부호의 집에서 쉬 고 있는데 생각지도 못한 미소녀가 나타나 군수에게 정중히 예를 표한다. 만주 고유 민족 가계의 소녀이다. 군수는 본토에 부인을 남겨두고 이곳에 단신으로 부임, 한만 일여(漢滿一如)가 되어 시정에 전력하고 있었으나 진정한 일여는 말 그대로 만주 민 족과의 혼인일 수도 있다 보고 소녀를 둘째 부인으로 맞이한다.

군수는 처음 만주 땅을 밟았던 잉청즈 부근의 아름답고 매력적인 풍광을 그리 워하며 둘째 부인을 데리고 (다시) 여기를 방문, 언젠가 자신의 영구(永久) 분묘를 이 땅에 세워 만주에 뼈를 묻고 싶다는 희망을 그녀에게 전한다. 수년 후 그는 우연히 병에 걸려 결국 죽게 되는데, 바야흐로 본토에 유해를 돌려보낼 수 없다는 중론(衆 議)이 결의되는 때에 이를 들은 둘째 부인이 군수의 생전 유언을 역설, 잉청즈로 묘 역이 정해진다. 둘째 부인이 직접 분묘 건설의 감독을 맡은바, 장려한 벽돌 무덤이 만들어진다. 잉청즈에 기와 장인과 질그릇 도공이 다수 모여 쓸쓸한 한편에 북적거 리는 향토 풍경이 그려진다. 젊은 나이에 세상을 떠난 군수의 분묘가 말 그대로 고향 같은 만주 땅에 만들어진 것에 사무치게 감격한 둘째 부인은, 그림에 재능이 있는 부하에게 명해 직접 지도하며 분묘 안에다 군수의 영혼이 신에 인도되는 광경을 그리게 했다. 이 모든 것이 2000년 전의 광경이다. 처음에는 고고학자가 고분 및 각종 유물을 통속적으로 설명한다. 여기서는 두세 명의 지식계급 견학자도 필요하다.

고구려 왕[가제] [사진3]

[경개]

1400~1500년 전으로 거슬러 올라간다. 지안 부근의 호태왕비(好太王碑)가 주요 배경이다.

고구려 중흥의 영주(英主) 광개토왕(호태왕)(64쪽)의 송덕비가 만들어진다. [호태왕비는 만주에서 두 번째로 오래된 데다 높이 20여 척이 넘는 거대 비석으로, 일본 사적(史籍)에는 없는 교섭이 새겨져 있다. 그중에서도 한때 반도가 우리 영토였다는 것이 기록된 귀중한 자료라 오래전부터 우리 학계에 소개되고 있다.] 이처럼 거대한 석조 기념물을 건립하는 데 어떤 공작이 벌어졌을지 흥미로운 토목사업이다. [상고시대의 토목공작에 대해서는 내외인의 흥미로운 발표가 있다.] 고구려의 다음 왕이 그 성대한 건비식(建碑式)에 참석한다.

몇 년 후, 한족은 고구려를 일거에 쓰러뜨리고자 지금의 펑톈 근방까지 대군을 내보낸다. 이에 맞서 고구려 왕은 정예 병사를 이끌고 훈허[푸순 부근]로 나아가 한나라 병사를 물리친다. 이 전투에서 왕이 가장 아끼는 부하 두셋이 전사한다.

이를 뼈아프게 애도하던 왕은 지안 땅에 묘지를 세우고 (부하) 각각이 생전에 가장 뛰어났던 수렵과 춤, 씨름 등의 동작을 고분 벽화로 그리게 하여 최선의 공양을 한다. [최근 발견된 벽화고분 중 무용총, 각저총 등을 상밀(詳密)하게 영사한다.]

건황제(乾皇帝) [가제] [사진4]

[경개]

시대는 청. 러허 가람이 주요 배경이다.

청대 영군(英君)으로 한인(漢人)들이 지금까지도 추모·동경하는 건륭제(乾隆帝)의 업적 중, 아직까지도 만주에 엄연히 남아 있는 것은 청더의 행궁과 가람들이다.

이는 베이징의 고궁이나 만수산(萬壽山)의 장려함에 필적하는데, 이같이 특수한 경관은 만주에서 또 찾아보기 어렵다.

베이징의 궁전과 구베이커우(古北口) 부근의 (만리)장성을 배경으로 한 건륭제의 산장순행(山莊巡幸) 광경.

뒤이어 행궁을 비롯하여 가람들의 웅대한 모습을 담는다. 여기에 영화의 역점을 둔다. [이 땅의 경관 중 제일은 모든 건축물이 무리지어 있는 장관이라 생각한다. 따라서 조감도적인 영사가 가장 효과적일 것이다.]

다음으로 제 건축물 중 가장 이채로운 티베트 식 포탈라(Potala)궁을 중심으로, 건황제가 다수의 기인(旗人)을 데리고 몽골, 티베트 등의 조근(朝覲) 대표들과 회견하는 장면을 그린다. 건륭제가 모든 대표와 각 민족의 종교

사진 4 러허 포탈라궁 일부 [홍대(紅臺)]

에 절대적 경의를 표한다는 것을 여실히 보여주는 데 역점을 둔다. 라마승의 독경소리가 높고 낮게 흐르고 있다.

이 밖에도 더 많은 제재를 찾을 수 있겠지만 생략한다. 이들 각각의 유물·유적이 각각의 국토 건설에 끝없는 힘과 열을 쏟았던 박력의 결정(結晶)이었던 것에 한층 무한한 애착을 느낀다.

시마다 사다히코(島田貞彦)

1938년 5월 | 제 2-5호, 일문판 | 71~72쪽 | 에세이

서사시와 영화, 기타

후지이 미쓰구(藤井貢), 이치카와 하루요(市川春代) 일행 19명이 약 두 달에 걸쳐 특별히 류큐까지 가 현지 로케로 제작했다는 도쿄발성(東京發聲)의 〈오야케 아카하치〉[17]라는 영화. 비평계에서 칭찬이 대단했다고 한다. 나는 비평이 좋고 나쁨을 떠

---

17 본 자료집 시리즈 6권 148쪽에 수록된 「〈오야케 아카하치〉 도쿄발성영화 작품」이라는 기사에 따르면, 무용가 박외선(朴外仙)이 특별 출연한 작품이다.

나 이 영화를 몹시 기대하고 있었지만, 결국 기회를 놓쳐 보지 못했다. 내가 어째서 그토록 고대하고 있었는가 하면 원작이 시우(詩友)인 이바 난테쓰(伊波南哲)라는 **친근함**, 이것도 있었지만 원작의 양식이 현 일본 시단에서 흔치 않은 장편 서사시라는 데 큰 관심이 갔기 때문이다.

영화 〈오야케 아카하치〉를 본 사람들은 이미 알겠지만, 플롯은 류큐 남단 야에가키 제도(八重垣諸島) 이시가키지마(石垣島)에서 450년 전에 벌어진 이야기로 류큐왕의 착취와 압제에 저항하여 일어선 민중 영웅 '오야케 아카하치'의 전기이다. 이바 난테쓰의 원작은 1000여 매의 장편 서사시로 이미 도쿄도쇼(東京圖書)주식회사에서 단행본으로 출판되어 있지만, 나는 그 이전에 시 잡지 『모랄(モラル)』에 길게 연재된 것을 애독했었다.

영화 쪽은 잘 모르지만, 원작은 열혈 시인 이바 난테쓰가 넘쳐흐르는 열정에 사로잡혀 섬의 영웅 '오야케 아카하치'의 파란만장한 인생과 투쟁을 적은 시이다. 일본 남쪽의 아름다운 풍물을 서술하고 있을 뿐 아니라 플롯의 근대성과 새로운 비판적 태도가 서사시의 새 장을 열었다며 당시 일본 시단으로부터 격찬을 받았다.

영화 〈오야케 아카하치〉가 원작을 얼마나 살렸는지는 모르겠으나, 나는 이 영화가 독일판으로 해외에 수출되었다는 소식을 듣고는 오히려 (그들이) 영화의 가치보다도 원작의 정신을 산 것이 아닌가 생각하고 있다.

내가 지금 여기서 왜 이 옛날영화[영화는 1년만 지나면 옛것이라 여겨지는 듯하다] 이야기를 하느냐면 장편 서사시의 영화화라는 것을 생각했기 때문이다.

일본에서 장편 서사시가 영화화된 적은 여러 번 있지만 대부분 서사시의 서사성을 단순히 시나리오화한 것에 지나지 않는다. 왕년에 후쿠다 마사오(福田正夫)의 장편 서사시 여러 편이 영화화된 것을 생각해보라. 이는 원작의 시정을 살리는 감독자의 두뇌 문제와 시인의 표현상 몽롱성(朦朧性)에 [71쪽] 기인하고 있다.

영화감독에게 꼭 시인이 되라는 소리는 아니다. 감독자가 시를 알고 이로써 대중의 눈과 귀를 쳐야 한다는 것이다. 그렇지 않으면 원작이 서사시이든 소설이든 그 무엇이든 다 똑같다. 원작을 살리는 것도 죽이는 것도 영화 표현의 기교에 달렸다.

나는 재작년 카라다반(Erendzhen Khara-Davan)[이 사람은 몽골인이다]이 쓴 『칭기즈칸 전(傳)』을 읽고 크게 감동했다. 그리하여 칭기즈칸에 관한 기록이나 몽골사(史)에 대한 것을 읽기 시작했다. 천재적인 군 지도자 칭기즈칸은 영웅이라기보다 위인에 가깝다는 것을 나는 처음 알게 되었다. 또한 『칭기즈칸 전』을 읽으며, 지금까지 일본에 알려졌던 영웅 칭기즈칸이 아닌 인간 칭기즈칸에 대해 써서 보여주자는 생각이 들었다. 형식은 장편 서사시로 하자 싶었는데, 칭기즈칸에 대한 소설은 외국에도 있지만 시는 아직 없는 것 같아서였다.

게으름뱅이인 데다 생활에 쫓기는 내게 이것은 큰 모험이었다. 그런데 올해 정월에 내지 영화회사가 칭기즈칸을 대규모로 영화화하는 계획을 세우고 만몽(滿蒙) 현지 로케마저 한다는 소식이 들려왔다. 왠지 내 계획을 채간 것 같아 나의 칭기즈칸 연구는 맥이 빠져버렸다. 친구들은 칭기즈칸에 관한 시는 아직 없으니 잘 해보라고 힘을 실어줬지만 나 같은 게으름뱅이가 언제 다시 쓸 수 있을지 알 수 없다. 다만, 덕분에 몽골과 칭기즈칸에 대한 공부만큼은 할 수 있었다.

져놓고 억지부리는 것은 아니지만, 칭기즈칸의 영화화 같은 것은 꼭 만주에서 해야 한다. 또 만주에 있는 일본인이 써야 한다. 전술한 〈오야케 아카하치〉의 원작자 이바 난테쓰는 류큐 출신이었기 때문에 그토록 좋은 시를 쓸 수 있었던 것이다. 그런 점에서 내지에서 기술적으로 아무리 좋은 영화를 만든다 해도 만몽 땅의 정신까지 표현할 수 있을지 어떨지. 일전에 후지와라 요시에(藤原義江)가 공연한 〈도히코(討匪行, 비적 토벌)〉 중에서도 만주에서 오래 생활한 우리 입장에서는 이상하고 바보 같은 장면이 있었다. 내지 사람들에게는 괜찮았을지 모르지만, 우리에게는 신 신고 발긁는 느낌이지 않았던가.

만영에서 문화영화나 뉴스영화 외에 오락으로서 대중영화도 만들 거라면, 만주의 생활과 토지에 뿌리를 둔 좋은 시나리오를 만주에 사는 일만인에게 쓰도록 해야 할 것이다.

후루카와 겐이치로(古川賢一郎)

1938년 10월 | 제 2-9호, 일문판 | 68쪽 | 영화계 습록

우수문화영화 가을의 에크랑(écran)을 장식하다

세계의 문화·예술·산업·풍광을 모든 각도에서 카메라로 담아 넓은 세상에 알리는 단편 문화영화는 현대인의 지식욕과 취미와 기호에 딱 들어맞는바, 이에 대한 요망이 문화 향상에 따라 높아지고 있다. 이런 정세하 이번에 만주영화협회에서는 내외로 160편의 우수한 단편 문화영화를 모아 국내 일만(日滿) 영화관에 배급, 순차 공개하기로 했다.

카메라의 눈은 일본·조선·만주·몽골·지나·유럽·남미를 돌며 온갖 사상(事象)을 포착, 극명(克明)·민첩하게 움직이고 있는데, 내용은 대중들에게 지식과 흥미와 진기와 경이를 선물하는 것이다.

1938년 10월 | 제 2-9호, 일문판 | 68쪽 | 영화계 습록

〈만영뉴스〉 제7보 이미 착수

목하 준비 중인 〈만영뉴스〉 제7보 (수록이) 예정된 것은 만주사변 7주년 기념 공연, 하얼빈의 보트 경주(ボートレース), 만선(滿鮮) 수상대회, 초원 코를라스족(Khorulas, 몽골 소수부족)의 대규모 몰이사냥, 모형 비행기 대회[신징], 다치바나(橘) 부대장의 33주기[랴오양], 공산(共産) 비적 귀순식[둥볜도(東邊道)에서 퉁화(通化)까지], 원시인 화석 발굴[하얼빈] 등이다.

1938년 11월 | 제 2-10호, 일문판 | 65쪽 | 만주에서 개봉되는 일본영화 라인업

〈도생록(圖生錄)〉

조선 천일영화사 작품
◇ 원작·각색 유치진(柳致眞), 감독 윤봉춘(尹逢春), 촬영 이신웅(李信雄)

◇ 출연 이금룡(李錦龍), 김신재(金信哉), 최운봉(崔雲峰), 안복록(安福祿), 김영순(金永順), 남궁선(南宮仙), 김덕심(金德心)

◇ 최근 반도영화의 발흥은 실로 눈이 부시다. 호화 스태프와 캐스트로 만들어진 이 영화는 반도영화의 걸작이다. 양반집 머슴인 무능한 부모 탓에 안타깝게도 열여덟 살 봄에 결국 평양 기생이 된 가련한 처녀의 비극적인 이야기로, '도생록'이란 '생활 설계'라는 뜻이다.

1938년 12월 | 제 2–11호, 만문판 | 23쪽 | 1938년 만주영화계 결산

배급 부분 [1년간 공적 및 개황] – 12. 조선영화

영화들 가운데 특별해 보이는 것이 있다면 바로 조선영화일 것이다. 올해 4월 평텐의 윈거(雲閣)에서 개봉한 〈나그네〉는 매우 좋은 성적을 올렸다. 그런가 하면 10월에는 〈어화(漁火)〉가 하얼빈에서 성대하게 상영될 예정인데, 이 영화 또한 나쁘지 않을 것이다. 이 영화는 무단강(牧丹江) 둥안(東安)에서 이미 상영된 바 있는데 성적이 상당히 좋았다. 최근에는 상영하려는 작품은 많으나 각지 극장에 공간이 부족하여 상영을 못 하는 작품들이 있다. 이는 좋은 현상으로 보인다. 그 밖에 최근 대만에서 제작된 〈망춘풍〉이라는 작품도 전 만주에 배급 준비 중이다.

1939년 1월 | 제 3–1호, 일문판 | 36쪽 | 신징에서 온 편지

대륙의 거리 – 도쿄의 친구에게

10월 말이 되어도 11월 초가 되어도 내지의 기후와 조금도 다를 바 없는 탓에 도쿄를 떠날 당시에 겁먹었던 만주의 추위라는 것도 거짓말이었나 싶더니, 11월 중순이 지나기가 무섭게 추워졌습니다. 이즈음에는 모피 외투에 머리를 파묻고 가까스로 길을 걷습니다.

밤에 퇴근하고 나면 몸에 방한구를 두르고는 친구와 얼어붙은 거리로 나섭니다. 고개를 들면 어둑어둑해진 하늘에 어디에 사는 것들이 모여드는지 몇백, 몇천의 까마귀가 무리를 지어 어지럽게 날고 있습니다. 아름답고 고담(古淡)스런 당초 문양과도 같은 까마귀 무리를 보며 걸어갑니다.

도쿄에 견주어 말도 못 할 정도로 오락시설이 부족한 신징. 특히 긴 시간 추위에 갇혀 있어야 하는 겨울의 우리에게는 영화관이야말로 제일의 오락장입니다. 아메리카 영화는 여기까지 오지 않기 때문에 머나 로이(Myrna Roy)도 디아나 더빈(Deanna Durbin)도 볼 수 없지만, 반대로 내지에서 볼 수 없는 여러 영화를 볼 수 있습니다. 만주영화, 조선영화, 상하이영화 등 말입니다. 만주국의 영화들은 현재 대체로 일본영화, 만주영화, 조선영화, 상하이영화, 유럽영화 ― 이 정도로만 구성되어 있습니다.

도쿄에서는 시대영화 같은 것을 안 보는 걸 자랑이라 여기지요. 그런데 여기 와 보면 어떨까요. 현대극, 시대극을 막론하고 일본영화라는 것에 아주 격렬한 매력을 느낍니다. 덕분에 일본영화에 대한 새로운 인식을 얻을 수 있었습니다. 이론은 둘째입니다. 골짜기의 오래된 시골집이나 산봉우리로 향해 있는 소나무길 ― 이런 아름다운 풍경이 화면에 나타나면 바다 멀리 고국을 향한 노스탤지어에 몸과 마음이 아파옵니다. 밖은 영하 수십 도. 펄펄 하얀 눈송이가 춤추고 마차 방울소리마저 얼어붙는 스산함. 이런 겨울밤을 따뜻한 영화관 안에서 저 먼 고국을 향한 달콤한 노스탤지어로 달랜다는 것… 조금 로맨틱하지요. 이곳 사람들에게 쇼치쿠(松竹)의 명곡(名曲)영화 〈달맞이꽃〉 〈고향의 폐가〉 등이 친근하게 느껴지는 것은 영화의 성격이나 풍경이 순(純) 일본적이기 때문이리라 생각합니다.

아시다시피 만주는 새로운 나라로, 정치도 경제도 문화도 모든 것이 새로이 태어났습니다. 작년 8월, 자본금 500만 원으로 만주영화협회가 설립되어 전 만주 배급 통제, 제작도 개시했습니다. 다수의 문화영화 외에도 극영화를 벌써 10편이나 제작해서 개봉했습니다. 거기에 지나어·일본어·러시아어·이탈리아어·영어를 자유자재

만주영화(滿洲映畵)

로 구사하는 데다 각별한 미모의 소유자이자 만주 최고의 소프라노 가수로 엄청난 인기를 끌고 있는 리샹란(李香蘭)[이 사람은 일전에 도쿄에 가서 니혼극장 등의 무대에 선 적이 있으니 아시리라 생각합니다]이나 〈동양 평화의 길〉에 출연한 리밍(李明) 외, 남녀 합쳐서 150명에 달하는 배우가 있습니다. 리샹란 주연의 〈밀월쾌차〉는 요전에 개봉해서 인기를 떨쳤습니다. 리밍은 〈대금강산의 보〉의 미즈가에 류이치(水ヶ江龍一) 감독하에 지금은 〈국법무사〉라는 영화에 출연하고 있습니다. 앞서 일요일에 만영[만주영화협회의 약칭] 사람 안내로 잉청즈의 가설 스튜디오를 방문했습니다. 유명 코미디배우 류언자(劉恩甲), 뚱뚱보 허치런(何奇仁), 성격파 명여우 장민(張敏) 등과 만나 브로마이드에 사인도 받았습니다.

신징 남쪽 황룽(黃龍)공원 부근에 짓고 있는 동양 제일을 자랑하는 대형 스튜디오도 견학했습니다. 외관은 벌써 완성되어 있었고 내년 7월에 완공된다는데, 오후나(大船)의 세 배라는 것만으로 과연 엄청나 보입니다. 만영 사람들은 '대륙문화공장'이라며 의욕에 넘쳐 있는 듯합니다.

도쿄에 있을 때 반도영화 〈나그네〉도 보러 간 적이 있습니다. 만주에서는 반도영화가 매달 한 편씩 수입, 개봉되고 있습니다. 〈어화〉 〈한강〉 〈도생록〉 등이 모두 제가 이곳에 온 뒤로 개봉했습니다. 귀하게 한 달에 한 편만 개봉하는 만큼 반도 사람은 물론이고 내지 사람, 만주 사람까지 몰려들어 연일 만원의 성황을 이룹니다. 나 같은 사람도 김신재라든가 한은진(韓銀珍)이라든가 최남[19]이라든가 하는 반도 스타의 얼굴과 이름을 외우고 있습니다.

만주에 온 덕택에 상하이영화도 자유로이 볼 수 있는데 최근에는 〈뇌우〉[신화(新華) 작품, 천옌옌(陳燕燕) 주연], 〈사천금〉[밍싱(明星) 작품, 바이양 주연] 같은 걸작을 보았습니다. 지나어는 모르지만 이렇게 대륙에 살면서 대륙 사람들 속에 생활하면 자연히 **감**이 생겨서 (영화를) 보면 왠지 알게 됩니다. 바이양은 천옌옌, 위안메이윈(袁美雲) 등과 함께 가장 인기가 있습니다. 그녀는 일지(日支)의 혼혈아로 알려져 있는데 이번 전쟁으로 상하이에서 죽었다고 합니다. 수선화 같은 미모의 소유자인데, 일지 혼혈이라는 것만으로 그녀의 죽음에 대해 여러 의문이 뒤따르고 있으며 인기가 컸

일본어 잡지로 본 조선영화 7

19　원문에서 '崔南' 다음이 탈자된바, 한은진과 함께 〈무정〉에 출연했던 최남용(崔南鏞)으로 추정된다.

던 만큼 이곳 팬들도 애석해합니다.

유럽영화로는 이번에 만주와 독일이 특별 계약을 맺어 연 서너 편의 우수영화가 만주영화협회에 들어오게 되었습니다. 그중에서 일본에도 배급한다는 것 같으니 기대하셔도 좋습니다. 최근에는 〈걸식학생〉〈제9교향곡〉〈알프스 창기대〉 등이 개봉했습니다.

이처럼 일본영화·만주영화·조선영화·상하이영화들로 만주의 영화가 내지보다 훨씬 버라이어티하고 풍부한 것은 즐겁고도 고마운 일입니다. 역시 대륙이네요.

오늘은 영화 애기만 잔뜩 써서 꽤 길어져버렸습니다. 그래도 당신은 영화 팬이시니 지루해하지 않고 읽어주시리라 생각합니다. 북위 몇십 도의 북쪽 나라, 싸늘하게 눈 내리는 밤, 조용한 러시아 찻집에서 따뜻한 차를 마시며 당신과 여유롭게 이런저런 이야기를 나누고 싶군요.

또 쓰겠습니다. 안녕히.

오하라 유키코(大原雪子)

1939년 1월 | 제 3-1호, 일문판 | 65쪽 | 스타의 옆모습

최승희(崔承喜)의 동생 자오수친(趙書琴)

만영의 여자 연기자 중 가장 건강미를 지닌 사람이다. 언제나 활발하고 건강하다. 농구, 배구, 테니스, 필드(field) 등 뭐든 하는 데다 실력도 좋다. 댄스를 특히 잘한다. 일찍이 세계적으로 알려진 무희 최승희에게 댄스를 배웠다. 좋은 곡에 맞춰 토댄스(toe dance)를 추는 모습은 우리들을 도취시킨다.

만주의 편벽한 일각, 무단강에서 태어났다. 학창시절에는 유명한 운동선수였다. 여학교를 졸업하기 20일 전에 트랙에서 부상을 입어 학교를 계속 다닐 수 없었다. 이때 학교생활에 작별을 고했다. 병원에서 반 년을 휴양했는데 이를 기회 삼아 외국어를 배웠다. 퇴원 후 그녀는 놀랍게도 영어와 조선어를 유창하게 말할 수 있게 되었다.

열여덟 살이 되던 봄, 도쿄에 가 최승희 무용연구소에 입단하고 전문적으로 각

종 무용을 배웠다. 이방(異邦)에서 1년 세월을 보내고 올 봄 귀국, 만영에 들어왔다.

천진난만한 얼굴로 하루도 운동을 쉬지 않는다. 아침 일찍 일어나 댄스를 연습하고, 노래를 부르고, 바이올린을 연주한다. 만영에서 가장 열심히 공부하는 사람 중 한 명이다.

예술상의 어떤 입장에서 보아도 조 소저(小姐)는 만주영화계에 드문 인재이다. 우리들이 예술을 애호한다면 이런 신인을 중시해야만 한다.

1939년 1월 | 제 3–1호, 일문판 | 108~109쪽

만영 업무 개황 [11월 말 현재]

개황

먼저 제작에 관해서는, 동양 제일을 자랑하는 만영 신스튜디오 완성을 앞두고 있고 이미 일부는 사용되고 있는 상황이다. 기계적 설비뿐만 아니라 인적 진용도 매우 충실히 하여 스튜디오가 완성된 후에는 6편을 동시 촬영할 수 있도록 능력 배양에 힘쓰고 있다. 현재 제작 중인 것은 〈전원춘광〉〈국법무사〉〈홍몽표기(興蒙驃騎)〉〈쌍희림문(雙喜臨門)〉 4편이다. 만주국 농촌 진흥을 설교하거나, 국가 법률을 위반해서는 안 된다는 것을 보여주거나, 몽골 민족의 각성을 그리거나, 혹은 복민장권(福民獎券, 복권)을 둘러싼 인간성의 명랑한 면을 묘파하는 등 국책적 이야기 속에 건전한 오락성을 녹여 넣은 것들이다. 〈전원춘광〉과 〈국법무사〉는 근일 완성되어 올해 안에 개봉하기로 결정되었다.

개봉 상황에 관해서는 우선 만영의 〈대륙장홍〉이 펑텐의 광루(光陸), 야저우(亞洲) 두 영화관에서 개봉되었는데, 견실하고도 순수한 만주적 내용이 인기를 끌어 성적이 아주 좋았다. 일본영화에 대해서는 쇼치쿠·닛카쓰·도호·신코 기타 각 회사 공히 언급할 것이 없는데, 지난 달에 이어 변함없이 양호한 성적이며 주로 재만 일본인에게 환영받았다. 요즘 일본영화에 대한 만주인 인텔리 계급의 흥미와 관심이 높아지고 있는데, 이는 영화를 통한 민족협화를 보여주는 것으로 반가운 현상이다. 때문에 만영은 물론 각 영화관도 이러한 팬들을 위한 서비스 및 기타 편의를 유감없이

도모하고 있다. 영화를 통한 민족협화와 관련하여 만영은 처음부터 줄곧 노력을 아끼지 않았는데, 조선영화에 대해서도 '반도영화 매월 1편 수입 개봉'을 실시하고 있는바 이번 달에는 평톈 다펑(大奉)극장에서 〈도생록〉이 개봉됐다. 반도영화를 수입 개봉하는 것은 멀리 고향을 떠나 동양 평화 건설을 위해 불철주야 일하는 100만도 더 되는 반도인의 문화 향상과 정조(情操) 함양에 도움이 되리라 사유(思惟)된다. 상하이영화로는 유명한 삼국지 사실(史實)을 극화한 신화(영화사)의 〈초선〉이 지나 제일의 역사영화, 스펙터클영화로서 큰 호평을 얻었다. 〈걸식천금〉 〈탄성고낭〉 〈황해대도〉 〈도금적성[20]〉도 저마다 좋은 성적을 거뒀다. 유럽영화로는 15일 신징 만철 사원구락부(滿鐵社員俱樂部)에서 루체(LUCE, 이탈리아교육협회의 약칭)의 신착 뉴스와 함께 〈알프스 창기대〉의 초대 시사회가 있었다. 〈알프스 창기대〉는 이탈리아·독일의 협동 제작으로 18세기의 무사도 정신을 현대에까지 이어가고자 하는 국책영화다. 상설관에서는 21일[11월]부터 다롄 닛카쓰칸(日活館)에서 공개되었다. 〈제9교향곡〉도 음악을 통해 다시 태어나 명랑한 생활을 시작하는 여성을 그린 영화로 추천할 만한 내용이다.

이상, 이달 만주영화계의 상황은 제작, 배급 모두 점차 향상되고 있다고 사료된다.

제작 상황

극영화

(1) 제작 결정

〈쌍희림문〉

- 원작·각색: 나카무라 요시유키(中村能行)

- 감독: 오타니 도시오(大谷俊夫)

- 촬영: 오모리 이하치(大森伊八)

- 주연: 류언자, 자이젠추(載劍秋), 저우댜오(周凋)

- 내용: 복권을 둘러싼 유머러스한 인간 희비극

(2) 제작 개시

〈쌍희림문〉

스태프, 내용은 앞과 같음

(3) 제작 진행 중

〈전원춘광〉

- 원작·각색: 야마카와 히로시(山川博)
- 감독: 다카하라 도미지로(高原富次郎)
- 촬영: 스기우라 요(杉浦要)
- 주연: 리허(李鶴), 두촨(杜撰), 저우댜오, 장민
- 내용: 만주의 도회와 농촌을 배경으로, 청년 남녀의 순애가 전원에서 결실을 맺고 만주 농업 개발을 위해 힘을 다한다는 전원 구가(謳歌)의 목가조(調) 넘치는 영화

〈국법무사〉

- 원작: 양정런(楊正仁)
- 각색: 아라마키 요시오(荒卷芳郎)[21]
- 감독: 미즈에 류이치[22]
- 촬영: 이케다 센타로(池田專太郎)
- 주연: 궈사오이(郭紹義),[23] 리밍, 장민
- 내용: 법률과 인간애의 기로에 선 젊은 청년 검찰관이 마침내 모든 개인 감정을 버리고 국가 법률의 지엄함에 복종한다는 강렬한 멜로드라마

〈홍몽표기〉

- 원작·각색: 무라야마 히타미치(村山直道)

---

21 일본영화데이터베이스(JMDB)에는 각본 역시 양정런이 담당한 것으로 나와 있다.

22 원문에는 '水江龍一'라 표기되어 있으나 앞서 나온 「대륙의 거리—도쿄의 친구에게」(본문 50~53쪽) 기사 및 일본영화데이터베이스에는 '水ケ江龍一(미즈가에 류이치)'로 표기되어 있어 오기로 추정된다. 다만 이후의 기사들에서도 원문에서는 줄곧 '미즈에 류이치'로 표기된바, 본문 역시 '미즈에 류이치'로 표기한다.

23 원문에는 '郭紹義'라 표기되어 있으나, 이후의 기사들이나 일본영화데이터베이스에는 '郭紹儀'로 표기되어 있는바 오기로 추정된다.

- 감독: 다치카와 게이사쿠(立川惠作)
- 촬영: 우치다 세이치(内田靜一)
- 주연: 왕푸춘(王福春), 쑤이인푸(隋尹輔), 왕리쥔(王麗君)
- 내용: 신만주국 건설로 민족의식을 새롭게 각성한 칭기즈칸의 후예 몽골 민족이 오랜 인습과 미신을 모두 버리고 칭기즈칸의 흥륭과 번영을 되찾고자 하는 강력한 테마에 몽골의 방대한 풍경을 장중한 음악과 함께 취한 이색 야심작

(4) 제작 완성

없음

문화영화

(1) 제작 결정

1) 〈만주 하늘 여행(満洲空の旅)〉 [만주항공주식회사 위촉] 2권

(2) 제작 착수, 진행 중

1) 〈염업 만주(鹽業滿洲)〉 [전매총서 위촉] 2권

2) 〈성냥(燐寸)〉 [전매총서 위촉] 2권

3) 〈여명의 보고 둥벤도(黎明の寶庫東邊道)〉 [둥벤도개발주식회사 위촉] 2권

4) 〈만주 하늘 여행〉 [만주항공주식회사 위촉] 2권

5) 〈삼림 만주(森林滿洲)〉 [임야국, 만주임업주식회사 위촉] 5권

(3) 제작 완성

1) 〈보험보국(保險報國)〉 [우정총국 위촉] 1권

2) 〈협화회 강더 5년 전국연합협의회(協和會康德五年全國聯合協議會)〉 [협화회 위촉] 2권

3) 〈맹화의 위협(猛火の脅威)〉 [평톈경찰청 위촉] 2권

개봉 상황[24] {108쪽}

조선영화 (합계 1편)

사명	제명	기간	장소	감독	주연
천일	도생록	28~29일	펑톈 다펑극장	윤봉춘	김신재, 최운봉, 안복록

부기: 개봉 편수

극영화

1. 만주영화	1편
2. 일본영화	39편
3. 조선영화	1편
4. 상하이영화	5편
5. 유럽영화	3편
합계	49편

뉴스영화

1. 만주[만영]	2권
2. 일본[오사카마이니치(大每), 아사히, 동맹, 요미우리]	25권
3. 미국[RKO]	5권
합계	32권

24 만주영화, 일본영화, 상하이영화, 유럽영화 등의 목록은 생략한다.

1939년 2월 | 제 3-2호, 일문판 | 48~57쪽

만주의 문화영화를 말하다

출석자 [순서 부동]

홍보처 영화반 우에무라(上村) 씨
홍보처 영화반 구와노(桑野) 씨
민생부 사회사(司) 사회과 영화계 다케무라(竹村) 씨
민생부 사회사 사회과 영화계 아마노(天野) 씨
치안부 조사과 영화반 이노(飯野) 상위(上尉)
협화회 홍보과 영화반 오키타(大北) 씨
관동군 보도반 마쓰모토(松本) 씨
만주신문사 사토(佐藤) 씨
신징니치니치신문사 야마구치(山口) 씨
만선일보사(滿鮮日報社) 이 씨[25]
신징학교조합 히라이(平井) 씨
신징상업학교 이즈미(泉) 씨
신징상업학교 하기노(萩野) 씨
서광장(西廣場)소학교 사토(佐藤) 씨
시라기쿠(白菊)소학교 후루타(古田) 씨
만주사정안내소 오쿠무라(奧村) 씨

만영 측

제작부 차장 마키노(牧野)
문화영화과 스즈키(鈴木)
문화영화과 시모(下)
문화영화과 요시다(吉田)
기획과 곤도(近藤)
기획과 아라마키(荒牧)
교육영화계 고바야시(小林)
총무부 이다(飯田)

사회

스기하라(杉原)
야마시타(山下)
마와타리(馬渡)

스기하라 지금부터 오늘의 주제인 문화영화란 무엇인가, 만주의 문화영화가 오늘까지 걸어온 길과 장래에 걸어가야 할 길 등에 대한 이야기를 듣고자 합니다. 제 생각에, 이번 사변을 계기로 일본에서 뉴스영화가 눈에 띄게 발전, 단순한 전쟁 기록으로부터 점점 하나의 입장을 가지고 촬영되고 있는 것 같습니다. 종래 우리들이 영화라 부르던 종류는 극영화라는 말로 구별됐고, 최근 새로운 형태의 영화가 문화영화라 불리게 된 듯합니다. 이 현상은 일본뿐만이 아니라 세계적으로도 비슷한 정세에 있는 듯하며 특히 최근에는 다큐멘터리 필름이라는 말까지 나오고 있습니다. 어떤 사람들은 이러한 영화, 즉 문화영화야말로 영화가 진정 나아가야 할 길이며 극영화는 그 한 부분에 지나지 않는다고까지 생각하는 것 같습니다. 오늘 좌담회에서는 순수 극영화를 제외하고 그 외의 이른바 뉴스영화·기록영화·자료영화 등을 포함,

---

25 『만선일보』 기자이자 만영선전부원이었던 이태우(李台雨)를 가리킨다.

나아가 교재영화·교육영화라 불리는 것까지를 편의상 문화영화로 분류하여 만주의 문화영화를 어떠한 방향으로 발전시키는 것이 가장 좋을지, 또 어떤 것을 중심으로 제작해야 할지를 여러분께 여쭙고자 합니다.

만영에서는 문화영화과를 신설하여 ⑷⑻쪽 상당한 힘을 쏟고 있습니다. 특히 문화영화과에서는 〈만주국영화대관(滿洲映畵大觀)〉을 비롯하여 뉴스영화 또한 상당수 제작되고 있습니다. 여러분께서는 문화영화과에 당부하고 싶은 점이나 걱정스러운 점도 이것저것 있을 것입니다. 요컨대 만영 문화영화과에 대한 요구, 문화영화론이라든가 만영 문화영화과에 대한 비판, (지도)편달 등을 부탁드리고자 합니다. 인사말이 굉장히 길어졌습니다. 그러면 우선 마키노 씨에게 만영 문화영화과가 설립되기까지의 사정과 앞으로의 포부에 대해 한 말씀 부탁드리겠습니다.

마키노 사실 저는 만주로 오는 기차와 배 안에서, 만주에 가면 만주의 문화나 풍토를 그린 문화영화나 기록영화를 착착 만들어 일본에 보여주고 싶다는 생각을 했습니다. 그런데 막상 여기에 와 보니 제 생각과는 정반대로 우선 만주인 대중에게 보여줄 것을 만들지 않으면 안 됐습니다. 다시 말해, 수출용보다도 우선 국내용을 빨리 만들어야 한다는 것을 통절히 느꼈습니다. 따라서 만주인을 대상으로 한 극영화 제작에 전력을 쏟아왔고, 때문에 지금까지 문화영화라 하면 온갖 관청으로부터 위촉받아 만든 영화밖에 없는 상태였습니다. 그것이 극영화가 일단 자리를 잡자 문화영화과 설립 계획을 세우게 되었습니다. 그리하여 내지에 돌아갔을 때 이 방면의 권위자인 스즈키 시게요시(鈴木重吉) 씨 및 이쪽 분야에서는 꽤나 잔소리가 많으신 [웃음] 시모 이시고로(下石五郎) 씨 등을 비롯한 여러 분께 부탁하여 이것저것 고심하다가 마침내 승낙을 얻어 다행히 이번 10월에 문화영화과를 신설하게 되었습니다.

원래 문화영화라는 것이 극영화와는 또 다른 특별한 노력과 진지한 연구를 필요로 합니다. 극영화는 제법 화려하게 선전되는 반면 문화영화 쪽은 다소 그늘에 가려져 있는 듯 보입니다만, 실제로는 (극영화에 비해) 더하면 더했지 덜하지 않은 고심을 하고 있습니다.

뉴스영화에 관해서는 여러분께서도 여러 가지 생각하고 계시겠지만, 어쨌든 일본에서 뉴스영화 통제기관이 생겨나려 하는바, 이것이 실현된다면 일본과 만주의 뉴스가 일원화되리라 생각합니다. 그렇게 되면 뉴스 제작과 배급이 신속하고 합리적으로 이루어져 만주국 대중에게 좋은 뉴스를 재빨리 보여줄 수 있게 될 것입니다.

〈만주국영화대관〉을 비롯하여 만주 교화영화 등 만주국의 국가적 특수성에 입각하여 국내적 선무(宣撫)·계몽은 물론 대외선전에 가장 유효한 매체로서, 극영화와 함께 문화영화에 대해서도 우리는 최선을 다할 것입니다. 여러모로 잘 지도해주시길 부탁드립니다.

만주의 문화영화

스기하라　우선 만주 문화영화의 특수성에 대해 국가적·행정적으로는 어떻게 생각하고 계십니까?

구와노　만주의 문화영화는 우선 행정의 삼투력이라는 것을 고려해야 한다고 생각합니다. 즉 만주의 문화영화는 국가행정의 삼투작용을 중심으로 고려하여 제작해야 할 것입니다.

스기하라　내년에 제일 먼저 제작되는 〈만주국영화대관〉 같은 것은 만주국 산업 5개년 계획이라는 본격적인 근대국가 건설사업의 줄기를 따라서 제작될 것이므로 지금 말씀하신 바를 가장 잘 대표한다고 할 수 있을 것입니다. (말씀하신) 그 점은 근대국가, 특히 만주국과 같이 창건된 지 얼마 안 된 어린 나라에서는 결코 잊지 말아야 할 문화영화의 제1항목이라 생각합니다. 그러면 민족적인 것에 대해서는 어떻습니까?

오키타　만주국이 여러 민족의 합성국가라는 점을 고려하여 민족협화라는 것을 끊임없이 사고, 영화 자체에서도 어떤 일면으로는 초민족적 보편성이 필요할 것입니다. 직접적인 계몽을 위해서는 몽골어, 만주어로 나눌 필요도 있지 않나 생각합니다.

다음으로 지역 문제에 대한 것입니다. 제가 속한 순회영화반 체험부터 ⁽⁴⁹쪽⁾ 말씀드리면, 앞서 말한 것과는 다른 의미에서 두 종류(의 문화영화)를 만들 필요가 있다고 생각합니다. 문화가 앞선 철도 연선지방을 대상으로 한 것 즉 도회지 대상 영화와, 그렇지 않은 벽촌 지역, 영화를 아직 한 번도 본 적 없다든가 봤다 해도 두세 번 정도뿐인 사람들을 대상으로 하는 것 즉 벽지 대상 영화, 이렇게 두 종류 말입니다. 전자의 경우는 우리와 마찬가지로 평소 상설관에서 영화를 접하기도 하고 근대적 생활양식도 보고 들어 상당히 고급스런 수법의 영화라도 꽤 이해할 수 있습니다.

일본에서는 영화가 전국적으로 보급되어 영화를 본 적 없는 사람이 거의 없는 데다 웬만한 시골에서도 조금만 읍내로 나가면 영화를 볼 수 있습니다. 그런데 이것이 만주에서는 어지간히 어렵습니다. 철도 연선에서 조금만 안쪽으로 들어가면 벌써 죄다 시골이고, 그들의 생활이나 문화 레벨은 30년 전 그대로입니다. 만주가 독립국이라는 것조차 알지 못하는 사람이 많습니다. 때문에 영화를 보여준다고 해도 어지간한 성과를 거두기 어렵습니다. 하나 예를 들겠습니다. 인물이나 건물이 롱(쇼트)에서 (클로즈)업으로 바뀌면 그 사이에 무슨 일이 있었는지를 전혀 이해하지 못합니다. 스크린에서 인물이나 자동차가 사라지면 심지어 저쪽 어딘가에 있다고 여기는지 주위를 두리번거리며 찾는다니까요. [웃음] 이런 상태이니 후자의 경우에는 먼저 영화를 보는 눈을 길러내지 않으면 안 됩니다. 다시 말해 영화를 이해시키기 위한 영화가 필요하지 않은가 싶습니다. 영화에 친숙해질 수 있는 바탕을 우선 만들어야 합니다. 모든 점에서 극히 초보적인 것이 필요하리라 생각합니다. 현재는 도회지 대상의 영화밖에 만들어지지 않는 듯합니다만.

마키노 〈만주국영화대관〉 제작을 결정했을 때 우선 문제가 됐던 것이 지금 오키타 씨가 말씀하신바, 관객 대상을 어디에 둘 것인가 하는 점이었습니다. 많은 분을 모시고 여러모로 논의하여 국내 상영용으로는 제작 기교의 표준을 일본의 보통(학교) 6학년생이 이해할 수 있을 정도로 결정하였습니다. 수출용으로는 재편집하여 레벨을 훨씬 높일 예정입니다.

이렇게 가면 아까 말씀드린 철도 연선지방의 사람들에게는 수준이 조금 낮을지 모르겠으나, 벽지 사람들에게는 그다지 높지 않다고 생각합니다.

지금으로서는 조금 높다 해도 5년 후에는 점점 일반화되겠죠. 이해될 거라고 생각지 않습니다.[26]

구와노 그렇죠. 일본인이 충분히 이해할 만한 것이라도 만주인으로서는 이해할 수 없는 것이 실제로 있으니까요.

마키노 생략 등의 영화 수법에 대해서는 충분히 주의할 방침입니다. 만주인을 대상으로 한 영화에서 수법 문제는 단지 선무·계몽영화만이 아니라 극영화의 경우

---

26 원문에는 '理解されると思ふのでありません'이라 표기되어 있다. 문맥상 모순되어, 앞에 몇 개의 단어가 누락된 것이 아닌가 추정된다.

에도 마찬가지입니다. 〈엄마 찾아 만 리〉 때에 주제가를 삽입했습니다만, 그저 노래를 부르는 것만으로는 도무지 이해를 못 하는 듯했어요. 역시 노래 장면에 가사를 수퍼임포즈(superimpose)하지 않으면 안 되는 듯합니다. 그리고 5년, 10년 등 시간이 지난 경우에는 확실히 '10년 후'라는 타이틀을 넣도록 하고 있습니다.

오키타 감나무 이파리가 톡 떨어진다, 이게 일본에서는 가을을 상징하는데 만주인에게는 뭔지 이해가 딱 안 되는 것 같아요. 이는 일본과 만주의 기후나 풍토 차이에서 유래하는 것일 텐데, 이런 점에도 곤란한 면이 있는 것 같습니다.

문화영화의 상영 방법

스기하라 그러면 '만주의 문화영화 상영 방법에 대해서'로 들어가볼까 하는데, 구와노 씨, 한 말씀 부탁드립니다.

구와노 우선 상설관 이용에 대해서입니다. '영화법'에 따라서 이미 규정된 것도 있습니다만…….

마키노 현재 만영에서 만들고 있는 것 중 일본관에서 상영되는 것은 겨우 뉴스뿐이라 심히 유감입니다. 얼마 전 이탈리아 방문 (만주국) 사절단의 이탈리아 내 활동상황을 촬영한 루체의 뉴스가 있었습니다만, 이것은 만주인 분들, 특히 사절단 일행의 가족 분들을 비롯하여 직간접적인 관련이 있는 분들께 꼭 보여드리고 싶었습니다. 만주국 사절이 이탈리아에서 그렇게나 환영받았다는 것, 만주국의 국가적 약진과 방공(防共)의 나라 이탈리아의 현실을 알려드리는 의미에서 만철 사원구락부에서 무료 공개의 방법을 취했습니다.

오키타 결국 흥미로운 것, 보면 재미있는 것을 만들면 상설관 쪽에서는 나서서 상영하려 들겠지요. {50쪽}

사토[만주신문] 관객(취향)도 종래 단순한 흥미 본위의 오락적인 것으로부터 영화에서 무언가를 배울 수 있는 건설적인 것으로 옮겨 가고 있지 않습니까. 이러한 지성의 전진에 대해 영화가 적극적으로 대응한다면 그 효과는 대단할 것입니다.

[이즈미, 하기노 씨 입장]

시모 지금까지 만영에서 만들었던 문화영화들은 주로 특수회사의 것이었습니다. 일본인 상설관에는 아직 진출하지 못한 것 같은데, 조만간 한몫 보태겠습니다.

[웃음]

이노　지난해 만든 만주전신전화주식회사(滿洲電信電話株式會社) 선전영화에는 전신전화회사의 의뢰로 치안부 헌병 훈련 실황 풍경을 삽입하였습니다만, 이것이 꽤 잘 나와서 좋은 선전이 되었습니다. 앞으로도 만주군에 대한 일반의 인식을 높이기 위해 할 수 있는 한 편의를 도모할 테니 왕왕 이용해주십시오.

스기하라　그러면 비상설관 이용, 즉 순회영사에 대해 오키타 씨께 한 말씀 부탁드립니다.

오키타　현재는 협화회·민생부·치안부 등에서 주로 실시하고 있는바, 치안부는 주로 군인 대상입니다. 협화회의 영화공작은 다통 원년(1932년) 7월, 협화회의 발회식 상황을 〈결성협화(結成協和)〉라는 제목의 전체 2권짜리 기록영화로 만들어 각지에서 상영하면서 출발했습니다. 다통 2년에는 협화회 사무직원 네 명을 만철 영화 제작소에 보내 영화 강습을 받게 하여 순회영사를 개시했는데, 나아가 이 네 사람을 중심으로 부내(部內) 영사기술자를 양성, 올해 10월에는 각 성(省)에 영화반 배치를 완료하고 연평균 순회 횟수 500회, 동원 관중 약 50만 명을 달성하는 등 좋은 성적을 거두고 있습니다. 그런데 결국 이들은 관리(官吏)니까요, 기술적으로 불충분한 점도 많고 영사하는 일도 즐겁지 않겠죠. 처음에는 재미있더라도 2, 3년 똑같은 걸 반복하면 질려버립니다. 그러나저러나 모두 끈기 있게 하고 있습니다만.

스즈키　지방에서 시행할 때 관중의 태도는 어떻습니까?

오키타　매우 좋아라 하며 환영해줍니다. 이해하고 말고의 문제는 별개로 영화에 대해서는 상당한 기대와 관심을 가지고 있는 거죠.

아마노　내용의 이해보다도 움직이는 사진이라는 면에서 영화에 흥미를 가지고 모여드는 것 아니겠습니까.

스즈키　그러면 효과 면에서는 어떻습니까. 변변찮지는 않습니까?

오키타　그렇죠. 뭐, 진기한 구경거리라는 정도가 대부분인 듯합니다만.

아마노　제 체험을 말씀드리면, 근대적인 도회생활을 소재로 한 것이나 일본 풍경, 특히 바다라든가 섬이라든가 하는 것은 대체로 이해가 안 되는 듯합니다. 대신 그들의 생활에 직접적인 관계가 있는 소나 말 같은 게 나오면 대단히 즐거워합니다. 때문에 만영에서는 시골생활을 있는 그대로 보여주는 영화도 만들어 그들에게 보여주고자 합니다만.

오키타   결국 도회는 상설관을 이용하고 벽지는 순회상영을 하여, 순회는 주로 협화회나 민생부의 사업이 되지 않겠습니까.

[이태우 씨 입장]

구와노   아까 나왔던 것처럼, 지금 상황에서 순회는 영화를 보는 바탕을 만들기 위한 기초공작이라는 방침으로 나아갔으면 하는데 어떻습니까?

시모   그런데 상·하 두 종류로 만드는 건 실질적으로 웬만해서는 불가능한 일 아닙니까? 촬영 기술 면으로 봐도, 경제적·시간적·노력 면으로 봐도 그렇게 간단하지가 않습니다. 결국 실제적으로 말씀드리면 도회지 대상의 레벨에서 조금 낮은 정도로 일원화하는 것 외에 방법이 없지 않겠습니까?

이다   그에 관해서는 이런 것도 생각할 수 있지 않겠습니까. 아시다시피 지나 연극은 관람상의 약속이라는 것이 복잡하고 많습니다. 그럼에도 민중들은 상하를 불문하고 그것을 대체로 이해하고 또 그것이 통용되고 있습니다. 이는 일본의 가부키와 비교하여 매우 흥미로운 문제입니다. 그런 식으로 여러 영화적 기교를 약속 내지는 언어로서 행한다면, 문제는 의외로 짧은 시간 내에 간단히 정리될 거라고 생각합니다. (51쪽)

스즈키   그에 대해서는 또 다른 예가 있습니다. 소비에트에서 실시되는 방법입니다만, 영화 자체의 질이라든가 기술적인 면은 저하시키지 않고 있는 그대로 두되 상영할 때 설명자를 써서 관중을 가르치는 것입니다. 다시 말해 롱에서 업으로 바뀔 때 필름을 중단, 지금까지 영사되었던 인물이나 부분이 이제 확대되어 비칠 거라고 설명하고 다음을 계속하는 것이지요. 이렇게 지방민에게 영화 보는 법을 교육해나갔다고 합니다. 그렇게 하면 영화의 내용적 목적이 바로는 달성되지 않더라도, 그다음부터는 꽤 고급스러운 영화를 가지고 가도 이해를 받아 상당히 성공하고 있다고 합니다.

오키타   과연, 꽤 좋은 방법이네요. 영화를 위한 설명자라니 좋은 발상입니다.

스기하라   일본에서는 오래전부터 변사가 그 역할을 해왔던 터지요. 그러면 다음으로, 100만을 헤아리는 재만 반도인들을 대상으로는 영화를 어떻게 이용해야 할까요. 이 씨, 어떻습니까?

이   우선 민족적인 관점에서 말씀드리면, 만영은 모름지기 만주국을 구성하고 있는 모든 민족에게 영화적 혜택을 베풀어야 할 터인데 지금까지는 여러 사정이 있어 부득불 모든 것이 만주인을 대상으로 만들어져왔다고 생각합니다. 지금부터는 반도인에 대해서도 충분히 고려해주셨으면 합니다. 얼마 전 간도지방에서 반도 이민자들이 도박행위로 검거되는 불상사가 있었습니다만, 그 원인을 깊게 생각해보면 그들에게 오락설비가 전혀 없다는 게 큰 것 같습니다. 고향을 떠나 타지에서 만주국 건설을 위해 밤마다[27] 열심히 노력 중인 그들에게도 영화를 통한 오락과 위안을 제공해주십사, 만영에 마음 깊이 부탁드립니다. 기술적인 면에 관해서는 앞서 여러분께서 말씀하셨던 것이 어느 정도 고려되어도 괜찮지 않은가 합니다.

　　야마시타　　이 씨가 말씀하신 것에 관해서는 만영 입장에서도 가능한 것을 생각하고 있고 배급부에서는 이미 '반도영화 매월 1편 수입 개봉'도 실시하고 있습니다.

　　마키노　　이 씨의 말씀은 지당하십니다. 얼마 전 조선영화계의 젊은 프로듀서 이창용(李創用) 씨와 만나 장시간에 걸쳐 이야기한바, 현재 그가 제작하고 있는 〈복지만리(福地萬里)〉, 이 영화의 무대는 내지·반도·만주에 걸쳐 있는데, 이에 대해 힘닿는 한 모든 면에서 적극적으로 원조할 것을 약속했습니다. 조선도 영화법 제정을 앞두고 있고 앞으로 만선(滿鮮)도 점차 견고하게 결합될 것이라 생각합니다. 그때는 무엇보다도 저널리즘의 후원이 필요하니 잘 부탁드리겠습니다.

　　야마구치, 사토, 이　　그때는 기꺼이 돕겠습니다.

　　스즈키　　저는 일전에 〈나그네〉를 만들기 위해 세 달 정도 반도에 머물렀던 적이 있습니다. 그때 좀 느낀 것이, 반도의 영화인은 단결력이 부족합니다. 반도영화계는 다수의 작은 그룹으로 구성되어 있는데 각각 대립·반목하고 있고, 저희 일에 대해서도 어느 정도 방해가 있었습니다. 좀 더 협력해나가는 길을 생각해야 할 것입니다.

　　이　　그런 경향이 있을지도 모르겠습니다. 가까운 시일 내에 조선에서도 통제가 시행된다고 하니 그런 것은 해소되겠지요. {52쪽}

학교영화에 대하여

　　스기하라　　이어서 만주의 학교영화에 대하여 부탁드립니다.

27　원문에는 '同夜'로 표기되어 있으나 '日夜', 즉 '밤낮으로'의 오기로 보인다.

[히라이 씨 입장]

고바야시 일본계 소·중학교는 종래의 만철 방식을 계승하고 있습니다. 곧 전 만주의 소·중학교 교장들이 신징에 모여 회의를 열고 '전만주영화연맹(全滿映畵聯盟)'을 정식 결성할 터인지라 일본계 쪽 통제는 완성될 것입니다. 이에 반해 만주계 쪽 아동생도에게는 참으로 딱할 만큼 아직 손을 쓰지 못하고 있습니다. 여러 사정이 있습니다만, 학교 측의 경제적 사정과 만주인 아동에게 보여줄 필름이 없다는 것이 큰 원인이라 생각됩니다. 우리들이 보기에 이는 건설에도 큰 문제가 되지 않을까 합니다. 여기서 가장 효과적인 방법은 정부가 경비를 일거에 지출하여 영사기·기사·필름 등을 준비, 학교순회반을 조직하는 것이라 생각합니다. 그다음 점진적인 방법으로, 지방자치체에서 16밀리 토키 영사기의 사용이 전국적으로 통일되어 있으니 이를 이용하는 것이 있습니다. 필름은 만주인 대상 영화 중 (골라) 16밀리로 축사(縮寫)하여 제공하면 어떨까요.

[곤도, 아라사카[28] 씨 입장]

스기하라 학교영화는 어떤 방침으로 제작되어야 할까요?

다케무라 전체적으로 조금은 대국적(大局的)으로 깊은 고려가 필요하다고 생각합니다. 교재를 예로 들자면, 이과(理科) 영화라면 이과 영화대로, 이과라는 관념에 지나치게 갇혀 그 이외에 다른 무엇도 남지 않는 식의 영화를 만들면 안 되지 않겠습니까.

마키노 과거 일본에서 제작된 교육영화 리스트를 보내달라고 주문해두었으니, 그것이 도착하면 좋은 것을 골라 만주어판으로 내보내려 하고 있습니다.

다케무라 현재 사용 중인 것은 대개 일본에서 온 것입니다. 만영이 생겨난 만큼 앞으로는 만주의 실제에 기반하여 완전한 작품을 만들어주셨으면 합니다.

스즈키 알겠습니다. 〈만주국영화대관〉 다음으로 교화영화를 만들 계획을 세워 착착 준비하고 있습니다. 당분간 기다려주십시오.

곤도 제가 일본에 있었을 때 4년 정도 도쿄니치니치(東日)와 오사카마이니치의 필름 라이브러리 일을 했습니다. 현재 만주에서 고민하는 교육영화 필름을 어떻게

배급할까 하는 문제는, 저희들이 필름 라이브러리를 만들 무렵 라이브러리에 있는 영화를 실제적으로 어떻게 배급할까 고민했던 것과 같은 문제라 봅니다. 학교조합에서 카피를 한 편 사서 필요한 만큼 프린트하면 어떻겠습니까.

히라이　아시다시피 교육영화란 것은 수업을 직접 대상으로 하는 학과영화, 즉 교재영화라 불리는 것과 강당영화(講堂映畵), 즉 정조교육(情操敎育)을 중심으로 한 것 두 가지로 나뉘어 있습니다. 만주에서는 먼저 오사카마이니치의 강당영화로 (교육영화를) 시작했습니다. 오사카마이니치가 사업을 접은 뒤로는 학교조합이 그 사무를 인수했는데, 그것도 작년 12월 만철학교조합이 없어지면서 일시 중단되어버렸습니다. 그런데 내일, 그 재기를 논하는 회의가 열립니다. 지난 10월에 전 만주 각 교육연구회 구(區) 대표자 회의가 관둥국 교육부에서 개최됐을 때, 영화교육, 그중에서도 16밀리 토키 순회영화 문제가 다루어진바, 각 구마다 실시 재료를 연구 조사한 다음 신징 서광장소학교에 보고·제출하기로 했습니다. 내일은 그 결과를 심의할 예정인데, 이 안(案)이 확정되면 지금껏 내지에서도 보지 못했을 만큼 대규모로 전 만주와 관둥주가 똘똘 뭉쳐 전만주영화교육연맹(全滿映畵敎育聯盟)이라는 것을 결성하게 됩니다. 이 안의 특징은 아무리 벽촌이라도, 또 아무리 사람 수가 적더라도 전 만주 약 200개 학교를 영화가 빠짐없이 찾아갈 수 있게 한다는 것입니다. 그런데 이때 가장 문제가 되는 것은 필름 대금(代金)이 어느 정도냐 하는 것입니다. 일반영화 중 16밀리로 축소 프린트해서 아동에게 보여주어야 하는 것이 1년에 몇 편 정도일지, 이에 따라 프린트 대금이 어느 정도 들지가 근본적인 문제입니다. 한편, 일본인 측 학교는 대체로 철도 연선에 소재하여 전기가 있는데 만주인 측은 전기가 없는 지방 소재 학교도 많이 있습니다. 때문에 홈라이트[자가 발전기] 준비부터 시작해야 합니다.

마키노　내년[강더 6년] 4월이면 만영 내에 고온(光音)정밀공장이 생깁니다. 16밀리 토키의 조립과 수리는 물론 부속품도 두루 갖춰 (53쪽) 여러분께서 불편하시지 않도록 할 작정입니다. 또 아까 말씀드렸듯이 〈만주국영화대관〉은 보통 6학년을 대상으로 만들었기 때문에 교재영화로 바로 쓸 수 있으리라 생각합니다. 만주인을 대상으로 한 교화영화도 기획하고 있는데, 만주인 어린이가 학교에서 배운 일본어를 부모에게 가르쳐주고 이것이 생각지도 못하게 부모의 체면을 세운다는 식의 영화를 만들려 합니다. 조금 전 이야기되었던 관객 레벨의 문제도 교육영화 문제와 종합하여 생각해보면, 만주인 대중에게 영화가 이런 것이다라고 먼저 알려주는 것, 즉 영화에 의한 영화교육이 우선 행해져야 한다는 의미에서도, 만주인 아동을 대상으로 영화란 이런 것이다라는 것을 지금부터 교육해두면 5년 후, 혹은 7년 후에는 훌륭한 고급 영화관객이 될 수 있을 것입니다. 만주 아동에 대한 영화교육은 이렇게 여러 각도로 매우 적극적으로 생각하고 있습니다.

이노 아주 좋은 생각입니다만, 만주 건국의 정신을 잊지 않도록 건전한 영화를 만들어주셨으면 합니다.

마키노 네, 잘 알겠습니다. 그 부분은 저희가 절대 잊지 않고 있습니다.

후루타 교육영화라는 말은 매우 막연한 것 같습니다. 일반적으로 이야기되는 문화영화는 어른을 위한 성인 교육영화라 할 수 있습니다. 우량한 극영화도 어른들로 하여금 세계를 올바르게 인식시키는 교화영화가 될 수 있습니다. 교재영화는 문화영화로 발전할 수 있는 것으로, 교과영화(敎課映畵)는 그 일부입니다. 때문에 현재는 일본 및 외국의 문화영화를 재편집하여 사용하고 있습니다. 만주와 같은 신흥국가에서 아동을 국가의 장래성과 결부시켜 지도해나가기 위해서는 영화가 가장 필요합니다. 경제 문제를 초월하여, 만주의 토지에 기반한 교과영화가 필요합니다.

아마노 만주 총인구의 8할 이상을 차지하고 있는 농민을 위하여 그들의 생활을 그린 것이 일반영화보다 어느 정도는 쉬운 레벨로 만들어지길 통렬히 희망합니다.

이즈미 저는 교육영화 중 작은 부분에 지나지 않는 일본인의, 게다가 중등학교 교육에 관계하고 있습니다만, 내지 거주 일본인 교육과 만주 거주 일본인 교육에는 상당한 큰 간격이 있는 것 같습니다.

다시 말해 만주의 젊은 일본인들을 대상으로는 대륙 사람으로서의 영화가 만들어져야 하지 않을까요? 이는 단지 교육영화나 문화영화만의 이야기가 아니라 성인 일본인에 대해서도 같은 말을 할 수 있습니다. 나아가 중등학교 학생들, 즉 열일곱, 열여덟 삶은 예술적으로 두드러지게 성장하는 시기입니다. 따라서 이들을 대상으로 영화를 만드는 경우에도 매우 진중하게, 성실하게 제작해주시길 바랍니다.

사토[서광장소학교] 제 생각에 만주의 교육영화는 복 받은 것 같습니다. 교육영화로 꼭 필요하다면 경제적 문제를 도외시하고서라도 제작·배급될 수 있기 때문입니다. 그 때문에 만영이 만들어졌기도 했고요. 교과서를 만들면서 동시에 영화도 만들어야 하고, 이렇게 만들어진 교재영화는 괘도(掛圖)와 마찬가지로 교실에 비치되어야 한다고 생각합니다. 만주국의 문화영화라는 특수성에 비추어 생각해봐도 교과영화는 자원이 매우 풍부하다 할 수 있지 않겠습니까.

하기노　저는 실제적인 방면에 대해서 한 말씀 드리겠습니다. 저는 상업학교에 있습니다만, 학교를 졸업한 학생 대부분이 바로 사회에 나가게 됩니다. 사회에 나가 쉽게 접하는 일반 극영화로부터 과도한 자극이나 유혹을 느끼지 않도록 영화를 바르게 보고 비판하는 방법을 문화영화를 통해 교육했으면 합니다. 그리고 어학 문제라든가 풍속, 습관에 대한 일·만 교류 등 사회 현실의 문제에 대해서도 쌍방이 유쾌하게 배울 수 있는 영화를 만들어주셨으면 합니다. 당연히 일본에서는 이런 영화가 만들어질 수 없습니다. 만주에서는 어디서고 그런 사건(교류)이 하루가 멀다 하고 벌어집니다만.

이즈미　하기노 씨는 어학에 매우 능숙하셔서 그런지 만주인 생활상태를 계속 연구하심은 물론 만주계 상설관에도 자주 가셔서 풍속이나 감정의 차이에 유의하고 계시네요. {54쪽}

스즈키　만주국은 국가적으로 새로울 뿐만 아니라 문화적으로도 처녀지인 데다 종합민족국가이기 때문에 영화교육을 철저하게 해야 할 것입니다. 영화가 가장 유력한 선구자이자 계몽자입니다. 일본인을 제외한 만주인 대중에게 보여줄 경우에, 어른도 어린이도 영화적 레벨에는 큰 차이가 없으니만큼 이 점이 매우 편하긴 합니다. 또 효과도 큽니다. 제작 방면으로는 우리들이 어디까지나 책임감을 갖고 하고 있습니다. 저희를 충분히 믿어주십시오.

마키노　내년에는 스튜디오도 생기므로 극영화는 이제 괜찮을 것입니다. 그러면 점차 문화영화, 교육영화 제작에 착수할 예정입니다. 그 첫 기획이 〈만주국영화대관〉인데 이것이 끝나는 대로 교육·교화영화 제작을 진행할 예정입니다. 교육영화 제작에 관해서는 저도 결코 아마추어가 아닙니다. 제가 아직 소학교에 다니던 때의 이야기입니다만, 당시 영화가 매우 성행하여 소학교에 다니는 아이들에게까지 오노에 마쓰노스케(尾上松之助) 같은 사람을 흉내 내는 것이 유행했습니다. 저희 부친[고 마키노 쇼조(マキノ省三) 씨]은 그걸 염려해서 부모들이 필시 자기를 원망하리라 생각했습니다. 어린아이들이 활동(사진)에 대해 그렇게나 민감하다는 것을 깨닫고는 그 속죄

로 아이들을 위한 영화를 만들었습니다. 그것이 지금은 당당히 교육영화라 불리고 있습니다만, 당시에는 완전히 처음 있는 일이었습니다. 당시 아이들은 영화에 출연할 수 없었기 때문에 지금처럼 아역이 한 명도 없어서 형이나 누나, 제가 모델(배우)이 되었습니다. 학교가 끝나면 촬영을 하곤 했는데, 어느 날 그것이 선생한테 알려져 퇴학당할 뻔했지요. [웃음] 그러나 교장이 잘 이해해주어서 어떻게 퇴학은 면했습니다. [웃음]

저는 이미 그때부터 머릿속으로 아동 대상 영화, 어린이를 위한 영화 같은 것이 필요하다고 느꼈습니다. 제가 만주에 오기 직전에 관계한 〈길가의 돌〉은 모두 알고 계시듯 문부성과 공동으로 기획한 영화로 아이들에게 바르게 사는 것을 가르치는 내용입니다. 종래의 문부성 교육·교화영화에 비하여 관점이 상당히 변했다는 것을 잘 보여주고 있다고 생각합니다. 그렇지만 여러분께서 보신 그 영화는 어른들에게 보여주기 위해 만든 것이고, 그걸 그대로 아이들에게 보여줄 수는 없습니다. 그래서 아이들에게 보여주기 위해 영화를 재편집, 필요 없는 것을 커트하고 부족한 점을 보충하는 식으로 아동용 〈길가의 돌〉을 지금 제작 중입니다. 완성되면 여기로 보내줄 것입니다. 만영에서도 조만간 우수한 아동영화를 꼭 만들어내겠습니다.

고바야시　최근 도쿄에서 개최된 '전일본교육영화대회'에서 국정교재 필름의 제작을 결의하고 국정교과서와 동일 내용의 것을 영화로 만들자고 문부성에 요구하고 있습니다. 어떻게 될까요?

스즈키　제법 오래전에 저 역시도 학년별로 작은 범위로 나눠서 각 과, 각 장(章)별 영화화하는 안으로 국정교과서의 영화화를 계획, 문부성에 국정교과서 영화화권(權)을 달라고 한 적이 있습니다. 문부성에서 여러모로 고려한 결과 국정교과서의 저작권을 넘겨주지 않으면 제작할 수 없다는 식으로 결론이 나서, 끝내는 없던 일로 하고 말았습니다. {55쪽}

히라이　그렇지만 거기에는 상당한 비용이 들지 않습니까? 경제적 문제는 오히려 중요하지 않은 걸까요.

스즈키　한 편이 500척이면 500척, 이용 횟수만 많아진다면 대부분 필름 대여료 정도로 상당히 저렴하게 만들 수 있다는 계산이었습니다. 그 때문에 다른 동업자가 나서는 것을 막는 의미에서 영화화권을 바랐던 것이지요.

히라이　만주의 학부형들은 내지에 비교하여 의외로 간단히 내줄 것 같습니다. 이는 생활 레벨이나 이해해주는 정도가 높기 때문이기도 하지만, 기계나 필름을 사는 것이 별로 곤란하지 않기 때문인 것도 같습니다. 조합 조직에서 사면 단가가 아주 저렴합니다만 그렇다고 괘도만큼은 아니겠지요. 각 학교가 개별적으로 사면 가격은 당연히 크게 비싸지지요. 문제는 이런 데에 있는 것이 아니겠습니까.

만영 뉴스영화

스기하라　교육영화 이야기는 이 정도로 하시고, 이어서 뉴스영화로 옮겨 갔으면 합니다.

요시다　제작 책임자인 제가 뉴스영화에 대해 말씀드리면 아무래도 변명이 될 것 같아, 저는 여러분께 앞으로 어떠한 방향으로 나아가야 할지 여쭙고 싶습니다. 뉴스는 벌써 제12보까지 나왔고 올해는 제13보로 끝낼 예정입니다. 일본인이 이해하는 만큼 만주인도 이해할 수 있도록 일·만 공통적인 것을 찍었는데, 이 때문에 일본인 분들의 불만이 상당하다는 것을 잘 알고 있습니다. 어떤 사람은 뉴스 밸류(value)가 적다는 지적을 하는데, 어떠십니까? 뉴스에는 대체로 픽토리얼 식과 시사 해설적인 것 두 종류가 있는 모양입니다. 내년부터는 상당히 다른 뉴스가 나오게 될 테지만요.

[우에무라 씨 입장]

마쓰모토　만주 지방 사정을 찍은 것, 만주 민족의 실제 생활에 입각한 것을 찍어주십시오.

곤도　두세 명으로 그만큼 해내시다니 대단합니다. 『아사히신문』은 30~40명이나 되는 카메라맨을 동원하는 데다 전 세계에 엄청난 망을 가지고 있습니다만, 그에 견주어 만영에서는 잘하고 계신다 외에 따로 드릴 말씀이 없습니다. 편집 방법도 그걸로 괜찮지 않습니까.

마키노　뉴스영화는 신문과 특히 관계가 깊은데, 야마구치 씨 어떠십니까?

야마구치　뉴스에 대해서는 그다지 이견이 없습니다. 다만, 제가 만주인들과 접할 기회가 많은지라 만주인들로부터 만영의 영화 이야기를 종종 듣습니다. 일본인이 제작하기 때문에 그 눈에 비친 만주인관 혹은 만주인의 생활관이 다분히 엽기적으로 드러난다는 겁니다. 그런 부분에서 이상한 민족 감정이 생겨나는 게 아닐까요.

하기노　저는 일전에 〈베이징(北京)〉이라는 문화영화를 봤습니다. 거기서 성내(城內)의 지나인 시장 광경이 길게 나왔습니다. 만주인이나 지나인이 보기에는 평범하고 영화적으로도 별로 재미없는 것이 일본인의 눈에는 즐거워 보이는 걸까 싶기까지 했습니다.

스즈키　외국인이 다른 나라 안에서 영화를 찍는 경우에는 다소 그런 점이 있지 않겠습니까. 〈새로운 땅〉도 그렇고 〈국민의 맹세(國民の誓ひ)〉도 그렇고, 그러한 과장이 다소 있는 것 같습니다만.

마쓰모토　일본인의 감각적·기술적 우수성으로 만주의 국가적 진로를 그려낸다면 얼마든지 가능하지 않겠습니까.

오쿠무라　뉴스영화는 야마구치 씨가 말씀하신 대로지만, 기록영화와 관련해서는 지금 기록해두지 않으면 점차 사라져버리는 것이 많지 않을까요.

이　엽기적이라는 문제에 대해서입니다만, 이는 과거에 조선에서 가장 잘 드러났습니다. 만주는 그 전철을 밟지 않도록 특히 부탁드립니다.

스기하라　오쿠무라 씨, 방금 전 말씀하셨던 기록해야 하는 것의 실례를 하나만.

오쿠무라　예컨대 만주인의 상점 간판 같은 것도 현재 점차 없어져가는 것 같습니다. 머리 모양도 의복도 사라진다고 해야 할까, 바뀌어버려서 예전의 형상을 잃어버린 것이 상당히 있는 듯합니다. 이런 것은 찍어둔다 해서 바로 필요한 것도 아니고 대중이 좋아하는 것도 아닙니다. 영업에는 전혀 도움이 되지 않습니다.

스기하라　수출성(輸出性)에 대해서 말씀 부탁드리고 싶은데요.

문화영화의 수출성

스즈키　수출영화는 어찌 됐든 로컬성을 띠지 않으면 안 되는데, 그러려다 보니 그 나라의 과거 특색이 잔존한 형태를 찍기 때문에 어두운 면을 보여주게 됩니다. 저는 예전에 후지타 쓰구하루(藤田嗣治) 씨와 공동 기획으로 〈현대일본(現代日本)〉을 찍었습니다만, 결국 국욕영화(國辱映畵)라는 오명까지 얻었습니다. 후지타 씨가 일본적이라고 고른 것 중에 점을 보러 다니는 사람 등 아까 말한 어두운 면이 상당히 있었는데 이를 사람들이 싫어했습니다. 후지타 씨는 외국생활을 오래한지라 외국인이 일본에 와 가장 알고 싶은 것이 무얼지를 생각해서 만들었을 뿐입니다만.

　　일본영화는 수출성이 없다고 최근까지 이야기되었고 이것이 정석입니다만, 〈5인의 척후병〉이 공개되면서 이 이야기가 재검토되고 있습니다. 만영에서는 이미 이탈리아와 뉴스영화 교환을 실시하고 있는데, 이쪽의 문화영화를 일본에 수출하는 것이 꼭 필요합니다. 이민 문제를 비롯한 여러 가지 대륙 문제, 선망받는 나라의 모습, 만주-소련 국경의 국방 등 (56쪽) 중요한 문제를 우선 일본에 알려야 합니다. 그리고 이를 기점으로 맹방(盟邦) 지나·독일·이탈리아를 비롯하여 영국·프랑스·미국에도 수출했으면 합니다.

〈만주국영화대관〉이란

　　스기하라　앞서부터 여러 차례 이야기되었던 〈만주국영화대관〉에 대해서, 이다 씨 설명 부탁드립니다.

　　이다　〈만주국영화대관〉은 만주국이 정치·경제·산업·문화 전반에 걸쳐 약진하고 있는 실상을 기록하고 이를 내외에 바르게 알린다는 국가적 목표하에 만들어지는 것입니다. 관둥군, 홍보처, 협화회, 만영에서 각각 위원을 선출하여 건국·국정·산업·교통·사회·문화 각각을 크게 망라, 이것이 또 각각 수 편으로 나뉘어 전 37편으로 구성되는 방대한 영화입니다. 이 영화를 보면 만주의 전모가 곧바로 손에 잡힐 듯 이해될 것입니다. 나아가 이 중에서 필요한 것을 발췌하여 국외 선전용을 만들기로 했는데, 내년에 창립되는 대로 제작에 들어갈 준비를 이미 마쳤습니다.

　　우에무라　늦어서 대단히 죄송합니다. 공관 일이 좀 바빴습니다. 지금까지 만영에서 만들어진 것으로는 문화영화도 극영화도 별로 칭찬할 것은 없는 듯하네요. 하지만 여러 가지 내부 사정을 가장 잘 알고 있는 저로서는 그 정도도 그나마 잘 해왔다고 말씀드릴 수 있습니다. 덧붙여, 전체적으로 화면이 어두웠던 것은 기술적인 문제였는데 이제 연구가 끝났다고 들었습니다. 문화영화과도 생겨났고 하니, 앞으로 크게 기대하겠습니다.

　　마키노　마지막으로, 저희는 여러분의 의견을 따라 어떻게든지 만들어나갈 작정입니다. 이러면 좋겠다, 저러면 좋겠다 하는 것을 저희에게 직접 알려주셨으면 좋겠습니다. 여하튼 저희는 좋다고 생각하는 것이라면 뭐든 실행해볼 작정입니다. 여러분의 지속적인 지도를 간절히 바라는 바입니다.

스기하라　대단히 길어졌습니다. 오늘은 여기서 마쳤으면 합니다. 여러분 모두 감사합니다.

1939년 2월 | 제 3-2호, 일문판 | 79쪽 | 일본영화·외국영화 소개

반도영화 〈무정〉

조선영화주식회사 작품

경개

이야기의 발단은 조선에도 새로운 문화의 꽃이 피어나기 시작한 소위 '개화시대'로 거슬러 올라간다.

한 문화(漢文化) 모방의 꿈에서 일찍이 깨어난 박 진사(進士)는 새로운 교육의 이상에 불타 사설 학당을 세우고 수많은 제자를 양성하고 있었다. 그러나 주변에 누구 하나 그의 진의를 이해해주는 사람이 없었고, 그 와중에 재산이 바닥나 학당은 폐쇄될 운명에 직면했다. 스승의 곤란함을 차마 두고 볼 수 없었던 수제자 한 명이 애정에 넘쳐 큰 죄를 저지른다. 진사도 누명을 쓰고 투옥되었다가 옥사하고 만다.

박 진사의 외동딸 영채(英采)는 거친 세상에 홀로 남겨져, 아버지 생전의 제자이자 혼인을 허락받은 것이나 다름없던 이형식[29]에게 의지할 수밖에 없었다. 그러나 의지할 곳 없는 두 사람은 끝내 운명을 함께하지 못했다. 조선의 서쪽에 봄이 찾아온 지 아직 얼마 되지 않은 어느 쌀쌀한 아침, 마을에서 뻗어나온 한 줄기 하얀 길이 여기서 두 갈래로 나뉘었다. 두 사람이 헤어지는 길이다.

"너는 당분간 기다리면서 숙모님 댁에 신세를 지는 게 좋겠어. 나는 경성에 가 꼭 성공하여 너를 데리러 올 테니까."

그러나 숙모집에서 영채가 맞닥뜨린 것은, 명문가 외동딸로 자라난 그녀로서는

29　원문에는 모두 '李亨植'으로 표기되어 있으나 '李亨植(이형식)'의 오기이다.

도저히 감당할 수 없는 일들과 심한 학대. 더 이상 참을 수 없었던 그녀는 결국 향식을 찾아갈 결심을 하고 숙모의 집을 나선다.

6년 후. 영채는 평양의 명기 계월화(桂月花)의 집에서 계월향(桂月香)이라는 예명의 기생이 되어 나타난다.

월향이 지금도 잊을 수 없는 향식을 생각하여 의기소침해 있으면 월화는 항상 친언니처럼 위로해주었다.

"머지않아 반드시 그 사람과 만날 수 있어."

어느 여름날, 월화는 대동강 뱃놀이에 불려나갔다. 거기서 월화가 싫어하는 방탕아 김현수(金賢洙)가 또 집요하게 치근댔다. 급기야는 술에 취해 난동을 부리며 그녀를 붙들고 욕보이려 했다. 때마침 그 순간, 같은 대동강에서 보트를 띄우고 있던 한 청년이 이를 목격하고 의분을 느껴 그녀를 구해준다. 이 청년이 바로, 지금은 경성의 모 중학교에서 교편을 잡으며 예전에 미래를 약속했던 영채의 자취를 찾아 몇 번이고 평양을 방문하는 이향식이었다. 그러나 운명은 어디까지나 아이러니이다. 월화는 그가 월향이 찾고 있는 마음속 정인이라는 사실을 모른 채, 이름조차 알지 못하는 그에게 남몰래 순애의 마음을 품게 되었다.

그날 밤, 자신의 현재를 곰곰이 돌아본 월화는 괴로워하며 기생인 까닭에 좋아하는 사람과도 이루어질 수도 없는 처지를 한탄, 낮에 대동강에서 반한 청년에 대해 꿈을 좇는 것마냥 월향에게 이야기한다. 그러고는 월향이 잠들 때까지 조용히 기다렸다가 몰래 나가서는 결국 밤의 대동강에 몸을 던졌다.

유일한 친구를 잃은 월향은 결국 향식이 있다는 경성으로 길을 떠났다. 그러나 그때 향식은 이미 백만장자의 딸 선형(善馨)과 약혼한 사이였다. 월향은 정의로운 신문기자 신우선(申友善)과 금세 가까워졌고, 신우선은 드디어 자신의 열정을 밝히며 그녀에게 결혼을 청한다.

월향도 그를 믿음직스럽게 여기고 있었지만, 향식과의 의리와 애정을 생각해 그의 청혼을 울며 거절한다. 신우선도 월향이 자신의 친우 향식과 어려서부터 서로 맹세한 사이라는 것을 알고 혼자 고민한다. 그러던 중, 평양에서 김현수가 찾아와 월향에게 집요하게 들러붙기 시작했다.

신우선이 향식에게 월향의 소식을 밝힌 것은 마침 향식과 선형의 혼례 전야였다. 형식은 놀라며 양심의 가책에 괴로워하면서도 계월향이 박영채라고는 믿을 수 없었다. 그리하여 두 사람이 월향의 집을 찾았을 때, 월향은 이미 현수에게 억지로 붙들려 교외의 요정으로 끌려가고 없었다. 두 사람은 바로 차를 달려 그들을 쫓아갔다. 그러나 영채[월향]의 정조를 도저히 꺾을 도리가 없음을 깨달은 현수는 그녀를 포기, 향식과 선형의 사이를 밝히고 월향을 돌려보냈다. 어차피 영채와 향식은 또다시 마주칠 운명이었던 것이 아닐까?

해설 및 스태프

경성에 탄생한 조선영화주식회사의 창립 기념 작품. 원작은 조선 신문학사상(新文學史上) 기념비적인 작품으로 센세이션을 불러일으킨 이광수 씨의 소설. 주연을 맡은 한은진 양은 지난 제1회 조선연극콩쿠르에서 1등 연기상을 받은 재원이며 최남용 씨는 반도 신극운동의 영웅이다.

- 원작: 이광수
- 감독: 박기채
- 촬영: 이병우(李炳宇)
- 배역
  박영채: 한은진
  이향식: 최남용
  신우선: 이백수(李白水)
  계월화: 현순영(玄舜英)

1939년 3월 | 제 3-3호, 일문판 | 74쪽 | 일본영화·외국영화 소개

〈심청(沈淸)〉

조선 기신양행(紀新洋行) 작품

「춘향전」과 나란히 조선 고전문학으로 찬연한 빛을
발하며 아직도 항간 부녀자들의 뜨거운 눈물을 자아내고
있는 「효녀 심청전」이 근대 풍속을 배경으로 하여 현대인
의 감각을 기조로 영화화되었다. 이 한 편의 영화는 가냘

사진(5매)

픈 한 소녀가 인류을 위해 바친 짧은 생애의 구슬픈 기록에 지나지 않을지 모르나,
그 위대한 동양의 정신은 천년이 지난 뒤에도 분명 사람들의 폐부에서 춤추듯 맥박
칠 것이다. 쇼와 12년 제작 완성과 동시에 멀리 하와이, 미국에 수출되어 고요한 바
닥에 흐르는 불과 같이 격렬한 동양정신과 장중한 조선음악으로 타지 인사들에게
폭풍 같은 감동을 주어 환영받았다는 조선의 진정한 '모습'을 대표하는 걸작이다.

개작 및 각색은 이기세(李基世), 감독은 안석영(安夕影), 촬영은 이명우(李明雨).
김소영(金素英)·조석원(曹錫元)·신은봉(申銀鳳)·석금성(石金星)·조경옥(趙慶玉)·김영
애(金英愛)·차상은(車相銀) 등이 출연했다. [조선어 토키, 국어자막판, 8권]

1939년 3월 | 제 3-3호, 일문판 | 83쪽 | 영화계 습록

반도영화계 최근 정세

조선의 영화 제작은 다이쇼 5, 6년경에 시작되어 현재까지 이미 100편이 넘는
작품이 제작되었다. 토키시대에 들어선 뒤로는 쇼와 9년에 발표된 〈춘향전〉이 최초
의 조선어 올토키 작품인데, 본격적인 조선어 토키로 널리 인정받은 작품은 쇼와
12년 4월에 발표된 성봉(聖峰)영화원과 일본 신코키네마와의 협동 작품 〈나그네〉다.
그 이래로 계속해서 다음 표와 같은 조선어 토키가 제작되고 있는바, 양화수입제한
을 계기로 쇼와 13년 초부터 그 제작 열기가 급격히 활발해졌으며 현재에 이르러서

는 경성을 중심으로 12개 사의 제작소가 각각 제작에 관여하고 있다. 그러나 이들 제작소는 경성 조선주식회사[자본금 50만 원]를 제외하고 대부분이 자금 및 설비 면에서 다소 빈약한 감이 있으며, 그 왕성한 제작 의욕도 여러 방면으로 분열되어 곤란을 자초하고 있는 형국이다. 때문에 이에 대한 통제 요구가 점차 격렬해지고 있다.

최근 주요 반도영화 목록 [6.1[30] 편집실 조사]

제목	제작회사	각색	감독	카메라	주연	비고
한강	반도영화제작소	방한준 (方漢駿)	방한준	양세웅 (梁世雄)	윤봉춘, 현순영	만주 수입
어화	극광(極光)영화사	서병각 (徐丙珏)	안철영 (安哲永)	이병목 (李丙穆)	박노경(朴魯慶), 나웅(羅雄)	만주 수입
도생록	경성영화공장	유치진	윤봉춘	최인규 (崔寅奎)	김신재, 최운봉	만주 수입
군용열차	성봉영화원	조영필 (趙英弼)	서광제 (徐光齊)	양세웅	문예봉(文藝峰), 왕평(王平)	만주 수입
심청	기신양행	이기세	안석영	이명우	김소영, 조석원	만주 미수입
애련송 (愛戀松)	극연좌(劇硏座) 영화부	유치진	김유영 (金幽影)	양세웅	문예봉, 김치근(金治根)	만주 미수입
무정	조선영화주식회사	유치진	박기채	이병우	한은진, 최남용	만주 미수입
귀착지 (歸着地)	한양영화사	이영춘 (李英椿)	이영춘	이신웅	노재신(盧載信), 전택이(田澤二)	만주 미수입
국경(國境)	천일화사[31]	최인규	최인규	황운상[32]	김소영, 최운봉	곧 완성
복지만리	고려영화사	전창근 (全昌根)	전창근	이명웅[33]	강홍식(姜弘植), 유계선(劉桂仙)	곧 완성
새출발 (新しき出發)	조선영화주식회사	이규환 (李圭煥)	이규환	양세웅	문예봉, 독은기 (獨銀麒)	곧 완성
춘향전	조선영화주식회사	유치진	무라야마 도모요시 (村山知義)	불명	불명	기획 중

30 강더 6년 1월 조사를 의미하는 것으로 추정된다.
31 원문에는 '天一畵社'라고 표기되어 있으나 '천일영화사'의 오기이다.
32 원문에는 '黃雲祥'이라고 표기되어 있으나 '黃雲祚(황운조)'의 오기이다
33 원문에는 '李明雄'이라 표기되어 있으나 '李明雨(이명우)'의 오기이다.

1939년 3월 | 제 3-3호, 일문판 | 83쪽 | 영화계 습록

만영 최초의 후원회 자오위페이(趙玉佩) 양을 위해 탄생

지난 여름 리밍과 함께 베이징으로부터 (와) 만영에 입사한 자오위페이 양은 현재 엄동설한 영하 30도의 신징에서 촬영하느라 다망하다. 이번에 그녀를 위하여 베이징 일본대사관 조선과의 구라시마(倉島) 사무관, 신징 일본대사관의 아베(阿部) 사무관, 동 핫토리(服部) 조선총독부 도경시(道警視), 다카하시(高橋) 총독부 사무관 및 현 경성특별시장 다카하시(高橋) 씨 등이 후원회를 조직하여 크게 격려하기로 하였는데 그 발회식이 지난 2월 10일 오후 6시부터 야마토호텔에서 성대하게 열렸다. 그 이유는, 그녀가 만영에 들어오기 전 베이징대사관 사람들에게 지나어 강사를 했던 관계로 자오위페이의 학생들이 젊고 아름다운 은사의 성공을 격려하기 위해 (후원회를) 조직했다는 것. 발회식에서 자오위페이 양은 그 아름다운 온정에 감격의 눈물을 흘렸다.

1939년 5월 | 제 3-5호, 일문판 | 38쪽 | 양춘(陽春) 시즌을 보내는 일본영화 라인업

조선영화 〈국경〉 국어자막판

천일영화사 신작

경개

압록강 상류 어느 벽촌에 사는 빈농 김용태는 아름다운 외동딸 영자, 그리고 그 약혼자 이세림과 셋이 함께 살고 있다. 세림은 어릴 때부터 용태가 기른 고아로, 늙은 용태에게는 두 사람의 성장과 결혼만이 여생의 즐거움이었다. 그런데 (아이들을) 양육하기 위해 무리하여 진 빚이 집요하게 따라다녔다. 아름다운 영자에게 남몰래 연정을 품은 박동일 역시 채권자 중 한 사람이었는데, 용태를 대하는 그의 가혹한 말투를 양자인 세림은 차마 두고 볼 수 없었다. 결국 세림은 동일에게 (반환) 기한을 약속, 영자와 용태 몰래 마을을 떠나 신의주 밀수꾼 일당에 몸을 맡긴다. 그러나 일

확천금의 꿈은 허무하게 끝나고 오히려 부상만 당한 채 귀향한다. 세림이 돌아온 날 밤, 영자를 두고 동일과 세림 사이에 격한 소동이 벌어진다. 그 결과를 두려워한 용태는 사랑하는 두 사람이 마을을 미련 없이 떠날 수 있도록 오래된 늪에 몸을 던지고, 세림 또한 실수로 칠성이라는 백치 남자를 죽이고 만다.

그렇게 고향은 두 사람의 안주를 허락지 않았고, 세림은 치사죄로 8년의 징역을 살게 된다. 감형운동을 하며 평양으로 달려간 영자는 항소를 위해 몸을 팔기까지 하지만, 결국 무죄를 얻어내지 못하고 3년이 감형되었을 뿐이다. 영자는 몸값 100원 때문에 작부에서 유곽의 여인이 되어 윤락의 길을 걷는다. 그러나 세림에 대한 열렬한 사모의 마음으로 카페 여급으로 부상할 수 있었다. 마을에서의 비극을 겪고 난 동일은 양심의 가책을 견디지 못하고 행방불명이 된다. 그로부터 3년이 지난 어느 날, 동일은 안둥(安東)에서 영자와 해후한다. 영자는 상대가 너무나 양심적이고 착한 사람으로 변한 것에 고민하면서도 복수의 일념을 누르지 못해 동일을 비수로 찌르려 한다. 그러나 오히려 절벽에서 떨어져 다리를 다치고 만다.

1년 후. 절름발이가 된 영자는 동일의 호의로 살아가는 서글픈 신세의 여인이 되었다. 어느 날 밤 밀수를 밀고한 동일이 밀수꾼 일당에 붙잡히게 되고, 영자는 자신이 동일과 헤어질 수 없음을 처음으로 깨닫는다. 대체 무슨 운명이란 말인가! 영자는 지금 동일의 품에 안겨 울고 있는 것이다.

그로부터 다시 1년이 지났다. 평양의 감옥을 나온 세림이 영자와의 행복한 생활을 마음에 그리며 그녀를 찾았을 때, 영자는 이미 동일의 아내였다.

국경에 펼쳐진 얄궂은 운명보(運命譜)다.

해설 및 스태프

앞서 〈도생록〉을 발표한 천일영화사의 두 번째 작품으로, 압록강 백 리의 절경과 밀수(密輸)로 유명한 안둥·신의주 강변 도시를 배경으로 펼쳐진 얄궂은 청춘 운명의 수난을 그린 국경애화(國境哀畵)다. 각본은 『압강(鴨江, 압록강) 실화』에서 취재했으며, 신예 최인규 씨와 협력하여 〈도생록〉의 오리지널 시나리오를 집필했던 반도극단의 중진 유치진 씨가 윤색·대사를 담당했다. 〈도생록〉을 프로듀스한 최인규 씨 감독의 첫 번째 토키로, 〈도생록〉의 이금룡·최운봉과 〈심청〉에서 가련 수수하게 견실한 연기를 보여주었던 김소영이 주연. 그 밖의 출연으로 경성의 유명 극단 '중앙무대(中央舞台)'의 태을 씨,[34] 〈아리랑 3편〉의 전택이, 〈도생록〉의 김덕심·김영순 등을 망라하는 호화 캐스트이다. 촬영은 〈미몽(迷夢)〉을 크랭크한 황운조(黃雲祚) 씨, 음악은 반도 제일의 음악평론가 김관(金管) 씨가 편곡, 현상은 독자적인 미즈나카(水中) 시스템에 기반한 아베 쓰루타로(阿部鉉太郎) 씨가 담당하였다.

- 제작: 이종완(李鍾琓)
- 원작·윤색: 유치진 『압강 실화』에서
- 각색·연출: 최인규
- 촬영: 황운조
- 음악: 김관
- 현상: 아베 쓰루타로
- 주제가: 경성OK레코드
- 배역
  김영자(金英子): 김소영
  이세림(李世林): 최운봉
  박동일(朴東一): 이금룡
  김용태(金龍泰): 태을민
  밀수꾼: 전택이
  칠성(七星): 김덕심
  황(黃) 노인: 고기봉(高奇峰)
  마을 여자: 김영순
  춘식(春植): 윤묵(尹默)
  만룡(萬龍): 하억만(下億萬)

사진(4매)

34 원문에는 '太乙 氏'로 표기되었으나 '太乙民(태을민)'의 오기이다.

1939년 5월 | 제 3-5호, 일문판 | 78쪽 | 만주영화신문

만선일여(滿鮮一如)는 영화부터 - 만영, 조선배급소 신설

압록강 하나 건너 이어진 땅, 만주와 조선의 영화 제휴는 비교적 일찍부터 개척되어온바, 만영에서는 작년 9월 '조선영화 매월 1편 수입 개봉'을 실시한 이래로 벌써 8편이 개봉, 100만의 재만 반도인에게 큰 위안을 제공하고 있다.

또한 경성 고려영화사에서 현재 제작 진행 중인 내지·조선·만주를 무대로 하는 대작 〈복지만리〉의 만주 편에 대해서도 대대적인 원조를 하기로 했다.

나아가 이번에 '만주영화협회 조선배급소'를 경성에 설립, 만영 작품 중 비교적 보편성이 풍부한 작품을 골라 조선에 배급하기로 결정했다. 그 첫 번째 영화로 〈원혼복구〉에 일본어를 수퍼임포즈, 4월 상순부터 배급하여 전 조선의 영화관에서 상영할 예정이다. 〈원혼복구〉는 동아(東亞)박람회에 출품되어 만영 작품이 일본에 진출하는 데 시금석으로 주목받고 있다.

한편, 위의 만영 조선배급소는 경성부 종로 2초메(丁目) 7 고려영화사 내에 설치되어 있다.

1939년 5월 | 제 3-5호, 일문판 | 88~89쪽

만영 업무 개황 [강더 6년 3월분 - 선전과 편집실]

개황

먼저 제작 부문에서는 〈동유기〉〈진가자매〉 대형영화 2편의 제작이 결정되었다. 〈동유기〉는 〈원혼복구〉를 완성한 오타니 도시오의 두 번째 감독 작품으로 스태프(캐스트)도 전작과 동일한데, 주연은 리샹란·류언자가 맡았고 기타 필요 스태프는 이미 도쿄로 상경, 도호영화 제휴 최초 일·만 교환(交驩)영화로 기대를 모으고 있다. 〈진가자매〉는 하세가와 슌(長谷川濬)의 첫 시나리오를 바탕으로 〈지심곡〉〈전원춘광〉의 다카하라 도미지로가 메가폰을 잡았으며 리밍, 두촨, 정샤오쥔(鄭曉君), 쉬충(徐聰),

쉐하이량(薛海樑), 지옌팡[35] 등 베스트 스태프가 임하고 있다. 이 영화에서 (만영) 첫 출연하는 쉬충은 도와상사의 〈동양 평화의 길〉에서 주연을 맡았는데 지난번 만영에 초빙되어 들어온 촉목(囑目)의 웅성(雄星)이다. 문화영화는 변함없이 활발하게 능률을 올리고 있는바, 이번 달에는 〈만주제국영화대관(滿洲帝國映畵大觀)〉[36] 건국 편의 시나리오가 탈고되어 우선 제작이 결정되었다. 뉴스영화는 〈만영뉴스〉 일·만어판이 공히 벌써 제23보까지 쌓였으며, 이번 달에 청포지티브 필름(青ポジ) 3500척을 완성하여 이탈리아로 발송한 것 이외에, 지난 달에 기획·발표한 〈만영뉴스〉 몽골어판도 재빠르게 제3보까지 완성되는 등 점차 다각적으로 촉수를 넓혀가고 있다.

　　배급 부문에서는 만주영화 〈전원춘광〉이 이른 봄에 걸맞게 하얼빈의 바라스(巴拉斯)·츠광(慈光) 두 영화관에서 개봉, 관객몰이에 나섰다. 일본영화는 쇼치쿠, 닛카쓰, 도호, 신코, 다이토(大都), 교쿠도(極東), 젠쇼(全勝) 모두 변함없이 호조. 조선영화 〈심청〉은 안둥 중양(中央)키네마에서 개봉된 뒤 신징 창춘줘(長春座)에서 공개, 청순한 내용과 형식이 국도(國都) 인사들로부터 의외로 높게 평가되어 이채를 발했다. 조선영화는 〈심청〉에 이어 다음 달에 〈국경〉이 수입 개봉되는 모양이다. 이 작품은 압록강 백 리의 절경과 일찍이 밀수도시로 알려진 안둥과 신의주를 배경으로 한 강렬한 멜로드라마로, 주연은 〈심청〉에서 가련 수수하게 지극히 좋은 연기를 보여주었던 김소영이다. 상하이영화는 신화의 〈아녀영웅전〉 한 편이었던 데 비해, 유럽영화는 〈망향〉 〈보카치오〉 〈장 발장〉[〈레미제라블〉 제1부] 〈코제트의 사랑〉[〈레미제라블〉 제2부] 대작 4편이 개봉되었다. 이 중에서도 특히 〈망향〉은 〈무용회의 수첩〉 이래의 걸작으로, 흥행적으로도 예술적으로도 압도적인 호평을 얻으며 오랜만에 양화 팬의 요망에 응답할 수 있었다.

제작 상황

극영화
(1)　제작 결정

35　원문에는 '季燕芳'이라 표기되어 있으나 '季燕芬'(지옌펀)의 오기이다.

36　앞의 「만주의 문화영화를 말하다」 기사(본문 59~75쪽)에서는 '만주국영화대관'(滿洲國映畫大觀)이라고 언급되었다.

〈동유기〉

- 원작·각색: 다카야나기 하루오(高柳春雄)
- 감독: 오타니 도시오
- 촬영: 오모리 이하치
- 주연: 리샹란, 류언자, 장수다(張書達)
- 내용: 만주국의 모던보이가 에도 전성기에 가 벌이는 진기극(珍奇劇). 만영·도호 제휴로 만들어진 최초 일·만영화 교화 편

〈진가자매〉

- 원작·각색: 하세가와 슌
- 감독: 다카하라 도미지로
- 촬영: 시마즈 다메사부로(島津爲三郎)
- 주연: 리밍, 두환, 정샤오쳰, 쉬충
- 내용: 두 사람의 아름다운 이복자매를 둘러싼 만주판 〈가슴 자매(乳姉妹)〉[37]로, 〈동양 평화의 길〉에서 주연한 쉬충의 입사 후 첫 번째 작품

(2) 제작 진행

〈철혈혜심(鐵血慧心)〉[38]

- 원작·각색: 다카야나기 하루오
- 감독: 야마우치 에이조(山內英三)
- 촬영: 이케다 센타로
- 주연: 쑤이인푸, 야오루(姚鷺), 궈사오이, 리샹란
- 내용: 아편 금단(禁斷)과 경찰정신의 발양을 주제로 한 작품. 비참한 아편굴이 있고, 서민가 아가씨의 정의와 순애와 죽음이 있음. 멜로드라마적 농조(濃調) 속에서 명랑만주국 건설의 악보를 연주하는 작품

〈자모루〉

- 원작·각색: 아라마키 요시오
- 감독: 미즈에 류이치

---

37 1903년 발표된 기쿠치 유호(菊池幽芳)의 소설로 그 인기를 기반으로 일본에서 1909년부터 1938년까지 13번이나 영화화되었다.

38 차후에 〈아름다운 희생〉으로 개제하여 개봉된다.

- 촬영: 후지이 하루미(藤井春美)
- 주연: 리밍, 장민, 두쫜, 리허
- 내용: 아버지의 완강한 반대로 나약한 연인이 떠나가자, 그 사이에서 생긴 아이를 입양보낸 뒤 자신의 아이라고도 말하지 못한 채 숨어서 지켜주며 살아가는 박복한 여자. 자신이 버린 여자와 아이의 환상에 계속해서 시달리는 남자. 고통받은 여자를 갉아먹는 무뢰한. 가난하더라도 풍족한 마음을 가진 백성 부부. 화려한 극장을 무대로 또 시골 농촌을 배경으로 자아낸 비극

(이하 〈홍몽표기〉 부분은 본문 54쪽의 「만영 업무 개황」 기사와 동일)

(3) 제작 완성

없음

문화영화

(1) 제작 결정

1) 〈만주제국영화대관〉 건국 편 6권

(2) 제작 진행

1) 〈설탕이야기(砂糖物語)〉 1권

2) 〈유럽방문사절단기록(訪歐使節團記錄)〉 20권

3) 〈청년 기술원의 도일(靑年技術員の渡日)〉 [만주기술협회 위촉] 1권

4) 〈성냥〉 [전매총서 위촉] 3권[39]

5) 〈삼림 만주〉 [임야국, 만주임업주식회사 위촉] 5권

6) 〈다라이현 빙상어업(大賚懸氷上漁業)〉 1권

7) 〈하얼빈 그리스정교 빙상 세례제(哈爾賓希臘正敎氷上洗禮祭)〉 1권

8) 〈아편금단(阿片禁斷)〉 2권

9) 〈번영하는 안둥성(榮えゆく安東省)〉 [안둥성공서 위촉] 2권

10) 〈모범현 톄링(模範縣鐵嶺)〉 [톄링현공서 위촉] 2권

39 앞의 1939년 1월판 「만영 업무 개황」 기사(본문 54쪽)에는 '2권'으로 기재되었다.

11) 〈쑹화강 거대 댐 공사실황(松花江大ダム工事實況)〉 [수력전기국 위촉] 3권

12) 〈만주제국영화대관〉 건국 편 6권

(3) 제작 완성

1) 〈싱안군개선(興安軍凱旋)〉 [치안부 위촉] 1권

2) 〈만주 하늘 여행〉 [만주항공주식회사 위촉] 2권

3) 〈건국의 이상(建國の理想)〉 1권

4) 〈건설만주(建設滿洲)〉 2권

뉴스영화

(1) 제작 착수

- 〈만영뉴스〉 [일어판] 제20, 21, 22, 23보

- 〈만영뉴스〉 [만어판] 제19, 20, 21, 22, 23보

- 〈만영뉴스〉 [몽골판] 제1, 2, 3보

- 〈협화만영시사보(協和滿映時事報)〉 9권

- 이탈리아 발송 청포지티브 필름 3500척

(2) 제작 완성

- 〈만영뉴스〉 [일어판] 제20, 21, 22, 23보

- 〈만영뉴스〉 [만어판] 제19, 20, 21, 22보

- 〈만영뉴스〉 [몽골판] 제1, 2, 3보

- 〈협화만영시사보(協和滿映時事報)〉 9권

- 이탈리아 발송 청포지티브 필름 3500척

  노루 사냥, 북만 맹수 사냥, 육군기념일, 구정월 풍경, 이탈리아 증정 당 (唐) 사자상 전달식

개봉 상황[40] {88쪽}

극영화

조선영화 (합계 1편)

사명	제명	기간	장소	감독	주연
기신양행	심청	18~20	안동 중앙키네마	안석영	김소영, 조석원

부기: 개봉 편수 일람표

극영화

1. 만주영화	1편
2. 일본영화	38편
3. 조선영화	1편
4. 상하이영화	1편
5. 유럽영화	4편
합계	45편

뉴스영화

1. 만주[만영]	7권
2. 일본[오사카마이니치, 아사히, 요미우리, 동맹]	17권
3. 미국[RKO]	5권
합계	29권

40 만주영화, 일본영화, 상하이영화, 유럽영화 등의 목록은 생략한다.

1939년 6월 | 제 3-6호, 일문판 | 22~24쪽 | 만주영화의 민족성 특집

민족별 영화 제작이 필요

자기비판은 전진의 무기이다

국책영화회사로 창립된 이래 3년의 과정을 밟아온 만주영화협회가 오늘 '만주영화의 민족성' 문제를 제기하고 낙토 만주의 초석인 오족(五族)을 대상으로 바람직한 이니셔티브(initiative)를 구하려는 것은 현명한 자기비판의 표현이자 양질의 비약적 발전을 위한 제스처라 생각된다.

이 문제는 제작과 배급을 관련시키지 않고서는 논의될 수 없지만, 여기서는 주로 제작 방면에 대하여 말하고자 한다.

우선 만영은 무엇보다, 만주국이 세계에서 유례를 찾아보기 힘든 민족문화를 꽃피울 민족협화의 나라라는 것과 (만영이) 영화문화라는 국책의 사명을 담당하는 문화기관임을 인식해야만 한다. 이는 단순히 관념론적인 것이어서는 안 된다. 추상성을 벗어나 어디까지나 현실적인 것이 절대적으로 필요하다.

따라서 제작 방면에서 만주인을 대상으로 한 영화만을 취급하는 것은 '만주영화'의 **본질에 비추어 볼 때** 충분치 않다. 앞으로 몇 년간 지금과 같은 제작 방침이 계속된다면, 어찌어찌 변명은 할 수 있다손 치더라도 객관적으로 너무나 상업적이라고밖에 말할 수 없다. 물론 아무리 국책회사라 하더라도 합리적인 운영을 위해서는 수지타산이 필요하다. 그 점은 충분히 알고 있다. 하지만 이 땅 만주와 대륙의 문화 건설을 위한 국책영화회사로서의 강점과 보다 제대로 된 스타일은 그렇게 주판알만으로는 고려되지 않는 부분에 있지 않겠는가.

탄생의 울음소리를 낸 뒤 지금에야 가까스로 만주영화예술이라는 첫발을 내딛게 된 만영에 완벽한 민족협화영화의 건설을 기대하는 것은 아직 이르다 할 수 있다. 그러나 적어도 (첫발을 내딛은) 다음 단계로서 민족별 영화 제작이 새로운 과제다.

물론 이것은 영화예술의 (22쪽) 민족적 분리, 민족적 고립을 위해서가 결코 아니다. 아니, 이것은 오히려 이 땅에 실제로 아직 상당 부분 남아 있을 민족적 분립 관

넘을 하나로 통일하기 위한 것이다. 민족적 고립 관념을 타파·극복하고 협화정신이라는 전체주의적 원리에 근접시키려는 수단이다.

그도 그럴 것이, (각) 민족의 문화를 형식·내용 공히 하나의 전 국민적 문화로, 또한 (그들의) 언어를 하나의 국민적 언어로 합류시키기 위해서도 어느 정도의 역사적 단계까지는 민족 독자의 문화를 촉진하는 것이 필요하다. 이는 형식상으로는 민족적인 것, 내용상으로는 민족협화문화를 주장하는 한 그러하다. 이것이 **통일을 위한 분리**를 역설하는 소이(所以)이다.

민족 독자의 특수성을 말살하지 않고 또 각각의 독자적 과제가 가지는 의미를 저하시키지 않는 것은, 각각의 예술 하나하나의 향기를 유지하기 위해서도 또 민족협화예술의 종합적 형식을 발견하기 위해서도 꼭 필요하다.

원래 민족이라는 개념은 언어·영토·경제·심리적 습관의 공통성에 기반하여 역사적으로 형성, 문화적 공통성 속에서 나타나는 것이다.

고로, 민족 차별은 역사적으로 형성된 과도(過渡)적인 것이지 영구적인 것이 아니다.

그러나 민족 차별 폐기는 장기간에 걸친 사업일 뿐만 아니라, 앞으로 민족협화정신을 철저하게 완성하고 이러한 조건하에서 사회가 진보했을 때에만 실현될 수 있을 것이다.

이에 만영은 민족적 선입 관념 폐기에 박차를 가하는 동시에 우리 만주국의 전례 없을 위업, 즉 협화정신의 철저한 보급을 위해 중책을 짊어지고 있다는 사실을 한시도 잊어서는 안 될 것이다.

이러한 의미에서도, 과학적 방법의 관점에서도 민족별 영화 제작에 가능한 한 조속히 착수해야 한다고 생각하는 바이다.

만주인의 생활을 묘사한 영화 중 그 어떤 것도 만인 외의 이민족 감정에 딱 들어맞는다고 할 수 없다. (물론) 특별히 우수한 작품에서는 (만주) 민족 독자의 농밀한 퍼스낼리티와 로컬 컬러를 발견할 수 있을 것이다. 그럼에도 불구하고 과도기적 현재, 만인영화만으로 일본·조선·몽골·러시아 민족의 감정에 어떤 **정신의 흐름**을 주입시키고 나아가 오락적 위안을 주려 한다면 그것은 아무래도 가능성과 효과가 빈약하다.

만주인에 비해 소수이기는 하나, 또한 몽골인과 백계 러시아인 독자의 영화 제작 문제도 긴급을 요하기는 하나, 여기서는 조선인 대상 영화 제작 문제를 다루기로 하자.

재만 조선인은 수백만을 돌파, 현재 전 만주에 급격히 삼투해가는 중이다. 그런데 이들 재만 조선인의 문화적 영양 문제는 일반적으로 너무도 등한시되어온 경향이 있다. 이 점을 충분히 반성하지 않으면 안 될 것이다.

그들에게 부여된 국책적 중임과 그들이 만주에서 점하는 민족적 포스트(post)를 고려하면, 그들에 대한 문화공작이 모든 방면에서 적극 필요함을 인정할 것이다.

특히 그들 백만 조선인 중 대다수를 차지하는 개척민이 교육받지 못한 문맹이라는 현실적 사실은 영화교육의 중요성과 긴급함을 더욱 생각하게 한다.

시대와 사회를 막론하고 무교육자의 존재는 시대와 사회에 다크한 실루엣을 드리운다. 이뿐만이 아니다. 무교육자 사회는 유언비어와 뒷말, 전설적 편견이 생겨나기 쉽고 바람직한 정치에 대한 이해도 희박하다.

따라서 건국정신을 기조로 한 상의하달 방법으로 문자교육과 더불어 영화를 통한 교육과 선전이 더욱더 필요하다는 사실은 말할 것도 없다.

그저 국가를 선전하기 위해서만이 아니라, 그들의 선량한 도덕과 아름다운 인정·풍속을 지키고 함양하기 위해서도 영화를 수위(首位)에 놓는 건강한 오락이 통절히 필요하다.

가끔 신문에서 보이는 조선인 개척민의 도박 사건 같은 것은 모두 명랑하고 건전한 오락시설의 결여에서 기인하지 않았는가 더욱더 생각하게 된다.

작년부터 이미 만영 배급부에서 '조선영화 매월 1편 수입 개봉'을 실시하고 있는데, 위와 같은 견지에서 고려된 경향으로 환영할 만한 일이다. 특히 최근 만영에서 경성의 고려영화사 제작 〈복지만리〉를 원조하고, 반도가 낳은 세계적 무용가 최승희 여사를 주연으로 동양역사학의 권위자 최남선(崔南善) 씨[건국대학교 교수]의 아이디어에 기초한 스토리를 영화화할 계획을 세웠다는 등의 신문기사를 접할 수 있었는데, 필자는 참으로 흔쾌하여 어쩔 줄 몰랐다. 만영 당국에 만강(滿腔)의 신뢰를 보내게 된 것도 필시 필자 한 사람만은 아닐 것이다. 이를 인연으로 만영에서 조선인 대상 영화를 제작해주길 바라는 것 역시 재만 전 조선인의 공통된 희망이자 기대이리라.

현행 세계 제2위라는 놀라운 생산량의 일본영화가 줄줄이 수입·개봉되는 만주에서, 내지인을 대상으로 한 영화 제작 문제는 처음부터 별로 필요하다 여겨지지 않는다. 반면 현재 양적으로 빈약하기 짝이 없는 생산 능력밖에 갖추지 못한 반도영화에 우리들(조선인)의 예술적·오락적 수요(가 충족되기)를 바라기는 어렵다. 최근, 반도 최대의 시설을 자랑하는 조선영화주식회사를 비롯하여 고려영화사, 천일영화사 등 군소영화사들이 모든 생산능력을 발휘하며 겨루고 있다는데 요란한 구호에 비해 실천적 수확은 너무나도 근소한 상황이다. 만영의 영업 방침상으로도, 만영에 '조선영화부'를 설치하여 제작 및 배급에서의 능동적인 활약을 적극적으로 고려해볼 필요가 있다. 이는 올(all) 만주영화를 소화하는 마켓 확장책이 될 수도 있다.

외국영화수입제한의 영향으로 심각한 양화 기근에 (23쪽) 허덕이는 조선의 영화 팬들은 누구랄 것 없이 스크린에 일종의 엑조티시즘(exoticism)을 욕구하고 있다. 이러한 실정에 비추어 봤을 때, 만주대륙을 배경으로 한 만영 제작 조선영화나 만주인을 정확히 그린 영화가 조선에 공개된다면 예상 이상의 성적을 거둘 수 있으리라 나는 단언한다. 이것이야말로 일석이조라고 해야 할 것이다.

반도에서 생산한 조선영화와 만주에서 생산한 조선영화가 교류하는 것은 만선일여라는 정치적 이상의 관점에서도 무엇보다 필요하지 않겠는가.

나아가 만선(滿鮮) 배우 및 제작 스태프의 교환, 대규모 합동 제작 기획 같은 것도 머지않아 동양의 할리우드, 흥아(興亞)영화의 메카가 될 만영이 용감하게 실천해야 할 일이다.

만영이 장래 세계시장을 노리고 세계의 영화회사들과 겨루려면, 아시아를 무대로 하여 일본·조선·만주·몽골·러시아·지나 등 각 민족 모두가 출연한 스펙터클한 영화의 제작을 고려해야 한다. 이를 위한 출발점이 바로 **민족별 영화 제작**이라는 문제다.

나는 감히 개인적인 시안(試案) 하나를 제출하고자 한다.

만영기구 내에 '만주인 영화부' '조선인 영화부' '몽골인 영화부' '러시아인 영화부'를 설치, 이를 통해 현재의 기구를 확충하고 강화를 도모하여 강력하고도 거대한 스케일로 영화활동의 책무를 다하자. 이것이야말로 흥아의 대(大)영화회사 만주영화협회에 바라는 점이다. [끝]

이태우

1939년 6월 | 제 3-6호, 일문판 | 36~37쪽 | 훈풍을 탄 각국 영화 소개

조선영화 〈애련송〉

경개

해상[41] 꽃피는 여름. 피서객이 끊이지 않는 서해안의 몽금포 해변. 여름방학을 이용하여 해변에 놀러온 안남숙(安南淑)은 모 여자전문학교 학생으로, 청구(靑丘)중학교장의 아끼는 외동딸이다. 그녀는 여기서 가난한 바이올리니스트 이철민(李鐵民)을 알게 된다. 그리고 서로 사랑을 속삭이게 된 두 사람, 마침내 영원한 사랑을 맹세한 것이었다.

여름방학도 지나고 두 사람이 헤어짐을 아쉬워할 즈음, 남숙 앞으로 한 통의 전보가 날아왔다 ─ 부친 위독, 즉시 돌아올 것.

그녀의 아버지 안영만(安榮萬)은 미국에서 돌아온 유명한 교육가이자 인격자이다. 그러나 학교가 경영난에 빠지고 폐교의 비운을 맞게 되자 마음을 쓴 나머지 병에 든 것이다. 남숙은 철민보다 먼저 몽금포를 떠났고 철민도 뒤를 쫓아 남숙이 있는 평양으로 돌아왔다.

교언계(教言界)에 빛나는 역사를 지닌 재학생 1000명의 청구중학교. 교무주임 송병희(宋炳熙)는 어떻게든 학교를 구해보고자 경성에 나가 온갖 방면으로 활약하지만 생각대로 되지 않고, 가까스로 강필호(姜弼浩)라는 청년 실업가와 이야기를 마무

---

41 원문에는 '海裳'이라 표기되어 있으나 '海棠' 즉 '해당화'의 오기이다.

리짓는다. 강필호는 최고학부를 나오고 아내를 잃은 독신자였는데, 아름다운 남숙을 보자마자 교무주임을 통해 구혼한다. 필호는 딱히 경제적 원조를 교환조건으로 구혼한 것이 아니었지만, 송 주임은 독단하여 경제적 원조가 교환조건이라며 안 교장에게 의사를 전한다.

안 교장은 외동딸 남숙을 필호와 절대로 결혼시킬 수 없다며 반대했다. 그러면서 학교에서 몇 번이나 이사회를 열어 학교의 존속 방침을 강구했지만 별달리 좋은 방법이 없었다.

남숙은 자기의 처지도 모른 채 몽금포에서 철민과 나누었던 아름다운 꿈을 품고 상경한다. 친구의 지원을 받은 철민은 다시 도쿄로 가서 훌륭한 음악가가 되어 돌아오겠노라고 남숙과 굳게 약속한 뒤 조선을 떠난다.

남숙의 부모는 가정의 사정을 말하며 남숙의 의향을 묻지만, 남숙은 처녀의 부끄러움 때문에 철민이라는 연인의 존재를 말하지 못한 채 울며 싫다고 거부한다. 그래도 어머니는 끈질기게 설득했고 이후 남숙은 그저 혼자서 괴로워할 뿐이었다.

어느 날 안 교장은 돌연 남숙의 학교를 방문, 어떻게든 청구중학교를 살리고 남숙 자신의 행복과 부모를 위해 강필호와 결혼하지 않겠느냐고 이야기한다.

여러 가지로 고민한 끝에 남숙은 최후의 결심을 내린다. 그리고 자신을 포기해 달라며 철민에게 마지막 편지를 보낸다. 그것은 물론 남숙의 본심이 아니었다.

'강필호 군과 안남숙 양의 결혼식장'이라는 문구가 성당 앞에 크게 내걸린다. 성대한 결혼식장에는 남숙의 친구들과 청구중학교의 이사들, 가족 일동 및 기타 사계 명사들로 가득했다. 남숙이 누구에게도 밝히지 못하는 슬픔을 가슴속 몰래 간직한 채 식을 올린 것이다.

도쿄에 있던 철민은 남숙의 편지에 분개하며 황급히 조선으로 돌아온다. 식장에 뛰어들어갔지만 시간이 늦어 결혼식은 끝난 뒤였다. 철민은 어질러진 식장을 홀로 쓸쓸히 바라볼 수밖에 없었다.

사랑에 무너진 철민은 희망을 잃고 매일 술에 빠져 지내다 결국 정신쇠약과 육체적 과로로 입원까지 하게 되었다.

본의가 아닌 결혼생활에 질려버린 남숙은 그만큼 철민에 대한 연정을 견딜 수가 없어졌다. 그 때문에 매일매일이 죽고 싶을 지경이었다. 어느 날 남숙은 조선으로 돌아온 철민이 그녀 때문에 완전히 폐인이 되어 입원해 있다는 신문기사를 본다. 마침 크리스마스의 밤. 너무 놀란 남숙은 어찌해야 좋을지 알 수가 없었다.

이제 와서 철민이 있는 곳으로 갈 수도 없었지만, 그렇다고 해서 싫어하는 남편 필호 곁에 있고 싶지는 않았다. 그녀는 철민이 결혼식장까지 왔다는 사실도 처음 알았다.

다음날, '백만장자의 영부인 안남숙 여사의 실종' 기사가 각 신문에 실렸다. 누구도 남숙의 행방을 알지 못했다.

그 후 그녀의 모습이 어느 수도원에서 목격된다. 이제까지 그녀를 오해하고 있던 철민은 모든 사실을 알게 되지만 때는 늦었다. 강필호도 자신의 부인에게 연인이 있었다는 사실을 알게 된다. 그는 철민에게 자신의 마음을 털어놓으며 딱히 나쁜 마음으로 남숙을 아내로 맞이한 것은 아니었노라 변명하고, {36쪽} 인도적 견지에서 그녀를 도와주어야 한다며 철민과 계획을 세운다. 이에 철민도 스스로를 책망하며 수도원에 전보를 보낸 뒤 새로운 희망을 품고 수도원으로 향하는 봄날의 열차에 몸을 싣는다.

남숙은 수도원에서 새로운 종교적 신념으로 현실을 일절 잊으려 했다. 그러나 철민에 대한 그리움에 병이 들어 이윽고 중태에 빠지고 만다. 수도원에서는 죽음의 세계에 가까워진 남숙을 불쌍히 여긴다. 철민이 수도원에 당도하기 직전, 남숙은 철민의 이름을 부르며 죽음을 맞는다. 수도원 종소리가 안남숙의 죽음과 철민의 애달픈 마음을 이야기하는 듯 울려 퍼지고, 하얀 비둘기가 그녀의 화신인 듯 성가(聖家)의 푸른 하늘을 날아간다.

스태프
- 제작: 경성극연(京城劇研) 영화부
- 원작: 최금동(崔琴桐)
- 각색: 이효석(李孝石)
- 대사: 유치진
- 감독: 김유영

사진(3매)

- 촬영: 양정웅[42]
- 음악: 홍난파[43]
- 주연: 문예봉, 김치근, 김일영(金一英), 이백수, 김복진(金福鎭), 이웅(李雄), 김신재

1939년 7월 | 제 3-7호, 일문판 | 35~36쪽 | 내가 좋아하는 만영 스타

국제적 여배우

누구보다 리샹란을 애정한다. 그녀의 ⁽35쪽⁾ 국제성을 사랑하기 때문이다. 그녀가 만주인인지 일본인인지, 심한 경우에는 러시아인의 피를 이어받았는지 아닌지 같은 **지나친** 억측이 아직도 항간에 끊이지 않는데, 그만큼 그녀가 이루 말할 수 없는 매력을 지니고 있기 때문이다. 그녀는 조선에서 가장 광범위한 독자층을 지닌 『조광』 4월호에 「조선에 대한 동경」[44]이라는 글을 써 그 땅에서 큰 갈채를 받았다. 때문에 여러 잡지나 신문에서 그녀에 대한 기사를 갖다 달라는 주문이 누차 오는데, 아직 그럴 기회가 없었던 것을 나는 아쉽게 생각하고 있다. 나는 조선영화계가[조선영화계는 오랫동안 고초를 겪고 있다] 위대한 힘을 지닌 만주영화와 하루빨리 밀접한 관계를 맺어 그 힘을 키우고 고유의 혹은 새로운 발전을 이루기를 마음으로부터 희구해 마지않는데, 그런 까닭에서도 리샹란이 『조광』에 보낸 글에는 실로 감격했다. 그녀가 앞으로 더욱더 진지하게 문화, 예술을 위해 활약해주기를 바란다.

이태우

[『만선일보』 편집국]

42　원문에는 '梁正雄'이라 표기되어 있으나 '梁世雄(양세웅)'의 오기이다.
43　원문에는 '洪蘭波'라 표기되어 있으나 '洪蘭坡'의 오기이다.
44　원문의 언급과 달리 해당 원고는 『조광』 1939년 5월호에 실렸다.

1939년 7월 | 제 3-7호, 일문판 | 36~37쪽 | 내가 좋아하는 만영 스타

쑤이인푸와 왕리쥔

한참 전에 만영 시사실에서 〈홍몽표기〉의 러시를 조금 보았을 때부터, 주연 쑤이인푸와 왕리쥔이 아주 좋다 싶었고 호감을 가지게 되었습니다. 쑤이인푸는 남자답고 야무지며, 왕리쥔은 대지의 어머니인 양 무게감이 있는 데다가 누가 봐도 여성스러운 델리커시도 있는 이루 말하기 어려운 매력의 소유자입니다. 실로 이 콤비는 젊은 만주국의 이상적 남녀를 상징하는 {36쪽} 듯합니다. 〈홍몽표기〉는 지금 재편집 중이라는데 완성된 것을 하루빨리 보고 싶습니다.

한편, 리샹란이라든가 리밍 같이 저널리즘에서 입을 모아 칭찬하는 만큼의 실질을 갖춘 사람들이라면 몰라도, 그런 것도 없이 무턱대고 인기를 얻게 된 분들은 그다지 탐탁하게 여겨지지 않습니다. 예컨대 멍홍(孟虹) 같은 분은 너무 지나친 사랑을 받은 바람에 올바른 예술적 발전이 정지, 사람들에게 이상하게 되바라진 느낌을 주는 존재가 되지 않았나 합니다. 어머니가 아이를 양육할 때 지나치게 사대주의(事大主義)적으로 아무것도 아닌 문제까지 하나하나 노심초사하는 것보다 어느 정도는 방임주의를 취하는 쪽이 더 건강하게 자라는 것과 같은 이치일 것입니다. 그런 것은 본인에게도 그다지 좋은 일이 아니라고 생각합니다. 망언다사(妄言多謝).

윤혜숙(尹惠淑)

[『만선일보』 영화란 편집]

1939년 7월 | 제 3-7호, 일문판 | 55~56쪽 | 동양영화계 동향

조선영화계 사견 하나

[1]

사변 이래 조선영화 제작계는 예상 밖의 활기를 보이고 있다. 무엇보다 작년부터 올해 상반기에 걸쳐 개봉한 작품이 벌써 8편, 올해 말까지 개봉 예정으로 한창 제작 중인 7편을 더하면 실로 조선영화사 20년 만의 풍년이다. 이를 조선 토키 창시(創始)

시대라 불리는 쇼와 10년(1935년)부터 숫자로 나타내면,

쇼와 10년 1편
쇼와 11년 3편
쇼와 12년 3편
쇼와 13년 4편
쇼와 14년 11편 [이 중 7편은 하반기 예정이다]

　정말이지 대단한 활황이다. 재미있는 것은 이러한 풍작 중 위로부터의 주문에 못 이겨 만들어진 작품이 단 한 편도 없다는 점이다. 더욱더 흥미로운 점은 자본난이 여전하다는 것인데, 제작 조건이나 기구(機構)가 이전보다 현격히 나아졌다든가 위대한 재능을 지닌 사람이 출현한 것도 아니다. 조선영화계의 규모는 예전과 조금도 달라진 데가 없다. 그럼에도 불구하고 제작률이 이 정도로 상승한 이유는 역시 시세(時勢) 덕분이다. 그것밖에 생각할 도리가 없다. 열린 시장이 꾀어내는 가락에 환기되어 춤추기 시작했다고나 할까. 이때다 싶어 내가 먼저 이 바닥의 나이트(knight)가 되겠다며 원무(圓舞)를 펼치는 상황이다. 일종의 흥분상태의 산물인 것이다. 이러한 현상을 가지고 즉각 조선영화의 발전이라든가 비약의 징조라 하는 것은 섣부른 판단이다.

[2]
　왜냐하면 진정한 발전이라는 것은 질과 관계되는 것이지 양적 범람에 있지 않기 때문이다. 그래도, 부자연스러운 모습이나마 앞서 말한 흥분에의 의지가 조선 제작계의 지각(地殼)에 흘러 그 온기가 식지 않고 있다는 것만은 감동적으로 느껴진다.
　모두가 비장한 투지를 가지고 '지금 만들어 보여주마' 하는 식의 긴장감 있는 모습으로 임하고 있다. 이것이 오늘날 영화인 모두가 취하는 작업 태도이다. 이전에 부정적이고 소극적으로 예술을 하던 사람들, (55쪽) 그들의 관념 속에 언제나 집요하게 뿌리내리고 있던 부정적인 요소와 경향의 그림자가 최근에는 많이 엷어진 것 같

다. 어휴, 돈이 없어, 감독이 없어, 여배우가 없어, 세상에 시나리오 라이터가 이러쿵 저러쿵. 조선만큼 푸념이 많은 곳도 없었을 것이다. 사실 조선영화의 환경이라는 것이 몹시 비참하기는 했다. 허나 지역적 협애성(狹隘性)과 문화적 뒤처짐을 탓하며 발달과 성장을 비관하거나 부정적 운명이라 받아들여버리는 경향이 현저했던 것도 사실이다. 그러한 어둠이 지금 사라지고, 변변치 못한 상황에서도 어딘가 희망이 있다는 듯 크게 힘을 내고 있다. 이른바 의욕의 적극성이다. 뭐라도 좋다, 착착 잔뜩 만들어내자, 머지않아 내지나 대륙에 원정을 가는 우수작도 나오지 않겠나, 라며 전망은 막연했지만 원대한 포부를 품은 기획으로 〈어화〉〈도생록〉〈한강〉〈군용열차〉 등이 작년에 출현했다. 그러나 이들 모두 수출지는커녕 국내에서도 악평을 뒤집어썼을 뿐이다. 이 4편 가운데 〈한강〉만이 이런저런 평판을 받았지만, 엄격한 의미에서 나는 이조차도 부족한 작품이라 생각한다. 마치 풍경화의 연속 같아 장시간 볼 만한 재미가 느껴지지 않았다.

　내용의 공허, 생활 모습의 부재. 이러한 영화는 '극영화'의 본질이 아니다.

사진
조선영화 〈복지만리〉의
한 장면

[3]

　줄줄이 만들어내는 것은 아주 반갑다. 무엇보다 그 정력적인 의욕을 높이 산다. 하물며 국산물이 어깨를 울리고[45] 세력을 넓힐 수 있는 요즘이다. 대찬성이다. 그러나 종전과 같이 작품들이 재미없는 한, 재미의 비결을 잡아내지 못하는 한, (그것은) 헛된 노력으로 끝날 것이다. 과거 20년간의 조선영화 백수십 편 중 재미없는 것이 99퍼센트에 달할 것이다. 과거에는 그래도 참을 만했다. 하지만 지금은 그렇게 가려 해도 갈 수 없다. 좌우간 '조선영화'가 동아시아를 무대로 이곳저곳 돌아다니지 않으면 안 되는 시대가 도래했기 때문이다. 영화의 재미란 영화의 오락성이 건강해야 한다는 것인데, 이는 나중에 다시 다루겠다. (그보다) 올해 상반기까지의 영화들과 하반기에 개봉될 7편에 대해 떠오르는 대로 이야기하면서 조선영화의 현황 일부를 소개하고자 한다.

45　원문에는 '肩を鳴らし'라 표기되어 있으나 '肩を慣らし' 즉 '어깨를 풀고'(준비운동을 끝내고)의 오기로 추정된다.

이영춘의 〈귀착지〉를 시작으로 박기채적 태도를 찾아보기 어려운 것도 최근의 특성이다. 대체 조선의 문학과 기타 예술 및 〈춘풍〉에 이은 박기채의 〈무정〉,[46] 이명우(李銘牛)의 〈사랑에 속고 돈에 울고(戀に破れ金に嘆く)〉, 최인규의 〈국경〉이 올해 5월까지 발표되었다. 이 4편 중 〈계착지〉[47]는 보지 못했는데 평판에 따르면 상당한 졸작이었다고 한다. 박기채의 〈무정〉은 조선영화주식회사 창립 기념 작품으로 3년을 공들여 제작했다고 한다. 순문학파의 거물 이광수가 20년 전 조선 민족사상을 기반으로 썼던 휴머니티적 이야기를 영화화한 것인데, 선전 같은 것이 잘 통해서 기대가 아주 뜨거웠다. 한데 영화적으로 들쑥날쑥하고 영화작자로서의 야심도 의심스러웠다. 영화적 생명을 위해 영화작자가 원작에 꼭 바보처럼 충실할 필요는 없을 터, (하지만 이러한 영화) 창작 면이 조금도 개척되지 않았다. 뿐만 아니라 구성도 연출도 조바심이 날 만큼 장황했고 배우들의 움직임도 구도를 잡는 법도 진부한 데가 많았다.

다음으로 극단 청춘좌의 인기극이었던 〈사랑에 속고 돈에 울고〉. 동양(東洋)극장·고려영화 협동 제작에 신파극 작가 임선규(林仙圭)의 무대 각본을 바탕으로 이명우가 메가폰을 잡았다. 이것은 도대체가 영화의 영역에 들어오지도 못했다. 우선 각색도 잘 안 되었고 연출·연기·다이얼로그 모조리 엉망이다. 이명우의 직업의식이 안타깝다. 그리고 〈국경〉인데, 이야기가 칠칠치 못해 참으로 안타까웠다. 데뷔작인 것을 감안하면 연출자의 의기를 발견할 수 있는 곳도 없지는 않았는데, 이런 제재를 찍고 싶어한 연출자의 기법이 신선할 리가 없다. 기술자 출신인 데다 조선영화계에서 으뜸가는 과학자인 이 사람(의 작품)은 그나마 앞서 언급한 4편보다는 센스가 번뜩였다. 인생과 현실에 대해 좀 더 공부해주기를 바란다. 연기자들은 모두 좋지 않았는데, 배우 빈곤을 주원인으로 조선의 신극 수립이 늦어졌던 것과 마찬가지의 일이 영화계에서도 벌어지고 있다. 연기를 흉내 내는 사람은 많아도 창조할 줄 아는 사람은 실로 적어 안타까울 따름이다.

올해 중 완성 예정 작품으로는, 〈한강〉에 이은 방한준의 〈성황당〉,[48] 김유영의

---

46 원문에는 '李英春의 「歸着地」를 振り出しに、朴基采/的態度の見受けられないのが最近の特性でも/ある。一體に朝鮮の文學なりその 他の藝術及/の「春風」に相次ぐ監督作品「無情」(/는 행바꿈)라고 표기되어 있다. 문맥상 두 번째와 세 번째 행이 잘못 들어간 것으로 추정되며, '이영춘의 〈귀착지〉를 시작으로 〈춘풍〉에 이은 박기채의 〈무정〉'이라고 읽는 것이 자연스럽다.

47 원문에는 '啓着地'라 표기되어 있으나 '歸着地(귀착지)'의 오기이다.

48 원문에는 '山の御堂'라 표기되어 있으나 일본영화정보시스템 등에는 한국어 그대로 '城隍堂'이라 게재되어 있다.

〈애련송〉, 〈나그네〉에 이은 이규환의 〈새출발〉과 〈어머니의 힘(母の力)〉, 〈국경〉에 이은 최인규의 〈수업료〉, 〈심청〉에 이은 안석영의 〈여학생〉, 전창근의 〈복지만리〉 등 7편이 있다. 이 중 내가 기대하고 있는 것은 〈새출발〉 〈여학생〉 〈수업료〉 〈복지만리〉이다. 이 네 사람의 작품에는 자기만의 흐름이 있는데, 과학적 역량과 영화작자로서의 교양이라는 점에서 보아 희망도 기대도 가질 만하다.

이 중 〈새출발〉과 〈여학생〉은 조선영화주식회사 제작이고, 〈수업료〉와 〈복지만리〉는 고려영화사 제작이다.

[4]

영화 통제가 실시될 기운이 엿보이자 각 방면에서 그 시스템에 편성되고자 난리가 난바, 그 귀추도 주목된다. 결국 좋은 작품을 내놓는 유능한 사람이 승리할 것이고 또 이들이야말로 조선영화의 행방을 결정, 그 지반을 단단히 할 것이다. 이데올로기 통제문화는 무엇보다 교양적으로 아주 높은 예술(감식)안을 필요로 하기 때문이다. 초기의 소비에트 예술처럼 헛된 슬로건을 나열하여 예술입네 하는 것은 오늘날 더 이상 통하지 않는다. 영화가 통제되든 통제되지 않든, 영화의 오락성이 건강하기를 요망하는 것에는 차이가 없다. 영화의 오락성, 재미라는 것은 역시 시대의 성격과 정취이다. 관객의 문화감각을 무시한 영화가 존재할 리 만무하다.

조선영화! 그것은 필경 '인간'이라는 전체주의 위에 구축되는 것이다.

김태진(金兌鎭)

1939년 7월 | 제 3-7호, 일문판 | 75쪽 | 영화 소개

조선영화 〈성황당〉

『조선일보』 당선 소설 영축화[49]
반도영화사 작품, 전발성 국어자막판

---

49   원문에서는 '映畜化'라 표기되어 있으나 '映畵化(영화화)'의 오기로 추정된다.

경개

마을에서 멀리 떨어진 산속, 가난하지만 평화로운 나날을 보내는 가정이 있다. 현보와 그의 아내 순이는 목탄을 구워 장날마다 산주의 집에 옮겨다주며 얼마 안 되는 돈을 받아 생활하고 있었다.

마을로 가려면 큰 고개를 넘어야 했다. 오늘도 현보는 목탄을 짊어지고 고개까지 왔다. 순이는 언제나 고개까지 남편을 배웅하고, 남편이 돌아올 때는 마중하러 나왔다.

산속에도 가을이 찾아왔다.

순이는 겨울 채비에 바쁘다.

자신들의 가정이 이렇게 하루하루를 행복하게 보낼 수 있는 것은 모두 성황님[산의 신당이라는 뜻으로 수호신이다] 덕분이라고 순이는 굳게 믿고 있다.

순이는 아침저녁으로 성황님께 절하기를 게을리하지 않았다.

산림관리인 김은 전부터 순이의 미모에 야심을 품고 기회가 오기만을 노리고 있었는데, 결국 그날이 왔다.

김이 관리하는 산의 소나무가 도벌된 것이다.

김은 좋은 찬스라며 이를 구실로 현보를 밀고한다. 현보는 도벌죄로 경찰에 불려간다. 순이는 울었다. 오늘도 남편은 돌아오지 않는구나. 어느 날 밤 김은 몰래 순이 집을 찾아온다. 다행히도 때마침 광부 칠성이 지나가 순이는 가까스로 위기를 면한다.

그러나 칠성이라고 순이의 젊음을 참을 수 있었으랴.

칠성은 순이에게 예쁜 옷까지 사다준다.

돌아오지 않는 남편! 순박한 순이는 결국 칠성의 말에 속아 경성으로 떠나기로 했다. 그런데 그날, 무죄가 인정된 현보가 산으로 돌아온 것이었다.

사진(2매)

해설 및 스태프

일전에 〈한강〉을 발표해 조선영화의 모더니티를 과시했던 반도영화사의 두 번째 작품으로, 조선 산촌의 농후한 로컬 컬러는 〈나그네〉와도 비견할 만하다. 〈한강〉의 최운봉·현순영을 주연으로 조선 신극의 스타들을 배치, 경성 콜롬비아 전속 가반[50] 유종섭(劉鐘燮)도 특별 출연한다. 비약선상에 오른 반도영화의 일대 기대작이다.

- 원작: 정비석(鄭飛石)
- 각색: 이익(李翼)
- 감독: 방한준
- 촬영: 김학성(金學成)
- 제작: 이구영(李龜永)
- 배역
  현보(賢輔)[숯장이]: 최운봉 [〈한강〉의 주연자]
  순이(順伊)[현보의 처]: 현순영 [〈한강〉의 주연자]
  김(金)[산림관리인]: 이백수 [신극계의 거성]
  칠성(七星)[광부]: 전택이 [극단 출신의 성격배우]
  구장(區長): 하지만(河之滿) [조선극단의 원로]
  산주(山主): 이철(李徹)
  순사: 이헌(李軒)
  수레꾼: [특별 출연] 유종섭 [콜롬비아 전속 가수][51]

1939년 8월 | 제 3-8호, 만일문합병판 | 66쪽 | 영화 소개

조선영화 〈복지만리〉

고려영화사 작품

최근 조선영화 제작의 물결이 활발한 가운데 조선 미증유의 장기 촬영. 1년의

---

50 원문에는 '歌半'이라 표기되어 있으나 '歌手(가수)'의 오기로 추정된다.
51 『실록 한국영화총서 (하)』(김종욱 편저, 사단법인 민족문화영상협회 기획, 국학자료원, 2002, 551쪽)에는 '김정구(金貞九=O.K 레코드)'로 표기되어 있다.

제작기간을 거쳐 완성을 코앞에 두고 있는 고려영화사의 대작. 감독은 사변 전까지 상하이·중국영화계에서 명감독으로 이름을 떨쳤던 전창근 씨다. 그의 조선 복귀 첫 작품으로, 주연에 진훈(秦薰)·심영(沈影)·김옥[52]·주인규(朱仁奎)·유계선 등 일류 배우들을 동원했다. 무대는 내지, 조선, 만지에 걸쳐 있으며 조선 농민이 유랑 끝에 민족협화의 낙토 만주에서 영주의 땅을 찾아낸다는 진지한 테마를 다룬다. 만주 촬영에 대해서는 만주영화협회가 원조 후원하고 있다.

1939년 12월 | 제 3-12호, 만일문합병판 | 90~91쪽 | 1939년 동아영화계 회고

만주

'만주국의 영화'라고 하면 바로 만주영화협회[만영]의 영화이지만, 상설관 경영만은 별개다. 상설관은 만영과 관계 없이, 자본관계를 따르는 다른 모든 투자사업과 마찬가지로 자본주에 의해 경영되고 있다. 상설관과 만영이 연계되는 것은 다만 상영 영화의 배급을 만영이 도맡아 하고 있다는 점에서다. 만영은 만주의 영화문화 달성이라는 거대한 국책 사명을 짊어지고 있다. 그런데 상설관이 이를 짊어지지 않은, 보통 영리를 목적으로 하는 일반의 온갖 사업과 같아도 좋은 것일까. 아니다! 영화 상설관 또한 신문이나 라디오와 함께 확고한 국책 공공기관이 되지 않으면 안 되는 것이 현대다. 이 갭(gap)을 시정·혁신한 것이 바로 10월 1일을 기해 실시된 '이상배급제도(理想配給制度)' 곧 [1] 계통제 배급의 폐지 [2] 보합배급제도[53]의 채용이다. [1]에 의거, 정부 즉 만영의 국책 의사에 기초하여 지극히 광범위하고 융통성 있는 자유 프로그램이 조직되었고, 지금까지 사장되었던 우수한 문화영화의 일반 공개나 민족합성국가에 걸맞는 혼합 프로그램[예컨대 8월 말 신징 창춘줘에서 큰 관심 속에 실시되어 성공을 거둔 '내·선·만 영화 교환 주간' 같은 것] 등이 용이

52　원문에는 '金玉'으로 표기되어 있으나 '全玉(전옥)'의 오기이다.

53　보합(步合)은 비율을 의미하는 말로 보율(步率)이라고도 불린다. '보합배급'은 상영관이 배급사와 정한 보율(현재 통용되는 용어로는 '부율')에 따라 흥행 수익을 분배하는 것을 말하며, 그러한 상영관은 '보합관' 혹은 '보금관'이라 불린다.

하게 실시될 수 있었다. 게다가 [2]의 만영과의 요금보합제도를 통해서는 상설관 측의 경영이 보증되어 영화관 측의 경영상 위험은 터럭만큼도 존재하지 않게 되었다. 그야말로 이 '이상배급제도'는, 딱 2년 전 즉 강더 4년 10월 1일 단행된 '전 만주 배급 통제'에 이은 만영 배급부의 일대 비약이었다. 때마침 일본에서도 최초의 문화법이라 할 수 있는 영화법이 공포되었는데, 만주국 영화에서 벌어진 만영·상설관 협력 일체의 이 신배급 시스템은 영화 통제라는 점에서 일일지장(一日之長)하다 할 것이며 경축할 만한 중대사이자 주목할 사건이었다.

'영화를 강력하고 조직적인 국민 계몽의 매체로 삼자!' 이것은 만영 설립의 제일 가는 목적이었다. 그리고 이것이 진중한 기획과 준비하에 금년도부터 점차 구체적인 실행으로 옮겨졌다. 현재 만주국 인구의 산포(散布) 상황을 보면 50이 안되는데, 인구가 조밀한 도시를 제외하고는 대부분이 농촌에 흩어져 있고 문화적 수준도 극히 낮다. 국민 대중 계몽의 매체인 영화가 그 위력을 유감없이 발휘하기 위해서, 도회 중심의 상설관으로만 영화가 제약되어 있는 현상은 도저히 용납될 수 없다. 농촌으로! 오지로! 벽지로! 영화를 개방시키자! 이에 따라 만영이 정부 및 협화회 등과 긴밀한 연락하에 4월부터 실시 중인 **16밀리 토키 순회영사**는 다음과 같다.

[1] 만도(滿道) 연선 순회영사 [전 만주 철도 연선에서 상설관 시설이 없는 지방 순회영사]

[2] 일본인 소학교 순회영사 [전 만주 약 300개 일본인 소학교에서 매학기 평균 4회의 순회영사]

[3] 벽지 순회영사 [선무교화공작의 첨병을 이루는 것으로, 동부·북부 국경지방 21현기(縣旗)를 대상으로 하는 순회영사]

[4] 개척촌 순회영사 ['20개년 100만 호'라는 일·만 양국 협동 국책에 걸맞게 만주개발 선구집단에 의한 농촌 개척촌의 건전한 발전, 촌민의 정신생활 향상 및 위안에 이바지하고자 하는 것으로 인구 100인 이상의 집단 개척촌 및 청년 의용대 훈련소를 대상으로 한 순회영사]

[5] 시안화(宣化) 영사회 [북지(北支) 방면으로부터 만주에 정기적으로 대량 유입

되는 노동자 대상, 산하이관, 잉커우(營口)에 본거를 두고 만주국의 특수 사정 및 홍아 협력 인식을 심어주고자 하는 영사]

그 밖에 10여 개의 플랜이 수립되어 내년도 실시를 위해 준비되고 있는바, 이 방대한 순회영사망을 확충하고 정비하는 것은 영화를 통해 민족협화 4000만 만주 국민을 완전히 결속시키고자 하는 것이다.

본년도 만주영화[극영화]의 제작 상황은 다음 표와 같다. 후반기에 이르러 만주영화 제작이 점차 본격적인 궤도에 오르는 것을 관측할 수 있다. {90쪽}

제작 완성 및 개봉

	제목	원작	각색	감독	촬영	주연
1	국법무사	양정런	양정런	미즈에 류이치	이케다 센타로	리밍, 궈사오이, 장민
2	부귀춘몽	아라마키 요시오 외	아라마키 요시오 외	스즈키 시게요시 외	다케우치 미쓰오 (竹內光雄) 외	전 연기자 종합 출연
3	전원춘광	야마카와 히로시	야마카와 히로시	다카하라 도미지로	스기우라 요	두챤, 리허, 저우댜오
4	원혼복구	다카야나기 하루오	다카야나기 하루오	오타니 도시오	오모리 이하치	류언자, 장수다, 리샹란
5	자모루	아라마키 요시오	아라마키 요시오	미즈에 류이치	후지이 하루미	두챤, 리밍, 장민
6	진가자매	하세가와 슌	하세가와 슌	다카하라 도미지로	시마즈 다메사부로	리밍, 정샤오쥔, 쉬충
7	철혈혜심	다카야나기 하루오	다카야나기 하루오	야마우치 에이조	이케다 센타로	쑤이인푸, 리샹란, 야오루
8	동유기	다카야나기 하루오	다카야나기 하루오	오타니 도시오	오모리 이하치	류언자, 장수다, 리샹란, 도호 스타
9	연귀	사카타 노보루 (坂田昇)	나카무라 요시유키 (中村能行)	미즈에 류이치	후지이 하루미	리셴팅(李顯廷), 지옌펀, 저우댜오

	제목	원작	각색	감독	촬영	주연
1	국경의 꽃	양정런	양정런	미즈에 류이치	후지이 하루미	왕리쥔, 쑤이인무, 왕푸춘
2	여명서광	아라마키 요시오	아라마키 요시오	야마우치 에이조	엔도 요키치	저우댜오, 지옌펀, 쉬충, 쇼치쿠 스타

　위의 표 중에서 〈동유기〉는 도호와의 제휴작품이고 〈여명서광〉은 쇼치쿠와의 제휴작품이다. 그 밖에도 도호와의 협력작품 〈백란의 노래〉와 조선 고려영화사와의 협력작품 〈복지만리〉가 있다.

　이렇게 내지나 조선과의 제휴가 왕성한 현상은 금년도 후반기 만주영화의 특징 중 하나이다. 이에 대해 이 나라의 영화비평은, 진정한 만주영화는 민족협화영화라 전제한 뒤 이러한 제휴야말로 민족협화영화로 나아가는 첫걸음이자 출발임을 알렸다. 이렇게 만주영화에 협력 또는 참가한 사람들—하라 세쓰코(原節子), 후지와라 가마타리(藤原釜足), 기시이 아키라(岸井明)[이상 〈동유기〉], 류 치슈(笠智衆), 니시무라 세이지(西村靑兒)[이상 〈여명서광〉], 하세가와 가즈오(長谷川一夫), 야마네 히사코(山根壽子)[이상 〈백란의 노래〉], 진훈, 심영, 전옥, 유계선[이상 〈복지만리〉] 외 각 스태프에게 마음으로부터 환영과 환호를 보낸다. '민족합성협화의 만주국 영화는 각 민족이 마음을 하나로 하여 함께 보고 웃고 울고 즐기고 느끼는 영화이자, 각 민족의 접촉·교섭을 그림으로써 그들에게 친선협화를 설파해야 한다. 이를 위해서 우선 제휴라는 편의가 채택된바, 우리는 한발 더 나아가 만영 전속에 만주계 이외의 예컨대 일본계, 조선계 배우들을 요구한다. 복합민족국가인 만주국의 만주국인은 만주인만이 아니다. 내지인도, 조선인도, 몽골인도, 백계 러시아인도 모두 함께 만주국인이다. 그러한 만주국의 영화라면 당연히 만주계 외에도 일본계, 조선계, 기타 배우들이 필요하고 이를 통해 처음으로 진정한 민족협화영화, 즉 만주영화가 제작될 수 있다'라는 것이 일반적인 논조였다. 동양 제일을 자랑하는 새 스튜디오도 완성되었고, 상하이의 각 촬영소가 부흥하면서 만주계 상설관을 대상으로 한 영화 배급도 마침내 지장이 없어진 현재, 진정한 만주영화 제작을 개시할 날이 가까워지고 있다. 〈동유기〉가 일본계 상설관에서 공개, 경이적으로 좋은 성적을 거둔 사실도 민족협화영화의 장래에 대한 지극히 긍정적인 보증이 된다.

이러한 만영 제작진 중 금년도 크게 활약했다고 볼 수 있는 스태프를 들면,

[1] **시나리오 라이터**

아라마키 요시오, 다카야나기 하루오, 하세가와 슌, 나카무라 요시유키, 양정런

[2] **감독**

[일본계] 오타니 도시오, 미즈에 류이치, 다카하라 도미지로, 야마우치 에이조

[만주계] [현재는 조감독의 지위에서 일하고 있다] 저우샤오보(周曉波), 주원순(朱文順), 쑹사오쭝(宋紹宗), 장잉화(張英華), 류슈산(劉修善)

[3] **카메라맨**

오모리 이하치, 이케다 센타로, 후지이 하루미, 스기우라 요, 시마즈 다메사부로

[4] **연기자[배우]**

[남자] 두촨, 저우댜오, 쑤이인푸, 류언자, 장수다, 왕푸춘, 왕위페이(王宇培), 궈사오이, 쉬충

[여자] 리샹란, 지옌펀, 장민, 리밍, 리허, 정샤오쥔, 야오루, 왕리쥔

이다.

한편 문화영화부가 정비되어 약진한 것도 올해의 큰 사건으로 보아야 한다. 먼저, 만주국의 정치·경제·산업·문화 그 외 모든 약진의 전모를 집대성할 목적으로 전체 37편으로 기획, 지금껏 세계에서 유례를 찾아볼 수 없는 일대(一大) 문화기록영화 〈만주제국영화대관〉의 제작이 순조롭게 개시되었으며 벌써 10여 편이 완성되었다. 노몬한 사건 당시 뉴스반의 활약[당시에 즉각 〈만영뉴스 특보〉 1, 2, 3보로 나뉘어 선공개한 뒤, 전체를 모아 재편집한 〈노몬한 사건(ノモンハン事件)〉을 일본·독일·이탈리어판으로 작성, 수출하여 각지에서 호평을 얻었다]과 더불어 사회·지역 온갖 방면에 걸쳐 능률적으로 제작 완성된 20편 이상의 크고 작은 문화영화들도 눈여겨보아야 할 것이다. 이 방면에서 활약한 감독들로는 모리(森), 닛타(新田), 가미스나(上砂), 다카하라(高原), 이시노(石野) 등이 있다.

그 밖에도 올해의 사건으로는 만영 직수입 유럽영화의 배급 및 개봉 개시, 닛카쓰영화 배급 분규 문제[원만 해결], 만주영화의 내지, 조선, 타이완, 북·중·남지나 개봉, 10월에 행해졌던 일본영화 감독단 및 영화비평가단의 만주 시찰, 만영 **남(南)신징**

본사 사옥 및 스튜디오 완성 이전[11월] 등을 들 수 있다.

오노 겐타(小野賢太)

1939년 12월 | 제 3-12호, 만일문합병판 | 92~93쪽 | 1939년 동아영화계 회고

조선

쇼와 14년은 실로 조선영화계에 광명이 비친 해였다. 제작계만 하더라도 양적으로나 질적으로나 작년에 비해 큰 차이를 보였는데, 그보다 (주목할 것은) 파행적이었던 **조선영화의 온갖 기본 문제**가 해결까지는 이르지 못했어도 재편을 위한 정리 과정의 길로 약출(躍出)한 것이다.

> 사진 설명
> ① 〈복지만리〉의 한 장면
> ② 〈새출발〉의 한 장면
> ③ 〈신개지〉의 한 장면
> ④ 〈수업료〉의 한 장면

먼저 제작계 상황부터 보면, 지난 쇼와 13년에 만들어진 4편의 토키영화, 즉 안철영의 〈어화〉, 윤봉춘의 〈도생록〉, 방한준의 〈한강〉, 서광제의 〈군용열차〉는 어느 작품이고 할 것 없이 반향이 적었다. 기획 방침을 보더라도 이렇다 할 참신함이 없었다. 다만 〈한강〉만이 지난 여름 도쿄 히비야(日比谷)영화극장에서 상영되어, 〈나그네〉 이래 조선영화의 내지시장 진출에 대해 다시금 생각해볼 수 있게 했다. 그러나 시게노 다쓰히코(滋野辰彦) 씨의 비평대로 도쿄 사람들의 평판도 대단한 것은 없었다 하고, 결국 추상(抽賞)할 만한 수확은 적었다. 다만 도호와 코얼리션(coalition)의 〈군용열차〉 기획 향방이 당시 대중의 시선을 끌었다. 그러나 도호 역시 겨우 이 한 편을 끝으로 손을 뗐고 해당 제작단인 성봉프로덕션도 바로 해산하여 조선영화주식회사로 흡수, 내지 자본은 냄새만 잠깐 풍기고 쓸쓸한 여운을 남긴 채 조선을 떠나가버렸다. 한편, 참신하다기보다는 대담무적함으로 종래의 범주를 뒤집은 기획을 고려영화사의 **〈복지만리〉**를 통해 볼 수 있었던바, 이 정도가 작년도 기록이다. 반면 올해는 어땠는가?

작년 4편에 비해 (올해는) 이미 그 배수가 개봉되었다. 이영춘의 〈귀착지〉, 박기채의 〈무정〉, 최인규의 〈국경〉, 김유영의 〈애련송〉, 조선문화영화협회의 〈국기 아래서 나는 죽으리(國旗の下に我死なん)〉와 〈바다의 빛(海の光)〉, 방한준의 〈성황당〉 말이

다. 연말까지 이규환의 〈새출발〉과 최인규의 〈수업료〉도 완성된다고 하니 꼭 10편에 달하는 수확이다. 양적인 면만이 아니라 질적인 면에서도, 〈국경〉 같은 영화는 조선에서도 반응이 좋은 편이었는데 내지에서도 만주에서도 큰 환영과 호평을 받았다. 사실 작년에는 그 어느 것도 보는 사람을 질리게 하지 않는 작품이 없었다. 그러한 조선영화의 한결같은 따분함이 (〈국경〉에서는) 비교적 완화되어 멋지게 만들어졌다고 인정되는 작품이다. 〈한강〉에 이은 방한준의 〈성황당〉 또한 작자의 단심(丹心)을 살필 수 있는바, 태작(駄作)이라 하기는 그렇다. 〈국경〉만큼의 매력은 없지만, 겨우 7000~8000원으로 그만큼의 구색을 갖춘 작품이라는 점을 고려하면 이 감독에게 다른 사람은 흉내 낼 수 없는 영화제작가로서의 독자적인 천분(天分)이 뿌리내리고 있음을 간과할 수는 없다. 다음으로, 드라마틱한 것이 오히려 극영화에 가까웠는데도 웬일인지 문화영화라 이름 붙여진 〈국기 아래서 나는 죽으리〉, 조선 동해안의 수산상황을 제재로 한 순수 기록 〈바다의 빛〉이 연이어 나왔다. 시국이 시국이니만큼 이러한 문화영화의 대두도 주목할 만하다. 해당 영화들을 만든 조선문화영화협회가 앞으로도 당국의 영화정책을 보강하겠다는 식의 의사를 표명하는고로, 예지(叡智) 있는 기획에 따라 장래에는 이쪽의 작업이 더욱 효과적일 수도 있다.

집단의지가 강한 제작집단으로, 일전에 조영으로 흡수된 성봉영화원에서 이규환이 두 번째로 만든 토키 〈새출발〉도 이번 12월 중에는 개봉된다. 이것은 〈복지만리〉와 더불어 조선영화의 재인식, 조선영화 수준의 향상을 결정할 작품으로 벌써부터 각층에서 엄청난 기대와 관심을 모으고 있다. 그것도 그럴 것이, 작가 이규환을 중심으로 카메라나 배우 등의 예술가 블록이 — 그들은 동서남북으로 뿔뿔이 흩어져 있다가도 이규환이 한 번 메가폰을 잡았다 하면 홀연히 나타나 각자의 자리를 지키고, 가난한 세대(世帶)라는 조선의 특수 조건을 대신할 만한 창작의지로 목표를 향해 통일·조합된다 — 요컨대 단체의 성질이 **스피릿 오가니즘**(spirit organism)으로 싸워 이겨내겠다는 향기를 발산하기 때문이라는데, 어쨌든 상당한 기대가 걸려 있는 작품이다.

한편, 이채로운 기획으로 고려영화사의 〈국경〉에 이은 최인규의 두 번째 작품 〈수업료〉가 있다. 이야기 자체가 별난 영화인데, 그 기반이 소학교 4학년 조선 아동의 작문이다. 이 글은 전에 일본에서 나왔던『글짓기 교실(綴方敎室)』을 방불케 하면서도 현실적으로 더욱 무거운 테마를 다루고 있는바, 경성일보사 소학생 신문에 한번 실리자 조선문단을 비롯하여 내지문단에도 선전되었고[『분게이(文藝)』 게재] 총독상까지 수상했다. 조선의 재넉(Darryl F. Zanuck) 이창용은 이 영화를 기획하면서 무슨 생각을 했는지 야기 야스타로(八木保太郎)에게 각색을, 스스키다 겐지(薄田研二)에게 담임선생 역을 맡겨 내지의 기술과 배우를 관여시켰다. 이는 물론 내지시장에서의 밸류를 고려해서일 것이다. (이에 대해서) 기획의 진면목은 그저 고근[54]만이 아니라 우수기술을 도입하여 **내선영화의 교환**을 심화시키는 것이라고, 이를 위한 적극적인 의도가 (내지 관여로) 표현된 것에 불과하다며 긍정하는 편도 있다. 그러나 다른 한편 영화인들로서는 다소 받아들이기 어려운 면도 있는 모양이다. 찬사와 비방이 교차하면서 관점도 구구절절 시끄러운 와중에, {92쪽} 뉴스 밸류와 기대 수준이 높아져 해당 기획자는 도리어 기뻐서 어쩔 줄을 모르는 모양이다. 더불어 이 영화는 최초의 아동영화로 문제시되고 있는데, 〈새출발〉과 함께 연내에 선보인다고 한다. 이하 촬영이 종료된 작품과 촬영을 개시한 작품 서너 편의 제작 상황을 소개하고 14년 제작계의 개괄을 마무리짓고자 한다.

〈귀착지〉를 내놓은 한양영화사의 〈신개지(新開地)〉가 촬영 종료하고 신춘에 개봉하게 되었다. 이는 윤봉춘이 천일영화사 작품 〈도생록〉에 이어 메가폰을 잡은 것인데, 『동아일보』 연재소설을 영화화한 소위 순문예작품이다. 일전에 기시 야마지(貴司山治)가 편집한 『문학안내(文學案內)』에 조선농민소설의 최고봉이라 구가되었던 「고향」이 전재(轉載)되며 내지문단에도 소개되었던 이기영(李箕永) 씨가 원작자다. 이기영 씨의 농민물이 원작인 만큼 밸류도 있으나, 원작의 형상화에 관해서는 아직 뭐라 하기 어렵다. 같은 영화사의 세 번째 작품은 신경균(申敬均)이 메가폰을 잡은 〈처녀도(處女圖)〉라는 오리지널물로 곧 크랭크를 개시한다. 이 그룹이 20만 원 일시 불입 주식회사를 목표로 모색 중이라는 소리도 들리는데, 어쨌든 내향적이고 소박한 모임으로 어떤 업적을 이룰지는 지켜봐야 할 것이다. 〈어화〉 이후 침묵으로 일관하는 극광영화사의 움직임은 알 길이 없다. 또한 〈애련송〉 이후 차기작의 제재를 찾는 듯 보였던 극연좌 영화부의 프로듀서, 독일 문학사(文學士)라는 자도 바야흐로 꽤나 오래 전부터 보이지 않는다. 웅약재기(雄躍再起)를 도모하며 귀향이라도 한 것인지. 반도영화사도 〈성황당〉의 차기작은 아직 발표하지 않았다. 아무쪼록 모두 건재만 하다면 좋겠다.

　　50만 원의 주식회사, 즉 문자 그대로의 영화 제작기업 형태를 갖춘 조선영화주식회사는 〈무정〉〈새출발〉의 다음으로, 〈애련송〉에 이은 김유영의 〈처녀호(處女湖)〉[〈처녀도〉와 별개]에 착수하여 연말까지 완성하겠다는 계획을 발표했다. 무라야마 도모요시의 〈춘향전〉과 안석영의 〈여학생〉은 너무하다 싶을 만큼 호화롭게 선전해두고서, 아직까지 찍는다는 건지 안 찍는다는 건지 후속보도가 없어 유감이다. 특히 〈여학생〉은 호세(豪勢)스런 대본 낭독회까지 마쳐놓고도 촬영이 보류되었다고 하니 기획과 방침이 얼마나 삐걱대고 있는지 짐작할 수 있다. 그저 분투를 바랄 뿐이다. 그런데 기다리다 지친 감독 안석영은, 최승희의 친오빠 최승일이 영수(領袖)로 있는 홍아(興亞)[55]영화사 창립 기념 작품 〈지원병〉의 메가폰을 잡게 되었다. 그 밖에 서광제의 〈북풍(北風)〉과 이규환의 세 번째 작품 〈돌쇠〉가 전자는 고려영화사에서, 후자는 협동예술좌[연극단체]에서 머지않아 각기 제작을 진행할 모양이다. 뭔가 대단히 샛길로 빠져버린 회고 같다.

　　지면도 얼마 남지 않았으므로 최근 조선영화계의 신정세 두세 가지를 전하고 글을 마치겠다. 먼저 **조선영화령** 시행은 실제적으로 (준비가) 착착 이루어지고 있다. 그 구체적인 과정 중 하나로, 지난 8월 총독부 시미즈(清水) 사무관, 이케다(池田) 검열관, 김(金) 검열관, 니시키(西龜) 촉탁 등이 참석한 가운데 영화계 측 30명이 **조선영화인협회**를 결성, 규칙을 통과시키고 위원을 발표하였다. 위원은 아래와 같다.

- 이사: 이창용, 서광제, 안석영, 안종화(安鍾和), 이명우
- 평의원: 방한준, 왕평, 김한(金漢), 이규환, 박기채, 이재명(李載明), 윤봉춘, 최인규, 이필우(李弼雨), 양세웅

55　이후 「경성영화계 이모저모」 기사(본문 128~130쪽)를 비롯한 『만주영화』 기사들 및 『실록 한국영화총서 (하)』(김종욱 편저, 사단법인 민족문화영상협회 기획, 국학자료원, 2002, 671쪽), Kmdb에는 '東亞(동아)'영화제작소로 표기되어 있다.

- 감사: 니시키 모토사다(西龜元貞), 김성균(金聲均)[총독부 검열실]
- 서기: 김정혁(金正革)

협회의 사업 목적과 규칙은 조선영화의 진정한 발전을 전제하되 대부분 내지의 것과 유사한데, 예술가 등록제도를 원칙으로 앞으로 감독이나 카메라맨, 배우는 모두 협회에 가입해야만 제작에 관여할 수 있게 되었다. 일부에서 우려하는 바, 그렇지 않아도 인재가 부족한지라 유위(有爲)한 인재를 계속 등용해야 할 조선에서 (협회의 등록제도로 인해) 신인 배출의 기회가 축소되는 폐해가 있어서는 안 될 것이다. 협회의 조직이나 회칙이 현 시점의 것을 절대적으로 보지 않고 앞으로의 제 실정(實情)에 맞추어 수정될 것이라 하니, 우려하는 폐해가 발생하는 일은 없으리라 생각한다. 협회가 결성되기 전에 조직되었던 **시나리오협회**가 (영화인)협회로 흡수된 것 등도 오히려 당연한 귀결이리라.

올해 가장 주목해야 할 사건은, 조선영화 제작기구 문제의 해결처로 **합자회사 녹음공장**이 건설된 것이다. 막대한 경비와 시간을 낭비해가면서도 후반작업을 멀리 내지에 의지할 수밖에 없던 조선영화가 이제 크나큰 수고를 덜 수 있게 되었다. 제작계의 입장을 따라 경제적·기술적으로 크게 공헌하리라는 공장 설립 취지 선언대로, (공장이) 훌륭하게 꽃피운다면 이 바닥에서 그 이상의 선물은 없을 것이다. 차제에 긴 안목으로 이를 지켜보며 조선영화의 현 상황과 제작계 간 객관적 상관성의 중대함에 대하여 자세하게 논하고 싶다.

마지막으로 고려·만영 제휴작품 〈복지만리〉의 제작을 위해 30여 명이 한 달여에 걸친 만주 로케이션에 참가, **선만영화계의 친목 융화**가 대대적으로 이루어지고 양 영화계 간의 연계가 점차 긴밀해진 것도 올해의 특기사항 중 하나이다. 이러한 관계는 어떻게 이어지고 또 어떻게 발전할 것인가. 그것은 내년 이후의 일이다.

김태진

1939년 12월 | 제 3-12호, 만일문합병판 | 102~103쪽

미인 각양각색 - 만주·조선·지나의 여배우 풍속

만영 여배우도 최근 꽤 **값어치**가 높아졌다. 리샹란과 정샤오쥔 같은 대스타의 경우에는 신문이나 잡지의 광고 타이업 출연료가 이미 400~500이나 된다는데, 이것이 선전을 노린 정책적 허풍이라 하더라도, 최근 신징 시내 모

찻집에서 여배우 두 명을 높은 급료로 스카우트한 일로 신문 3면 기사가 떠들썩했을 때에는 정말이지 '으음, 만영의 여배우들도 상당해졌구먼!' 하고 마음속에서부터 탄성이 새어나왔다. 그러나 이 두 사람은 아직 이른바 삼류 정도다. 만영에서 일류라면 뭐니뭐니해도 **지옌펀, 리샹란, 장민, 리허, 정샤오쥔** 같은 사람들이다. 하라 세쓰코나 후지와라 가마타리가 출연한 만주영화 〈동유기〉가 일본인 영화관의 에크랑에서 대대적인 환영을 받으며 상영된다든가, 마찬가지로 만주영화 〈여명서광〉에서 쇼치쿠 오후나의 배우가 주역을 맡는다든가 하여 일·만 스크린이 점차 **뒤엉키게** 됨에 따라 오피스에서, 티룸(tearoom)에서, 거리에서, 가정에서, 일본인의 입에 만영 배우가 열렬하게 오르내리며 바람직한 친선협화 풍경을 연출하는 한편, 만주에 사는 일본인에게 만영 스타에 관한 지식은 이미 하나의 '상식'으로 배워야 하는 것이 현재 상황이다. 『만영통신(滿映通信)』 최근호에서 그들 스타급 여배우에 대한 촌평을 빌려오자면, 우선 지옌펀은 만주계 대중으로부터 흔들림 없는 압도적인 인기를 얻고 있다. 순정가련하고 인기가 높은데도 거만하게 굴거나 뽐내지 않고 그저 조심조심 오로지 예도(藝道)에 정진하고 있다며 최고의 찬사를 받았다. 최근에는 만영·쇼치쿠 제휴작품인 〈여명서광〉에 홍일점 주연으로 출연 중이다. 이와 더불어 리샹란은 일본인 사이에 인기가 있어 이름이 알려지기로는 실로 No.1인데, 그녀의 인기 루트는 내지·조선·만주·북지나에 이르며 상당한 장거리에 걸쳐 있다. 일본어가 능숙해서 일본인에 대한 제스처가 적절한 것도 인기에 한몫한다. 가수로도 유명하여 최근에는 도호·만영 제휴작품인 〈백란의 노래〉에서 하세가와 가즈오와 짝을 이뤄 주연했다. 다음으로 장민. 그녀는 세상의 단맛 쓴맛을 다 아는 여자, 그래서 인간적인 순정이 더욱 빛나는 여성이다. 그 아름다움과 상냥함이 진면목을 드러내는 '모나리자의 미소'는 언

제나 그녀 곁에서 사라지지 않는다. 연기도 성격적인데, 스튜디오에서는 '대명성(大明星)'[대스타]이라는 애칭으로 불리는 누님이다. 다음은 리허. 그녀는 종래의 봉건적 만주 여성, 그 모든 인습과 구습의 껍질에서 완전히 벗어난 신여성이다. 집회 석상 등에서는 누구보다 당당하게, 대단히 날카로운 위세로 말하여 이 나라의 도학자적 (道學者的) 노친네들을 놀라게 한다. 언제나 발랄하고 씩씩하며 스마트한 사교가이기도 하다. 여류 문필가로서도 저명하다. 마지막으로 정샤오쥔. 그녀는 원래 남만주 어느 현(縣) 관서에서 타이피스트로 일하고 있었다. 그 당시에 '삼간미인(三間美人)'이라는 닉네임을 얻었는데 삼간[56] 정도 떨어져서 보면 참으로 미인이기 때문이다. 그것이 만영에 들어온 뒤로는 완전히 빛을 더했는지 얼굴을 들이대고 보아도[?] 굉장한 미인이다. 걸음걸이도 청초하고, 이른바 만주 구냥의 샘플이 그녀이다.

이렇게 미인도 각양각색. 제일류에 이어 이류, 삼류, 급기야 하급배우들까지 다양한 만영의 여배우는 50명이 넘는다. 그것도 젊디 젊은 청춘 여성이라 생각하면 사랑의 싹도 피어나는 법. 남녀 배우 사이에 우애와도 같은 담백한 연애도 여러 번 있었다고 한다. 풍문에 의하면 만영 당국은 이런 일에 이미 통달하여, 배우도 인간이라며 목석처럼 배우만이 연애를 하면 안 된다고는 말하지 않는다. 연애를 해서 일에 지장을 주거나 몸을 그르치거나 한다면 그것은 배우가 아니라 인간 쓰레기이며, 단정식으로 함께하고 싶다면 어느 한쪽이 만영에서 발을 빼라는 식의 방침이라고 한다. 이에 따라 한쪽이 그만두고[보통 여자 쪽인데] 행복한 스위트룸을 이루고 있다. 이것이야말로 영화적 시나리오인지 모른다. 설혹 스튜디오가 연애-결혼을 매개하는 부작용을 보인다고 해도 왕도낙토의 만주, 결코 나쁘게 볼 리가 없다. 나아가 이렇게 말하는 사람들도 있다. 만주계끼리의 연애는 많았어도 일본계와의 연애는 한 번도 들은 적이 없다, 이는 실로 유감이다, 연애라는 것은 남녀 간 정신적 융합이 극치에 달한 시추에이션에서 발생하는 현상이기 때문이다, 일본계와 만주계가 협력일치하여 만들어나가야 하는 만주영화, 실제로 현재도 일본계와 만주계 양쪽이 현상적으로는 뒤섞여 함께 협력하여 만들어가고 있는 만주영화, 여기에 양자 사이에서 연애가 벌어지지 않는다는 것은 양자 간 정신적 융합이 아직 부족하다는 증거라고 할 수 있다, 만영의 일본계 젊은이들이여, 어서 여배우들에게 반하지 않으면 안 돼, 이렇게 말이다. 이를 어떻게 받아들일지는 독자에게 맡기고 다음으로 넘어가자.

　　조선의 여배우라 할 것 같으면, 영화계에서 홀연히 자취를 감추어 팬을 깜짝 놀라게 한 **김연실**. 그녀가 바로 얼마 전까지 신징에 와 있었다. 지금으로부터 2, 3년 전, {102쪽} 즉 조선의 영화가 사일런트에서 토키로 옮겨 가기

직전까지[조선의 토키 시기는 다른 영화계에 비해 매우 늦었다] 그녀는 최고의 인기스타로 이름을 높이던 여배우였는데, 인기 절정기에 어느 내지인과의 연애로 상처를 입고 절반은 **자포자기**한 심정에서 신징에 모습을 감추고 있었다. 그것이 우연히 조선 고려영화사와 만영의 협동영화 〈복지만리〉가 신징 로케이션 촬영을 끝내고 그 주요 멤버였던 경성 고협(高協)극단이 전 만주 공연을 행할 때, 동 극단 전속 여배우로 들어가기로 이야기되어 신징 생활을 청산하고 경성으로 돌아갔다. 신징에 있던 동안에는 떠도는 소문 하나 없었는데 가끔은 차려입고서 왠지 근심에 잠긴 얼굴로 닛케(ニッケ)[전 만영 본사] 식당에 차를 마시러 오곤 했다. 노래도 잘 불러서 올해 7월에는 만주신문사 후원으로 〈만주 행진곡(滿洲行進曲)〉 〈국도음두(國都音頭)〉의 전 만주 보급 사절로 만주 도시들을 순회하며 그 미모와 미성을 충분히 뽐내곤 했기에, 조선영화에 다시금 주연으로 나온다면 만주에서 상당한 인기를 얻으리라 믿는다. 다음으로 이번 8월에 개봉해 내지·조선·만주 모두에서 호평을 얻은 〈국경〉의 주연 여배우 **김소영**. 그녀는 최근 『모던 니혼(モダン日本)』[조선판]의 표지에 나오는 등 인구에 회자되고 있는데, 올해 8월 옥사에 있는 남편과 다섯 명의 아이를 두고 어떤 무용가와 사랑의 도피를 감행, 현재 도쿄에 있다. 〈심청〉 〈국경〉에서 보듯 연기는 확실히 인정받는다 해도, 이번에 한 짓은 지나치게 농후했다. 한편, 상해에서 돌아온 〈복지만리〉의 신예감독 전창근과 그 주연 여배우 **유계선**의 연애도 최근에 약간 어수선한 모양인데, 도를 벗어나지 않는 것이라면 비난할 이유가 없지 않을까. 그 밖에도 조선에는 **문예봉, 김신재, 현순영, 한은진, 노재신, 차홍녀(車紅女)** 등이 제1선의 여배우이다. 곤란한 일이 많은 조선영화계에서 내일의 희망으로 살아가고 있다.

　　이번 지나사변은 상하이영화 배우의 일괄 교체를 불러왔다. 후데(胡蝶), 왕런메이(王人美), 댜오반화(貂斑華), 천옌옌, 위안메이윈 등의 시대는 지나갔다. 새로운 사회

기구와 정세는 새로운 스타를 맞이했고 사변 후의 상하이 영화계는 바야흐로 발랄한 신진이 난무하고 있다. 올해 정월 상하이에서 미증유의 롱런을 친 〈목란종군〉으로 일약 결정적 스타로 뛰어오른 현재 인기 넘버원 천원상, 〈일출〉

사진 ③
천원상(陳雲裳)

에서 유모 구바(顧八)로 나와 간질간질한 애교소리를 연발하며 관중의 굳은 얼굴을 풀어주었던 바이훙(白虹), 진옌(金燄, 김염)과 함께 주연한 〈설야의 복수기〉에서 가련 청초한 시골 구냥으로 나와 부녀자의 홍루를 짜냈던 리훙(李紅), 전 지나 화제의 중심 베이핑 리리(李麗)[57] 등 순 프레시 멤버로, 거기에 〈마로천사〉 〈맹강녀〉에서 노래를 부르고 또 불렀던 애교 만점의 아나운서 출신인 **저우쉬안(周璇)**, 〈도색신문(桃色新聞)〉의 목욕탕 신에서 호사로운 육체미를 한껏 드러냈고 〈일출〉에서 음독 자살을 연기한 혼혈아 같은 **루루밍(陸露明)**, 〈초선〉의 용맹스런 **구란쥔(顧蘭君)**, 〈영성기(影城記)〉에서 빌딩 꼭대기에서 번화가를 향해 뛰어내려 깜짝 놀라게 했던 **루밍(路明)** 등 모두 각양각색이다.

만주, 조선, 지나. 이렇게 대륙의 영화계는 각각 젊고 아름다운 여배우들이 엮어 나가는 각양각색의 아라베스크 위에 새로이 약진하고 있다.

이토 슌(伊藤俊)

1940년 1월 | 제 4-1호, 만일문합병판 | 29쪽 | 매월(毎月) 만화

조선·만주 제휴영화 〈복지만리〉의 완성을 위해 단신으로 경성에 가게 된 둥보(董波)[58] 군. 입국 보증금 100원을 지참하지 않아 2, 3일 압록강 철교 위에서 오도 가도 못하고 쩔쩔매며 (제작) 플랜에 차질을 주었으나 무사히 대임(大任)을 마치고 순조롭게 신징에 돌아옴.

그림

---

57   '北平(베이핑)'은 리리의 애칭이라고 한다.
58   본 자료집 시리즈 6권(65쪽 외)은 '薫波(훈파)'로 표기하였다. 이는 『키네마준포』를 비롯하여 6권이 기반하고 있는 일본어 잡지들의 기사 원문을 따른 것으로, 「만주영화」에서는 일관되게 '董波'로 표기되어 있는바, 일본어 잡지 원문의 오기로 추정된다.

1940년 1월 | 제 4-1호, 만일문합병판 | 96~97쪽 | 영화 소개

조선영화 〈수업료〉

고려영화사 작품

만영과의 제휴로 〈복지만리〉를 제작했던 고려영화사가 조선총독부상 1등을 수상하며 내지문단에까지 소개된 글짓기 「수업료」[광주소학교 4학년생 우수학[59] 군 작]를 총독부 니시키 모토사다 씨 기획, 야기 야스타로 씨 시나리오로 영화화한 이색 편. 일전에 도호에서 만든 〈글짓기 교실〉을 생각나게 하지만 그보다도 한층 현실적인 테마로, 〈국경〉의 최인규와 〈한강〉의 방한준 공동 감독으로 이루어졌다. 음악은 이토 센지(伊藤宣二) 씨, 촬영은 이명우 씨이다. 소년 주인공에 정찬조(鄭燦朝)가 훌륭한 아역 연기를 발휘했고 선생으로는 도쿄 신쓰키지(新築地)극단의 스스키다 겐지가 출연했다. 더불어 복혜숙(卜惠淑), 김신재, 독은기, 최운봉, 문예봉 등 반도 일류스타가 조연을 맡았다.

1940년 1월 | 제 4-1호, 만일문합병판 | 106~107쪽 | 영화로 본 '만주' 해부

만주의 민족

만주의 민족! 객관적으로나 주관적으로나 이 테마를 제대로 **파악**할 수 있다면 오호라! 나는 남자로 태어나 만주에 온 보람이 있다고 할 것이다.

만영 개발사업을 통해 만주의 민족 문제를 보자면 — 1939년 4월 전국 철도 연선 순회영사부터 12월 싱안성 선무공작까지 선무영화반 약 30개 반(의 활동 결과), 총 순회영사일수 약 700일, 필시 태어나서 처음으로 영화를 본 사람들 수 약 120~130만 명. 또한 1939년 9월에 시작하여 12월 20일로 막을 내린 소형 상설관

원문에는 '禹壽學'이라 표기되어 있으나 '禹壽榮(우수영)'의 오기이다.

순회영사[전자가 무료상영으로 완전히 국책적이었던 데 반해, 이는 10전 균일의 입장료를 받은 것으로 어느 정도 기업성을 지닌다] 9개 반(의 결과는), 전국 70여 개 마을에서 총 상영일수 300일, 푼돈의 입장료를 지불한 손님 수가 대충 14~15만 명[회장으로 쓸 만한 건물은 아직 없다]. 이것밖에 안 되는 인원을 가지고 영화적 관점에서 만주 민족들이 이렇다 저렇다 판단하는 것은 심히 어리석은 일이라 생각하지만, 요즘 내가 꽤 뻔뻔해진지라 모르는 척 이야기해보겠다.

그 내역을 엄밀히 따져보면 한민족, 만주족, 후이후이족(回回族, 회족), 몽골족, 조선족, 일본족, 백계 러시아인 등등. 더 세세히 분석하면 오로촌(Oroqen)족, 다우르(Daur) 사람, 솔론(Solon) 사람… [106쪽] 더욱더 세세히 나눠보면 일본인 중에도 규슈(九州)에 시코쿠(四國)에, 신경이 몹시 피로해진다. 내게 주어진 지면 분량으로는 다 이야기하기도 어렵고, 게다가 그것은 편집자가 바라는 바도 아닐 것이다. 됐고, 나는 여기에 민족학자가 쓴 글을 그대로 베껴놓을 맘이 없다.

그러나 다음의 사실만큼은 단언해도 괜찮지 싶다.

만주, 특히 철도 연선 바깥의 벽지 대부분은 이른바 문화적 환경으로부터 완전히 동떨어져 **있다**. 거기서 자리 잡고 살아온 사람들은 그와 같은 환경에서 일찍이 동경만 하던 객관성이 가져다준 **철학적 경이**[뭔가 슬쩍 어렵게 말을 돌려 하고 있는데, 나도 잘 이해가 안 간다]에 압도당하는 경험을 **꿈**에서조차 전혀 생각치 못했을 것이다. 바로 이 때문에 문화 없는 사람들이라는 비극적 관점이라든가 그들에게 문화를 가져다주어야 한다는 동정심이라든가 하는 게 생기는 건지도.

뭐가 됐든 간에 복합민족국가인 만주국은 '문화'를 가져야만 한다. 왜 그런가에 대해서는 나 같은 사람이 뭐라 뭐라 할 필요도 없다.

(1939년까지) 만영 개발사업 6년의 실적[건국 이래 정부, 협화회, 기타 각 기관의 영화공작을 더하면 내 경우에 문교부, 민생부 당시의 기억까지 해서 어림잡아 100만 명 정도다]은 대체로 벽지 민중을 대상으로 한 선무영화공작에 의거한다. 민족적으로 보면 대부분이 만주인이고 몽골인이 그다음이다.

뉴스영화에 나오는 비행기 폭음에 놀라 스크린 앞뒤로 허둥대며 도망치는 민중의 무지에 나는 웃을 수가 없었다.

거대한 탱크가 전진해오는 것을 보고 인파가 둘로 쫙 갈라지는 광경을 목격하고 옛 명화 〈십계〉의 기적을 떠올린 것도 웃어 넘길 수만은 없는 하나의 기적이다.

홈라이트 옆에서 초롱불을 들고 얼떨떨한 표정으로 서 있던 노파의 눈동자가 빛났던 것이다. 이를 보고 나는 소름이 돋았다. 광기를 보아서가 아니다. 너무나도 생기가 넘쳐서, 뭐랄까, 청춘이 돌아왔다고나 해야 할 것 같은 그런 생기를 느꼈던 것이다. 도시 사람들은 이런 표현이 **같잖다**며 웃을 것이다. 신징에 돌아오면 마음과 달리 이런 일을 만담화해버리지만, 수십 반(班)의 기사(技士)들로부터 현지 보고를 받을 때는 그따위 빈말을 할 여유를 잃게 된다.

벽지 선무공작을 하는 데에 영화가[만주의 영화], 예컨대 일본 마켓에서의 우수 작품 정도일 필요는 없다. 만주의 **문화적 환경을 어느 높이**까지 끌어올릴 만큼 끌어 올릴 수 있는 매력과 질적 향상성만 있으면 된다. 그저 영문도 모르고 깔깔 웃을 수 있는 **니와카**[60] 같은 것이나, 올챙이가 개구리가 되고 개구리가 뱀에게 먹히고 뱀이 겨울잠을 자는 식으로 안배되어 있는 것으로도 충분하다고 생각한다. 여기서 주의를 요하는 것은, 벽지 사람들이 영화를 보고 깔깔 웃어댈 만큼 영화적으로 길들여져 있지 않다는 사실이다. 생물 진화의 프로세스라니 당치도 않다.

그렇다면 어떻게 할까요. 무엇보다도, '영화'라고 하는 것은 선조 대대로 전해진 것이 전혀 아니다.

[이곳의 도리를 잘 분별해주시기 바랍니다]

벽지 사람들에게는 한 편을 틀건 세 편을 틀건 조금도 문제되지 않는다. 지라시며 삐라, 입간판, 계통관, 보합, 상설관 주인, 국책… (이런 것들을) 그들이 알 리가 없다.

우리들이 생활을 교란시켜버리지나 않을지 걱정할 필요조차 없다. 그만큼 그들의 생활은 '비교조차 할 수 없는 환경'에 있다. **그들의 현실적인 환경**이 잃어버린 낙원 축에도 끼지 못한다는 것을 인식시키는 것이야말로 가장 좋은 **영화적 훈련** 방법이라고 나는 자인하고 있다.

그런데도 우리들이[일본인 말입니다] 현상유지에 안주할 생각만 하여 **이런 상태**를 오래 정체시켜버린다면 용납될 수 없을 것이다. 아주 황급하게, 그러나 **천천히, 서두르지 않으면** 안 된다.

60   にわか狂言. 흥을 돋우기 위한 즉흥 희극을 의미한다.

대륙에서 일본인의 지도성 문제는 바로 이 점에 있다고 생각한다. 두꺼운 한 묶음의 코란처럼 막연한 표어, 그 껍데기만 가지고서는 도저히 확신할 수 없었던 '민족 협화.' **온갖 논의**의 첫째 줄에 오는 그 말에 내가 겨우 마음을 열기 시작했구나 싶어진 것조차 나에게는 지난한 일이었음을 곱씹어본다.

영화적이라는 것을 제작뿐만 아니라 배급의 경우에서도 당연히 생각해야만 한다. 만주의 민족 문제는 그 정도로 **단순**하지 않다. 이렇게 말하면 패러독스라 여기는 사람도 있겠지만, 아마추어라서 그런지 나는 그렇게 생각한다.

나는 줄곧 상영, 상영 역설해왔다. 당분간 이곳은 역시 첫째도 상영, 둘째도 상영, 셋째도 또 상영이다. 이 하나를 밀고 나가야 한다고 다시 한 번 정성을 다해 역설하고 싶다.

뭐니 뭐니 해도 내 입장에서는 영화적 환경을 크리에이트(create)하는 것이 이 나라 **민족문화** 계발의 선결 문제이기 때문이다.

예술적 향기가 높은 영화가 아르샨(Arxan) 몽골인의 가슴을 어떻게 두드릴지는 내 알 바가 아니다.

원시적 상태에 존재하는 인간의 본능에 대해 사람이 언제 어느 때나 관대함을 가질 수 있다면, 몽골인들이 문화의 전당을 배경으로 자리에서 꼼짝도 않고 선무반의 스크린에 넋을 잃는 모습이야말로 '영화 입식(入植)의 순간'으로서 소중히 생각될 것이다. 이것이 바로 만주영화 출발의 스타일이다.

[전 만주 120~130개의 일·만 상설관에 대해서는 아쉽지만 이 원고에서는 생략한다. 역시 대강 쓸 수 있는 것이 아니기 때문이다. 물론, 계통관 폐지나 보합제 실시 문제에 대해서는 나 개인의 아마추어적 입장에서도, 무엇보다 일본인으로서 벌컥벌컥 울화가 치밀어 두통을 앓고 있는데, 새 봄과 함께 이 울화를 깨끗이 씻어보내고 7년도에도 다시 한 번 버티자! 이런 의지이다.]

아카가와 고이치(赤川幸一)

1940년 1월 | 제 4-1호, 만일문합병판 | 107~108쪽 | 영화로 본 '만주' 해부

만주의 풍물

수해(樹海)

[일반적으로 만주라고 하면 망망한 초원이자 끝없는 평원이 이어진 곳이라 생각하는데, 만주국 면적 1억 초부(町步)[61]의 절반은 임야지대이고, 삼림 면적은 약 3000만 초부, 그중 축적량(蓄積高)은 100억 고쿠(石)[62] 이상이다.]

- 동부 국경에 끝없이 가로놓인 장백산맥(長白山脈), 서쪽으로는 몽골지대를 종단하는 대 싱안령(興安嶺), 거기에 태곳적 원시림이, 대삼림지대가 천고의 수수께끼를 품은 채 깊이 잠들어 있고, {107쪽} 동시에 그들의 어머니로 넌강(嫩江)과 쑹화강이 유유히 흐르며, 세계 유수의 삼림국 만주의, 삼림의 바다인 '동아의 수해'가 펼쳐져 있다.

과송(果松), 홍송(紅松), 유송(油松), 어린송(魚鱗松), 황화송(黃花松), 취송(臭松), 백송(白松), 사송(沙松), 갈참나무(柞樹), 피나무(椵樹), 색수(色樹), 느릅나무(楡樹), 백양(白楊), 청양(靑楊), 자작나무(樺樹). 태곳적부터 바다가 부르는 소리를 들으며 싹 틔운 것은 시들고, 시든 것은 다시 나기를 몇 세기.

매일을 햇빛조차 완강히 거부하고 습기와 고엽(枯葉)이 피워내는 요기(妖氣) 속에서 스스로를 갉아먹어가며, 지상에는 밝은 것이 없다. 창공조차 어둡게 딴전을 부린다.

요기는 구름을 불러서 전설(傳說)을 품고 낙뢰에 불을 내뿜고는 마교(魔敎)를 넓혔다.

- 이윽고 볕을 잃은 나무 밑 습기는 늪이 되고 계곡물이 되어 바다가 부르는 소리에 골짜기 사이를 깨뜨리고 광야를 범했다.

- 사람들이 이를 거슬러 올라갔다.

- 이곳에 몽상(夢想)의 산기운이 있다.

석양도 닿지 않고, 새벽도 알 수 없는 어둠.

일본어 잡지로 본 조선영화 7

---

61 초부(町步)는 산이나 논밭의 면적을 계산하는 단위로, 1초부는 대략 1헥타르와 같다.

62 고쿠(石)는 부피를 계산하는 단위로, 1고쿠는 대략 278리터에 달한다.

나무줄기에 의지해 하늘을 우러르면 나뭇가지 끝에 희미한 빛줄기가 보일 뿐.

나무란 나무는 전부 서로 가지를 짝짓고 단단하게 뒤엉켜 있어 앞뒤의 어둠을 힘주어 열어보아도 그 끝은 알 수 없다.

아스라이 벌채꾼의 도끼 소리, 거목이 쓰러지는 소리가 바늘처럼 귀를 찌를 뿐.

공기는 가만히 고요한 채.

움직이지 않는다.

어둠만이, 죽음만이.

여명의 보고

간신히 한줄기 놓인 도로에 의해 연결된 둥볜도 일대, 거기서는 하루 비가 내리면 사흘은 계속된다.

일주일 넘게 계속 비가 내리다 겨우 어제 저녁부터 맑아진 오늘 아침.

다리란 다리는 전부 범람으로 유실되어 흐르는 강물에 로프를 치고 쿨리의 등에 업혀 건넌다.

옌통거우(煙筒溝)는, 압록강안(岸)부터 해발 500미터에 이르는 단애(斷崖)절벽 위 싼다오거우(三道溝) 난강(南崗)이라 불리는 현무암 대지(臺地)의 탄전(炭田). 그곳으로 가는 길은 가파르고 험준한 낭떠러지와 깊은 골짜기를 꿰맨 듯, 8, 8, 8, 하고 열렸다가 꼬였다가 하는 길. 트럭은 뱀처럼 꿈틀거리며 달려 올라간다.

대지(臺地)로 나오면 완전한 평원이다. 멀리 백두산이 빛나고 압록강은 은빛을 머금은 띠처럼 그녀를 감싸고 있다.

일찍이 이 대지는 비적들에게 최적의 장소였다고 한다. 아무렴, 근처에 오래된 번화가가 있었다. 지상 생활자 무리와 완전히 절연한 듯, 산정에 너르게 펼쳐진 토지를 갈아 양귀비를 키우며 주위의 깎아지른 낭떠러지를 방패 삼아 있는 대로 약탈을 해도, 이 천연의 요새에 (닿기에) 사람의 힘은 너무나도 약했다는 것이리라.

이곳에 길을 열고 봉우리에서 봉우리로, 계곡에서 계곡으로 토벌을 계속했던 사람들의 신고(辛苦)는 얼마나 컸을까!

– 지금, 반짝반짝 빛나는 부락의 철조망이 언젠가 완전히 사라지는 날이 올 것이다. 그때까지 둥볜도 일대를 지나는 사람들의 혼을 뒤흔드는 것은, 비적을 쫓아 이

녕(泥濘)의 산야를, 무명(無明)의 밀림을, 전우의 시체를 넘고 길을 내어 나아갔던 토벌부대의 큰 족적이다. 순직지지(殉職之地), 여기저기 만들어진 지 얼마 안 된 묘표(墓標)를 도표(道標) 삼아 묵묵하게 생명을 건 싸움, 그 격렬함이다.

포격과도 같은 다이너마이트 연속 폭파!

측량대의 붉고 흰 깃발이 산 이곳저곳에서 피어나고 은방울꽃이 향기를 풍기며 철쭉이 빨갛게 불타고 있다.

갱구(坑口)에서는 쿨리들이 개미마냥 줄지어 서 바구니로 석탄을 나르고 있다.

갱 입구의 골짜기가 채굴된 석탄으로 가득 채워지고 있다. 20명, 30명의 쿨리들이 석탄을 비워내는 소리에 마치 땅이 울리는 것 같은 불길한 감정이 메아리친다.

귀로. 경비대 일원이 바위 틈에서 찾아준 **야생 두릅**은 고요히 눈에 스며들 정도로 향기가 짙었다.

모리 신(森信)

1940년 1월 | 제 4-1호, 만일문합병판 | 110쪽 | 영화로 본 '만주' 해부

만주의 여성

영화의 소재로 만주 여성에 대해 적어달라는 편집자의 의뢰가 있었다. 나는 표제의 '영화적'이라는 것을 어떻게 해석하면 좋을지 갈피를 잡을 수 없었다. 문학적이라든가 연극적이라든가 하는 것에 대응하는 영화적이라는 용어가 있겠거니 하며 얼추 해석하는 것으로 이해해주길 바란다.

만주국의 여성군(群)은 실로 버라이어티가 넘치고 현란한 꽃밭이다. 일본, 조선, 만주, 러시아, 몽골, 오로촌족 등 각 여성이 각자의 생활지대에서 저마다의 뉘앙스를 지니고 살아간다. 영화의 소재가 될 여인들이 넘쳐나 〈만주국의 여성선(滿洲國の女性線)〉이라는 문화영화도 찍을 수 있다. 이른바 극영화도 다양하게 찍을 수 있다.

게다가 도회, 농촌, 초원, 산림 지구별로 여성들의 생활양식과 민족에 변화가 있어서 이를 관찰하는 것만으로도 아주 흥미롭다. 신흥도시 신징에서는 발랄한 여성에게 호감이 간다. 눈부시게 빛나는 다퉁다제를 일·만의 여성들이 고개를 들고 활

보하는 그림은 건설과 협화의 상징이며 아름답다. 일본식 올림머리처럼 순 일본적인 취미도 아름답긴 하지만, 아무래도 만주 배경에는 조화롭지 못하고 아무리 봐도 아름답다고 감탄하게 되지는 않는다. 그것은 역시 일본 내지의 풍경에 일치시킨 것이다. 생활과 자연 간 배합의 묘를 살피는 데는 여성의 복장 같은 것도 좋은 예가 되는 듯하다. 겨울의 신징, 일본 여성이 얇디 얇은 기모노 옷자락을 휘날리며 방한용 초리(草履)를 신고 또각또각거리며 길을 걷는 모습은 오히려 추악하고 실망스럽다. 게다가 아줌마들이나 쓰는 만주어로 인력거꾼에게 응수하는 풍경 등은 일본 여성의 미에 흠집을 낸다. 대륙에 진출한 일본 여성들은 복장이라든가 언어에 신경을 써주었으면 좋겠다. 그러니까 나는 젊은 일·만 여성들의 신생활에 찬사를 보내고 장래를 기대한다.

하얼빈의 러시아 여자들도 아름답다. 키타이스카야(китайская, 중국인) 거리를 걷는 여자, 숭가리(Сунгари, 쑹화)강가에서 수영복 한 장을 걸치고 선 여자, 마르스[63]에서 분주하게 일하는 여자. 벤치에 앉아 개나 손녀딸과 이야기를 나누는 노파도 인상적으로 아름답다. 반면 밤의 여자들은 소위 판에 박은 듯하여 오히려 질리고 마는데, 통속적 멜로드라마의 한 컷에 지나지 않을 것이다. 내가 좋아하는 여성 풍경은 상쾌한 아침, 우유 마차가 지나갈 즈음에 러시아 소녀들이 책을 품고 등교하는 건강한 모습이다. 맑고 푸른 눈, 빨간 볼, 황갈색으로 땋은 머리에 리본을 달고 서둘러 보도블럭을 밟는 모습을 나는 언제나 깊은 애정을 가지고 바라본다. 엽기적인 하얼빈이라는 둥 추악한 밤의 러시아 여자들에게 눈을 빼앗겨 늦잠이나 자는 여행자들은 이 아침의 러시아 소녀들이 얼마나 아름다운지 모를 것이다. 하얼빈의 아침 풍경과 여학생 무리는 아름다운 영화의 퍼스트 신이 될 것이다.

쌴허(三河)지방의 카자흐 소녀도 야성미가 있어서 좋다. 그곳의 농촌 여성들은 강유역에서 소박한 기도, 밭일, 저녁 모임, 카자흐 댄스, 손풍금과 함께 생활하고 있다.

몽골 평원에는 말과 함께 몽골의 여성이 있다. 그녀들은 저 광대한 초원을 배경으로 하여 비로소 아름다워진다. 남자들과 더불어 말을 타고, 소똥을 태우고, 양을 돌보는 몽골 여성들 역시 그들의 자연에 합치된다. 말을 타고 모래먼지를 일으키며

63　당시 하얼빈의 유명 러시아 식당 '馬爾斯茶食店'(Mars Tea and Food Room)을 가리키는 것으로 추정된다.

125

만주영화(滿洲映畵)

하일라(海拉爾) 마을을 질주하는 몽골 여전사도 대륙의 매력일 것이다. 만영 작품 〈국경의 꽃〉에는 이러한 매력이 충분히 녹아들어 있다.

조선 여성들은 우선 복장이 고전적이고 아름답다. 하얗거나 연한 초록빛을 띤 단색 옷을 보면 나는 들놀이 풍경이 떠오른다. 가지각색의 꽃들이 흐드러지게 피어 있는 들판에 조선 여인들이 삼삼오오 손을 맞잡고 꽃을 따고 노래를 부르고, 그런 때에 그 하얀 옷이나 연한 초록색 옷이 잘 조화되어 부드럽고 고풍스런 향기를 풍긴다. 고요한 봄 들판에 어울리는 조선 여인의 참한 걸음걸이를 만주국에서도 볼 수 있다니 기쁘다. 정말로 화룡점정의 풍속이다.

싱안령의 산악지대 아무르(Amur, 흑룡강) 상류 아르군(Argun)강 부근에는 오로촌 여자가 산다. 어깨에 자작나무로 세공한 요람을 늘어뜨리고 거기에 아이를 넣어 강가 마을로 내려간다. 오로촌 여자의 풍습도 민속학상 여러모로 흥미로운 자료를 제공하고 있다. 만주의 문화영화로 〈싱안령(興安嶺)〉 같은 것이 기획되어 오로촌 여성들을 잘 담아본다면 만영의 특색을 발휘할 수 있을 것이다.

이처럼 각 민족 여성에게는 저마다의 아름다움과 생활이 있어 만주국은 영화의 소박[64]이 될 여성군이 풍부, 영화인들에게 이런저런 모티브를 제공하고 있다. 한편, 개척지에서 활동하고 있는 일본 부인들도 잊어버려선 안 될 것이다.

모든 여성은 건강한 생활에서부터 비로소 아름다워지며, 이 모든 것이 영화적이다. 이를 어떻게 포착하느냐가 영화인들의 에스프리(esprit)다. 나아가 여성미는 절대적인 것이 아니다. 남성미가 있어야 비로소 여성미가 있다. 만주영화는 지극히 다채로운 각 민족 여성들의 엘레강트와 델리커시를 모든 각도에서 카메라로 담을 것이다. 이는 만주영화의 큰 즐거움 중 하나이다.

하세가와 슌

64 원문에는 '素朴'이라 표기되어 있으나 '素材(소재)'의 오기로 추정된다.

1940년 1월 | 제 4-1호, 만일문합병판 | 111~112쪽 | 만영 스타의 매력

만영 스타의 퍼스낼리티

모름지기 연기자에 대해 이야기할 때 그의 사생활과 사생활 중의 예술적 행동을 참작하지 않고 운운하는 것은 완전치 않다. 우리들은 최초의 만선 제휴영화 〈복지만리〉 촬영을 위해 40일간을 같은 콴청즈(寬城子) 스튜디오

사진 두좐

에서 함께 생활했다. ﹝111쪽﹞ 그때 받았던 만영 배우들의 인상을 이야기해보면, 우선 만영 배우들의 넉넉한 인정미에 경의를 표한다. 저 유장(悠長)한 만주 옷을 입고 차분한 용모에 붙임성 있는 미소를 보여주는 그들과 우리는 금세 친해졌다. 특히 여배우들의 빼어난 몸매에는 일종의 예술감까지 느껴졌다. 리밍 씨의 귀족적인 아름다움, 리샹란 씨의 고혹적인 아름다움, 멍훙 씨의 귀여움, 왕인보(王銀波) 씨의 육감적인 점. 남자배우로는 두좐 씨의 이지적이고 현대적인 얼굴, 천전중(陳鎭中) 씨의 대륙적인 풍채, 모두가 저마다의 풍부한 퍼스낼리티를 가졌다. 나아가 그들의 진술하고 겸손한 인간성은 그들로 하여금 반드시 더 나은 예술을 낳게 하리라.

심영

[경성 고협극단 간부 배우]

1940년 1월 | 제 4-1호, 만일문합병판 | 112쪽 | 만영 스타의 매력

연기자 모두에게 보내는 말

모두들 다정한 사람들입니다.
– 산골짜기에 피는 흰 백합과 닮은
모두들 친절한 분들입니다.
– 가을의 여행자가 여수(旅愁)를 느끼지 않았던 것은 당신들 덕분입니다.
당신들의 매력은 무엇보다도 온화로운 그 말입니다. 의미는 알 수 없었지만 당신들이 그렇게 쾌활하게 이야기할 때 뭐라 말할 수 없는 매력을 느꼈습니다.

마차를, 콴청즈 스튜디오 뒤의 빈 터를, 〈복지만리〉 촬영 중 합숙소로 썼던 시사실을 우리들이 잊지 않는 한, 당신들의 따뜻한 정도 잊지 못할 것입니다. 우리들이 귀국할 때 여러분께서 신징역 홈에서 보여주신 열띤 환송은 지금도 가슴을 뛰게 합니다. 눈시울을 뜨겁게 합니다. 서로 아름다운 기억으로 가슴에 소중히 간직해요. 다정하고 아름다운 만영의 연기자 모두여, 잘 지내시길!

송추련(宋秋蓮)

[경성 고협극단 간부 여배우]

1940년 1월 | 제 4–1호, 만일문합병판 | 118~119쪽 | 특집 신춘영화 수필동산

경성영화계 이모저모

'명물남(名物男)'이라는 말은 왕왕 듣지만 '명물녀'라는 말은 좀처럼 듣기 어려운 바, 경성의 미즈이 레이코(水井れいこ) 여사는 조선영화계의 틀림없는 '명물녀'다. 바야흐로 방년 40세[?], 미모와 위트와 정력[?]을 지니고서 아직까지 독신. 경성에 거처를 정하고 씩씩하게 동서남북 온갖 영화 관계 지역, 스튜디오에 배급회사에 상설관에 신문사 편집국에 신출귀몰, 빼어난 묘필(妙筆)을 뽐내며 '조선영화 얘기라면 나의 붓으로'라는 듯 활약을 보이고 있다. 그녀의 영화 문필활동에 대해서는 누구나 감탄하고 또 아연하기도 한다. 필자는 아직 가깝게 뵐 영광을 얻지 못했는데, 어쨌든 경성의 유니크한 '명물녀'임에는 틀림없지 싶다.

'조선영화령' 공포에 의해 조선영화계는 통합의 궤도에 올랐지만, 아직 옛 잔재의 흔적을 **지우지 못한** 채 현재 고려영화사와 조선영화주식회사 양대 세력의 사이는 물정소연(物情騷然). 다만 이전의 야만스런 진흙탕 싸움이 현대적으로 스마트하게 청산되어 한쪽에서 신예평론가 임화(林和)를 문예부 촉탁으로 초청하면 다른 한쪽에서 잘나가는 소설가인 김남천(金南天)을 문예부장 자리에 앉히는 식이다. 어쨌든, 가까운 장래에 전체 통합을 앞두고 눈부신 맹진(猛進) 양상을 보이고 있는데, 어쩐지 공기에 긴장감이 감돈다. 그러나 아직까지도 영화의 제작 및 기획이 '돈'과 기생과 술

사이에서 성립되는 형편이라 '조선영화'의 본격적인 향상은 시기상조인 감도 없지 않다. 모 회사의 사장이 카페에서 300원의 팁을 끊는대서 홍등(紅燈)의 여인들 사이에 소동이 일어났다던가. 그럴 돈이 있으면 사원 보너스라도 나눠주는 편이 차라리 '조선영화'를 위하는 일이다. 각 스태프, 특히 수뇌부의 인적 레벨 문제는 영화 자체의 레벨에 직접적인 영향을 준다는 사실을 잊어서는 안 될 것이다.

고려와 만영 제휴영화 〈복지만리〉는 고려 측 스태프 30여 명의 한 달여에 걸친 신징 로케이션으로 대부분의 촬영을 마쳤는데, 11월 하순 마지막 작업을 위해 만영 배우 둥보 군이 혼자 경성에 들어오게 되었다. 만영 스타의 첫 경성 방문인지라 도저[65] 당일 고려 측에서는 신문사 관계자까지 동원하여 경성역으로 마중을 나갔는데, 만영 본사가 전보로 알려준 도저 열차 앞에서 아무리 기다려도 둥보 군이 내리지 않았다. 설마 만영 배우 모두가 〈동유기〉에서처럼 탈선을 좋아할 리 없는데, 하며 경성과 신징 사이에 긴급전보 왕래가 수차례, 보증금 100원을 가져오지 않은 것을 이유로 안둥 국경 세관에 의해 압록강 철교 위에 붙들려 있었다는 것이 가까스로 밝혀졌다. 어쨌든 전보 교환으로 겨우 월경, 촬영에는 2, 3일 지장을 초래했지만 뛰어난 만주 배우인 만큼 경성에서도 당당히 잘 해냈다고. 〈복지만리〉의 감독 전창근 씨의 사신(私信)에 따르면 "둥보 군이 와줘서, 회사에서도 손님이 불편하지 않도록 여러 가지로 마음을 쓰고 식사도 지나 요리를 여러 번 먹었습니다. 저는 통역으로 따라다닌[필자 주: 전 감독은 오랫동안 상하이영화계에서 이름을 알린 사람으로, 지나어에 정통하다] 덕분에 매일 맛있는 지나 요리를 먹을 수 있었습니다"라고.

조선에서 처음 공개된 만주영화 〈원혼복구〉의 개봉은 구랍(舊臘) 12월 제2주. {118쪽} 새로 단장한 다이리쿠(大陸)극장[전 단성사]에서 화려하게 막을 열고 좋은 성적으로 그 역사적인 주간을 마쳤다. 압록강 하나를 가로 두고 이어진 땅 조선과 만주. 정치적 관계는 차치하고, 만주를 중심으로 새로운 대륙영화를 건설할 일익으로서 선·만 영화계는 바야흐로 풀스피드로 급접해 나아가야 한다. 사실 조선영화계의 최

65   원문에는 줄곧 '到朋'라고 표기되어 있으나 '到着(도착)'의 오기로 추정된다. 본문은 원문의 표기를 따라 '도저'라 표기한다.

129

만주영화(滿洲映畫)

근 사조는 조선영화의 발전을 위해서는 내지영화에 접근하는 것보다 만주와의 접합이 급선무라는 것이다. 조선영화가 지금까지 내지와의 제휴를 통해 대체 무슨 성과를 얻었는가, 오히려 쓰디쓴 잔을 마신 것에 불과하다. 조선영화는 영리를 주목적으로 하는 내지의 영화회사와 손을 잡기보다 동아의 영화문화를 위해 강력한 조직과 이상하에 스타트를 끊은 만영과 더불어 나아가야 한다, 는 식이다. 〈복지만리〉의 제휴가 성공하면 만영과의 제휴를 통해 최승희 귀국 기념 대작 국제영화도 제작에 성공할 수 있을 것이라고, 최승희의 오빠이자 동아영화제작소 프로듀서인 최승일 씨는 이야기하고 있다.

오는 신춘을 기해 시행되는 민사령(民事令) 개정에 따른 반도인의 씨(氏) 변경[이름을 내지 식으로 개정하는 것]은 미나미(南) 총독의 내선일체 슬로건 중 하나에 지나지 않지만, 이 나라 영화계에서 가까운 장래에 봉착할 대변혁, 즉 조선영화 다이얼로그 국어화(일본어화) 문제에 다시금 불을 붙였다. 이 문제에 대해 조선군 당국과 영화인 사이의 첫 회담이 11월 하순 반도호텔에서 이루어졌는데, 결국 다이얼로그의 국어화 문제는 시기상조라는 결론을 내렸다. 원래 문예봉인 사람이 이리에 기누코(入江絹子)라 이름을 고치고 조선말로 떠든다니 뭔지 어색하지 않겠는가. 영화인들로부터는 아직 개성(改姓) 문제에 대한 이야기가 들리지 않는데, 한편 조선의 대표적 문학평론가 김문집(金文輯) 씨가 재빨리 개성을 발표하여 신문을 떠들썩하게 하고 있다. 새로운 이름인즉슨, 오에타쓰(大江龍)[성] 나사케노스케(無酒之介)[명]. 김문집의 설명에 따르면, 조선 대구(大邱)에서 태어나 도쿄의 에도(江戸)에서 수학하고 용산(龍山)에서 깨달음을 얻어 술(酒)을 끊은 이후 온 마음으로 문장보국(文章報國)에 헌신하고 있으므로 오에타쓰 나사케노스케라 명명했다고. 김 씨는 혈기왕성하던 시절 말술로 몸을 그르치던 중, 용산에서 우연히 깨달음을 얻어 앞으로 자신이 음주하는 것을 보는 사람이라면 누구에게든지 현상금 100원을 주겠다 발표한 쾌남이다. 본인은 진지하게 말하고 있는 모양이지만 이래서야 기협(氣俠)에 대한 비난은 피하기 어렵지 않을까.

아리랑(阿里蘭)

1940년 1월 | 제 4-1호, 만일문합병판 | 120쪽 | 만주영화신문

도호·만영 협동 대륙영화 〈백란의 노래〉 호평 자자

도호·만영 제휴의 대륙영화 〈백란의 노래〉는 구메 마사오(久米正雄) 원작, 기무라 치요오(木村千依男) 각색, 와타나베 구니오(渡辺邦男) 감독, 도모나리 다쓰오(友成達雄) 촬영에 하세가와 가즈오, 리샹란, 야마네 히사코, 쉬충 주연의 몽화판(蒙華版). 개봉 성적은 일본, 조선, 만주 모두 대단히 양호하며 특히 만주에서는 우리의 스타 리샹란의 눈부신 명연기에 팬들이 열광하고 있다.

1940년 1월 | 제 4-1호, 만일문합병판 | 120쪽 | 만주영화신문

만주영화 〈원혼복구〉 조선에서 큰 갈채

만선영화계는 제작·배급 모두 점차 긴밀도를 더해가고 있는데, 만영 작품 〈원혼복구〉[오타니 도시오 감독, 리샹란, 류언자·장수다 콤비 주연]가 만영 조선배급소인 고려영화사의 손을 거쳐 12월 제2주 경성 대륙극장에서 개봉해 압도적인 인기를 얻었다. 경성부 내 주재 약 8000명의 만주 지나인은 거의 전부 몰려들어 '우리들의 영화'를 몹시 환영했다고.

1940년 1월 | 제 4-1호, 만일문합병판 | 120쪽 | 만주영화신문

비약하는 〈만영뉴스〉 영화부 북지나·조선까지 취재권으로

만영 뉴스영화부에서는 화베이(華北)영화주식회사[베이징] 및 고려영화사[경성]와 제휴하여 북지나·조선까지 취재권을 확대, 신춘부터 획기적인 비약을 시도하게 되었다. (만영 뉴스영화부와) 전부터 제작·배급 공히 밀접한 관계가 있는 화베이영화주식회사와는 뉴스 소재를 교환하여 북지나 주민에게 왕도낙토 만주를 소개하기로 하였다. 한편, 만주와의 상호관계가 점차 밀접해져가는 조선을 취재 범위에 넣어 일

본 뉴스와는 별개의 순전한 '대륙 뉴스'를 장래 일·지·만·선 네 가지 버전으로 제작, 동서에 널리 배급할 의향이다.

1940년 2월 | 제 4-2호, 만일문합병판 | 53쪽 | 만영 연기자 만화 방문 특집

자오수친

당신은 일본어를 아주 잘하시네요. 어디서 배웠습니까?
도쿄입니다.
도쿄에 가신 이유는 무엇입니까?
무용을 배우러 갔습니다.
어떤 선생님께?
최승희입니다.
최승희가 대단하다고 생각합니까?
네, 아주.
열심히 공부하여 최승희처럼 대단해지세요.

그림
자오수친

무토 야슈(武藤夜舟)

1940년 2월 | 제 4-2호, 만일문합병판 | 62~63쪽 | 영화 소개

조선영화 〈수선화〉

조선영화주식회사 작품

〈무정〉〈새출발〉에 이은 조선영화주식회사 세 번째 작품으로, 시나리오는 이익·남일로(南一路) 오리지날이다. 윤색은 한원래(韓遠來). 감독은 김유영인데, 이 영화 완성 직후 애석하게도 세상을 떠난 조선영화계의 귀재다. 촬영

사진(5매)

은 황운상,[66] 음악은 박영근(朴榮根)이 담당했다. 주연은 김일해(金一海), 문예봉, 김신재, 남승민(南承民), 이금룡, 정찬조, 김복진 등으로 공들여 조합한 캐스트가 매력적이다. 내용은 조용한 남선 마을에서 벌어진 인간 사회의 애(愛)와 정(情) 이야기이다.

1940년 2월 | 제 4-2호, 만일문합병판 | 84쪽

〈국경의 꽃〉 비판

사진(4매)

〈국법무사〉〈자모루〉〈연귀〉에 이은 미즈에 류이치의 네 번째 감독 작품 〈국경의 꽃〉은 모든 각도에서 보아, 즉 이야기, 시나리오, 연출, 배우의 연기, 카메라, 편집 모든 것이 현대영화의 수준에까지 달한 최초의 만주영화다. 이렇게 말할 수 있는 까닭은 일계[감독]와 만계[내용, 배우]의 결합이 종래의 부자연스러움과 불편함을 벗어나 이 영화에서 완벽[에 가까울 정도로] 이루어졌기 때문이다. 일본판이 제작되어 일계관 스크린에서 상영된다 하더라도, 지금까지도 여전한 '만주영화니까' 하는 식의 핸디캡 없이 일계 팬의 관상(觀賞)에도 맞을 것이라 생각된다.

만영은 '건전한 오락영화'라는 제작 방침을 천명하고 있다. 이때 '건전한'이라는 말에는 아마도 '국책적'이라는 의미가 포함되어 있을 터, 이는 만주국 영화사업의 명백한 주지사항으로 누구도 이를 비난하지 않을 것이다. 만영은 이 '국책적'이라는 용어를 현명하게도 '건전한'이라는 말로 바꿔놓았을 뿐이다. 근작 〈동유기〉도 〈연귀〉도 〈여명서광〉도 모두 저마다의 방식으로 만주의 국책선을 따르고 있다. 다만 일반 대중에게는 굳이 이런 말을 하지 않아도 좋을 것이다. 그저 '재미있는 영화다!'라는 식으로 관심을 끌고 한 명이라도 더 많은 사람들에게 보여준다면 그걸로 충분하리라.

〈국경의 꽃〉은 원작·각색 양정런, 카메라 후지이 하루미, 주연에는 쑤이인푸와

왕리쥔, 거기다 왕푸춘·쉬충·쉐하이량·위군(于鯤)·자오아이핑(趙愛蘋) 등이 조연을 맡았다. 이야기는 만주의 서부 국경, 내몽골에서 왕도낙토 만주국 건설의 일익을 담당하는 몽골의 청년 아르탄(アルタン)[쑤이인푸]과 잡프(ジャップ)[왕푸춘], 그리고 아르탄의 연인 시바오(西寶)[왕리쥔]가 용감하게 싸워 소련과의 국경선을 끝까지 방어하고 아르탄과 시바오의 연애가 결실을 맺는다는 사랑과 모험의 멜로드라마다. 시바오의 아버지와 어머니는 위군과 자오아이핑, 소련 간첩으로 쉬충과 쉐하이량이 분한다. 앞의 두 사람은 만영의 개성적인 중견이며, 뒤의 두 사람은 만영 악역의 대표 대왕이다. 제목 〈국경의 꽃〉은 아르탄과 시바오의 사랑이 완성되는 것을 의미한다.

배우의 연기와 관련하여 쑤이인푸는, 이미 일본판이 일본관에서 개봉하여 호평을 받았던 야마우치 에이조 감독의 〈철혈혜심〉에서 주연을 맡아 일계 팬에게도 인정받고 있는데, 〈철혈혜심〉에서의 철없던 모습을 깨끗이 청산하고 정한(精悍)한 몽골 청년으로 분하여 호감을 주는 미남자 연기를 유감없이 발휘했다. 그는 이 영화를 통해 만영의 순(純) 미남자라는 확고한 지위를 획득했다 할 수 있다. 왕리쥔은 〈국경의 꽃〉으로 일약 주연에 발탁된 신진이다. 매력적인 미모의 몽골 처녀로 분했는데, 마스크도 좋고 무드도 좋아 비난의 여지가 없다. 그녀가 보여준 뛰어난 연기는 이 영화의 최대 어트랙트(attract)다. {84쪽} 특히 풍만한 볼륨의 몸매는 몽골 대평원의 건강한 아가씨 그 자체여서 만영의 풍부한 여우진 중 그녀에게 이 역을 준 것은 성공적인 신진 발탁이었다. 만영은 제1선의 스타만을 내세울 것이 아니라 숨어 있는 양질의 연기자를 발견하고 이미 제2선에 있는 스타들도 팬들 앞에 선보여야 할 것이다. 이런 의미에서 만영이 올해 스타로 내세우겠다며 각 도시에서 선출한 예의 '미스 스타'—미스 신징, 미스 펑톈, 미스 하얼빈, 미스 다롄은 확실히 재미있는 시도였다. 어쨌든 이 새로운 스타 왕리쥔의 앞길에 행복이 있으라!

〈국경의 꽃〉은 많은 영화로부터 엘레강트를 포함시켜 하나의 새로운 스타일을 보여준다. 영화가 시작되면 먼저 상당히 긴 시간 몽골의 풍경—떠들썩한 먀오휘시(廟會市), 엑조틱한 라마 티아오귀(跳鬼), 하얀 구름의 흐름과 망망한 하늘, 먼 지평선, 사구(砂丘) 등이 몽타주로 선명하게 소개되는바, 이는 노몬한 사건에 의해 일약 시대의 각광을 받으며 떠오른 만주 서부 국경지방을 소개하는 한 편의 문화영화다. 다음으로 몽골 군관학교, 일·만 군대의 출동 신 등에서는 만주영화 최초로 스펙터클한 장면이 전개된다. 이는 방대한 몽골 평원과 모로코 못지않은 사막을 배경으로 한 멋지고 효과적인 장면이었다. 이어서 클라이맥스, 비 내리는 몽골 파오(包, 이동식 천막)의 밤—간첩에 속아 감금당하여 약한 여성의 몸으로 온갖 참혹한 고문을 받고 모진 시련을 겪으면서도 입을 열지 않았던 시바오가 간첩들이 만취한 틈을 타 밀서와 피스톨을 빼앗고 간첩 두목을 사살한 뒤 암야(暗夜)의 평원으로 말을 달려 도주하는 부분까지—은 마치 아메리카 서부극처럼 손에 땀을 쥐게 했다. 다음으로 아르탄이 귀향하여 연인 시바오의 집을 방문하는데, 거하게 취한 시바오의 아버지는 파오 밖으로 나와 시원한 밤바람을 맞으며 밤하늘에 높이 뜬 별을 우러러보면서 호방하게 몽골 민요를 부른다. 이 부분은 확실히 지금까지 어느 나라 영화에서도 볼 수 없었던 신으로 순수하게 만주적인 감각이 드러난다. 결말에 이르러 제2차 노몬한 사건이 벌어지는데, 이 장면은 〈만영뉴스〉 '노몬한 사건 특보'를 솜씨 좋게 채용하고 있다. 이는 바로 확장된 뉴스영화, 바꿔 말하면 극영화와 뉴스영화의 융합이다. 이렇게 〈국경의 꽃〉 8권은 다양한 볼거리를 가지고 마지막까지 관객으로 하여금 지루해할 틈을 주지 않는다.

감독 미즈에 류이치는 〈국법무사〉 이후 〈자모루〉 〈연귀〉에서 조금 저조했던 것이 사실이다. 그러나 〈국경의 꽃〉에는 다시금 그의 다각적이고 델리케이트한 감성이 충분히 담겨 있다. 그중에서도 전술한바, 그가 여기서 주역에서 단역에 이르는 배우(만계) 모두를 생각한 그대로 완전히 지도하고 있다는 사실은 만주영화를 위해 주목할 만하다. 그는 닛카쓰 시대에 〈대금강산의 보〉에서는 조선, 〈하와이 항로〉에서는 미계(米系) 하와이를 그리며 다른 민족과 그들의 민족감정을 다룬 바 있는 이색적인 작가다. 사실 그 자신도 항상 이민족에게 깊은 관심과 애착을 가지고 있다고 말한다. 일계 감독이 만계 배우들을 기용하여 영화를 계속 제작하고 있는 현재의 만주영화에서 그가 가장 먼저 만계 배우들을 마스터했다는 사실은 쉽게 긍정할 수 있으리라.

오노 겐타

1940년 2월 | 제 4-2호, 만일문합병판 | 87~88쪽 | 만주영화에 보낸다

경성으로부터 – 〈원혼복구〉에 실어

만영 작품 〈원혼복구〉의 조선 최초 개봉은 12월 제1주[67] 새로 단장한 경성 다이리쿠극장에서 이루어졌다. 제1주에는 양화를 상영하지 않는 흥아일(興亞日)이 포함되어 있었는데, 그날의 프로그램으로 〈원혼복구〉〈셋이 모이면〉[쇼치쿠 영화] 두 편에 〈경성일보〉〈파라마운트뉴스〉〈영화월보(月報)〉가 함께 상영되어 예상을 웃도는 호평을 받았다. 상영 마지막 날은 일요일이기도 해서 놀랍게도 약 4000명이 입장했으며, 이 주간[4일간]의 매상은 4000원을 돌파했다. 다이리쿠극장은 종로 쪽[반도인 거리]에서 유일하게 쇼치쿠 영화가 개봉되는 곳인데, 객석이 협애하여 더 이상의 관객을 받는 것은 사실상 곤란했다.

관객은 대부분 내선인이었다. 그러나 재선 만주·지나인 사이에서도 엄청난 관심을 끌어 가족이나 단체 등으로 입장, 그 수는 통계 1000명을 헤아린다.

뭐니 뭐니 해도 〈원혼복구〉는 줄거리가 단순한 희극이라 일반 대중용으로 호감을 주었지만, 재선 만주·지나인 사이에서는 자국 작품에 대한 호기심이 우선했던 것을 간과할 수 없다. 지나영화로는 예전에 〈상하이여, 잘 있거라〉가 개봉되었을 뿐이라 기대를 가졌을 것이다.

〈원혼복구〉 관람 후 지나영사관 관계 모 부인에게 감상을 물어보았다.

"만영 최고급의 작품은 아닐 것이다. 재선 만주·지나인 사이에서도 지식계층보다는 상인관계층 사람들의 반응이 좋았다. 그들은 자국영화를 구경할 수 있다는 것이 반가워 기꺼이 하룻밤을 즐겼다. 뭐니 뭐니 해도 내 나라의 모습을 내 나라의 말로 이야기하고 있는 것에 상당히 만족한 듯하다. 기술이나 연출이나 연기 같은 문제보다 재미있는 줄거리에 많이 이끌렸다. 같은 대중용이라고 해도 일본영화에는 없는 자국의 자연이 회화적으로 다루어진 것을 몹시 반기는 것 같았다. 감독이 오타니 도시오 씨라 표현에서 그의 기풍이 나오는 것은 피할 수 없지만, 재선 만주·지나인들로서는 고국의 기분이 최대한 배어나오기를 바라고 있다.

---

67   앞서 「경성영화계 이모저모」(본문 128쪽)와 「만주영화 〈원혼복구〉 조선에서 큰 갈채」(본문 131쪽)에서는 '12월 제2주' 개봉으로 나와 있다.

도호와 제휴한 〈백란의 노래〉에도 〈원혼복구〉와 마찬
가지로 리샹란이 나오는데, 같은 사람이 완전히 다른 연기
를 하고 있는 것이 이쪽 사람들에게는 낯설다고 한다. 〈백
란의 노래〉가 몹시 현대적이고 이른바 일본화된 작품이기

때문인 듯하다. 다짜고짜 좋다 나쁘다 단정지을 수는 없지만, 기술적으로도 가능한
한 고국의 향기를 남겨주길 바라는 것 같다."

참고로 〈원혼복구〉는 경성에 이어 지나 거리라고도 할 수 있는 인천에서 개봉되
어 대성황을 이루었다. 다음으로 조선 각 도시를 순회, 만주의 기분을 널리 퍼뜨리
고 있다.

미즈이 레이코

1940년 2월 | 제 4-2호, 만일문합병판 | 90~91쪽 | 제1선을 장식하는 신스타군

조선

오래된 것에서 새로운 것으로!

이것은 역사의 법칙이지만, 인간의 본능이기도 하다. 여기서 조선의 신진배우를
소개하는 까닭이다.

조선에서는 사일런트시대 말기부터 토키시대에 걸쳐 무수히 많은 배우가 나타
났다. 그중 가장 유명한 배우는 뭐니 뭐니 해도 지금은 세상을 떠난 나운규(羅雲奎)
씨, 그리고 〈아리랑〉의 신일선(申一仙) 양일 것이다.

그러나 오늘날 일류스타급 남자배우로는 〈복지만리〉의 진훈[강홍식]·주인규, 〈나
그네〉의 왕평·박제행(朴齊行), 〈새출발〉의 서월영(徐月影), 〈도생록〉의 최운봉, 그 밖에
윤봉춘, 심영, 김일해, 이금룡 등을 들 수 있다. 여배우로는 〈심청〉의 김소영, 〈나그네〉
의 문예봉, 〈도생록〉의 김신재, 〈무정〉의 한은진, 〈한강〉의 현순영, 〈복지만리〉의 전옥,
〈귀착지〉의 노재신, 〈수업료〉의 복혜숙, 그리고 옛 명여우로 최근 다시 활약하고 있
는 김연실 등이 있다.

이 중에서 진훈, 주인규, 왕평, 서월영, 박제행, 문예봉, 전옥, 김소영, 김연실은 각

기 다른 성격의 배우로서 훌륭한 퍼스낼리티를 지니고 있다. 특히 진훈은 연기력과 풍만한 육체에서 발산되는 화면을 압도하는 듯한 폭발적인 박력으로 에밀 야닝스를 떠올리게 하는 점이 있다. 김소영은 마르셀 샹탈(Marcelle Chantal)처럼 여성의 수수께끼를 간직하고 있다. 청초한 옆얼굴은 풀리지 않는 신비를 간직하고 있고, 눈동자에서는 영원의 샘이 솟아난다. 그녀는 로마네스크적(Romanesque)인 정취를 지닌 여배우로 〈심청〉〈국경〉에서의 연기와 더불어 연기 이전에 그녀 자체의 수수께끼 같은 향기로 깊은 인상을 남겼다.

김연실, 그녀는 〈남쪽의 유혹〉의 자라 리앤더(Zarah Leander)와 마를렌 디트리히(Marlene Dietrich)를 믹스한 것 같은 여자다. 호두 같은 용모 뒤에 감춰진 신비로운 애수, 음악에 민감한 점, 그리고 풍만한 유방이 주는 육감적인 느낌 등이 그렇다. 그녀는 옛날 〈잘 있거라〉에서 나운규·전옥 등과 함께 주연한 이래로, 신일선으로부터 인기의 바톤을 이어받아 〈세 동무〉〈철인도〉〈승방비곡〉〈바다와 싸우는 사람들〉〈수일과 순애〉〈청춘의 십자로〉〈전과자〉〈홍길동전〉 등 여러 작품에서 자기를 드러내는 개성적인 연기를 보여주었다. 연기자로서 한결같은 진지함을 보여준 것만으로 그녀의 재등장이 심히 기대된다.

그러면 홍아의 봄, 제1선을 노리는 배우진으로는 누구를 픽업해야 할까?

나는 독은기, 송창관(宋創冠), 박창환(朴昌煥), 이화삼(李化三), 정찬조[이상 남자 배우], 유계선, 백련(白蓮), 고영란(高永蘭)[이상 여자 배우] 등을 꼽고 싶다.

독은기를 신인 취급하는 것은 적당하지 않을지 모르지만, 그를 바이플레이어(byplayer)에서 주역으로 끌어올리고 싶은 이유에서다. 그는 〈나그네〉〈군용열차〉〈새출발〉 등에서 바이플레이어 역할을 훌륭히 완수했다. 진지한 연기, 성격적 요소, 그리고 비교적 높은 교양미에 비추어 그는 다루기에 따라 보다 높이 쓰일 수 있다고 확신한다. (90쪽) 그는 균제(均齊) 있는 체격을 지닌 상식적인 사회인이면서도, 어딘가 연약함과 어두움을 느끼게 하는 개성이 있다. 탄탄한 생활을 보내고 있고 충분히 근대적인 사회인으로서 겉보기에 이상한 점 하나 없는 인물인 반면에, 묘하게 감수성이 강한 데가 있어서 그 때문에 다소 속으로만 끙끙 앓기 십상이다. 그의 개성은 초여름에 개봉된다는 한양영화사 제작 〈처녀도〉에서 충분히 발휘되어 약진의 포즈를 취하게 될 것이라 확신해 마지않는다.

송창관은 〈복지만리〉에서 글을 배운 노동자로 출연한
다. 영화 출연은 처음이라지만, 이런저런 경험이 매우 풍
부하다 한다. 상하이, 시암(Siam) 등 기타 대륙 각지를 돌
아다니며 다채로운 반생을 보냈다는 것만으로도 기초가

탄탄하고 선이 분명한 매력을 지닌 연기를 보여주리라 감히 예언하고 싶다. 얼핏 보
면 얼굴의 임프레션(impression)이 지난 날의 스즈키 덴메이(鈴木傳明)와 닮았지만 그
런 얄팍한 캐릭터의 소유자와는 단연 정취를 달리한다. 그에게는 아리스토크라틱
(aristocratic)한 냉정함이 있고 또 현대인으로서의 니힐(nihil)이 있다. 한편으로 정열
적인 야성의 피도 흐르고 있다. 교양, 생활, 성격이 연기를 결정한다는 의미에서 그
는 한 편의 작품으로 일약 스타가 될 것이다.

박창환은 〈복지만리〉에, 이화삼은 영공사(映工社)[68]
제작 〈돌쇠〉에 각각 첫 출연했다. 두 사람 모두 다년간 무
대에서 연마·정진해온 역량 넘치는 우수 배우인 만큼 결
코 기대에서 벗어나지 않으리라 믿는다. 특히 이화삼은 조

선 신극단에서 좋은 연기자로 알려져 있고, 박창환은 무대생활 10년의 고참인데 건
강한 육체에 기반한 연기의 입체감은 모자라지만 일종의 강력하고 적극적인 순응성
을 지닌 연기자이다. 그러나 무대에서의 연기가 늘 역에 혼연일체되어 많은 액센트
를 지니고 있다는 점에서, 영화에서 자칫 연기가 과한 실수를 할 가능성이 다분하
다. 그럼에도 불구하고, 어쨌든 그는 여리여리한 미남이 부족한 조선영화계에서 장래
가 촉망되는 청년 배우이다.

정찬조는 고려영화사의 〈수업료〉[조선의 〈글짓기 교실〉]에 아역 출연하여 훌륭한
연기를 보여준 소년이다. 작년 11월경 경성에 갔을 때 러시 시사에서 정 군의 훌륭한
연기를 보고 나는 조선영화계의 미래에 대해 큰 희망과 더불어 감격을 금치 못했다.
정 군은 물론 아마추어지만 성인보다 빼어난 연기력을 지니고 있고, 또 독자적인 퍼
스낼리티도 있다. 〈길가의 돌〉의 가타야마 아키히코(片山明彦)와는 조금 다른 재미를
느끼게 한다.

---

68   이후의 기사에서 〈돌쇠〉의 제작사는 '경성영공상회' '경성영화과학공장' 등으로 표기되어 있어 원문의 '영공사'가 가리키는 바를 단
     정하기 어렵다.

유계선 양은 〈복지만리〉에서, 백련 양은 〈처녀도〉에서, 고영란 양은 〈신개지〉에서 각각 히로인 역을 맡아 출연했다. 그녀들 모두 영화는 처음이었고, 또 이후의 작품이 개봉되지 않았기 때문에 연기력이나 영화 여배우로서

의 매력에 대해 무턱대고 단정할 수는 없다. 하지만 유계선 양과 고영란 양은 무대에서 큰 인기가 있는 여배우라는 점에서, 단순히 예쁘기만 하고 연기는 형편없는 배우로는 결코 끝나지 않을 것이다. 백련 양은 상당한 교육을 받은 훌륭한 캐릭터의 소유자인데 정열적인 미모까지 겸비하고 있어, 올해 은막에 새로운 경지를 보여주며 상쾌하게 등장할 것이다.

이태우

1940년 2월 | 제 4-2호, 만일문합병판 | 93쪽 | 만주영화신문

최초의 만선 제휴영화 〈복지만리〉 완성 임박

2년이라는 미증유의 장기 제작기간이 걸린 데다 내지·조선·만주를 무대로 한 조선 고려영화사·만영 제휴 기대작 〈복지만리〉가 드디어 촬영을 모두 종료, 현재 만영 남신징 대스튜디오에서 전창근 감독 이하 스태프에 의해 녹음 중. 2월 중순 완성 예정이다.

1940년 2월 | 제 4-2호, 만일문합병판 | 93쪽 | 만주영화신문

만영 신발매 잡지 『만영화보(滿映畵報)』 호평

신년호부터 창간 발매된 '월간 그래프' 즉 『만영화보』. 『만주영화』가 읽는 잡지라면 『만영화보』는 보는 잡지로, 만주영화·상하이영화·일본영화·조선영화·유럽영화를 실어 국제색도 뚜렷, 각 방면에서의 판매가 대단한 호조를 보이고 있다. 2월호는 1월 말에 발매, 정가 25전.

1940년 3월 | 제 4-3호, 만일문합병판 | 52~53쪽 | 신영화
조선영화 〈지원병〉

동아영화제작소 첫 번째 작품

조선에서 지원병 제도를 실시한 것은 내선일체의 획기적·역사적 사실이다. 조선의 젊은 청년들은 충량(忠良)한 제국의 신민으로서 교육받아 스스로도 그러한 신념을 갖고 있다. 그것이 이번 사변 발발을 기해 지원병 제도로까지 승화되었다. 지원병이 되는 것은 생활 때문도, 감격 때문도 아니고 명예 때문에는 더더욱 아니다. 그저 그들의 불타오르는 애국심 때문이다. 지원병이 되기까지 그들의 고민과 기쁨과 감사와 각오, 이는 발랄하게 약진하는

> 사진
> ① 지주 박 씨로 분한 김일해와 그 누이 김영옥(金映玉)
> ② 춘호 역의 최운봉과 창식 역의 이금룡
> ③ 분옥 역의 문예봉
> ④ 춘호 역의 최운봉
> ⑤ 왼쪽부터 두 번째 최운봉 [지원병 훈련소]
> ⑥ 역 신. 춘호 역의 최운봉, 분옥 역의 문예봉, 춘호의 여동생 이선희(李善姬)

조선의 모습이다. 제작 최승일, 원작 박영희(朴英熙), 각색·연출 안석영, 촬영 이명우, 주연 최운봉·이금룡·문예봉·김일해·이백수·임운학·김창진(金昌震)·김복진 등. 국어자막판 전 8권.

1940년 3월 | 제 4-3호, 만일문합병판 | 54쪽 | 매월 만화
만선 제휴영화 〈복지만리〉 완성

최초의 만선 제휴영화 〈복지만리〉가 드디어 마지막 작업을 위해 1월 하순 스태프 일동 내경(來京). 훌륭한 만듦새로 완성, 근일 만주·조선·일본의 에크랑을 떠들썩하게 할 것이다.

> 그림

1940년 3월 | 제 4-3호, 만일문합병판 | 90쪽 | 만주영화신문

영화화되는 〈만주인 소녀〉 - 만영과 일본의 신제휴작품

내지 및 조선과의 맹렬한 제휴 협력으로 필름을 통한 일·만 친선에 노력하고 있는 만영. 이번에는 현재 평판이 좋은 『만주인 소녀(滿洲人の少女)』를 일본 극단과 협력하여 제작하기로 대략 내정. 만영에서는 리샹란을 비롯한 인기 배우를 출연시키고, 일본 측에서는 도쿄 쓰키지소극장의 야마모토 야스에(山本安英), 스스키다 겐지, 혼조 가쓰지(本庄克二) 등을 현지 초빙, 로케이션에서 한껏 만주 기분을 낼 예정. 〈만주인 소녀〉의 배경은 전부 만주. 대략의 줄거리는 일본인 부인 한 명이 만주의 고아 한 명을 데려다 기르고 교육한다는 내용이다.

1940년 3월 | 제 4-3호, 만일문합병판 | 90쪽 | 만주영화신문

대륙으로 깊이 들어가는 일본영화 각 사 주목

만주·화베이·중화(中華)의 대륙영화 루트 완전 제휴와 더불어 일본 내지 각 영화사의 대륙 주목도는 작년에 이어 점차 상승, 이른바 대륙영화 제작이 예전보다 배로 왕성. 현재 각 회사의 예정작을 골라보면 다음과 같다.

만주
(1) 〈대일향촌〉 [도쿄 발성 작품]
　　- 원작: 와다 쓰토(和田傳)
　　- 감독: 도요다 시로(豊田四郞)
　　- 출연: 젠신자(前進座)

지나
(1) 〈건설전기(建設戰記)〉 [닛카쓰 작품]
　　- 원작: 우에다 히로시(上田廣)

- 감독: 다사카 도모타카(田坂具隆)
(2) 〈불타는 대공〉 [도호 작품]
  - 원작: 기타무라 고마쓰(北村小松)
  - 감독: 아베 유타카(阿部豊)
(3) 〈니시즈미 전차장전〉 [쇼치쿠 작품]
  - 원작: 기쿠치 간(菊池寬)
  - 감독: 시미즈 히로시, 요시무라 고자부로(吉村公三郎)
(4) 〈정전애마보(征戰愛馬譜)〉 [쇼치쿠 작품]
  - 각본: 사이토 료스케(齋藤良輔), 야기사와 다케타카(八木澤武孝)
  - 감독: 사사키 히로시(佐々木宏)

조선
(1) 〈경성의 사계(京城の四季)〉 [도쿄 문화영화 작품]
  - 각본: 다카이와 하지메(高岩肇)
  - 감독: 시미즈 히로시

1940년 3월 | 제 4-3호, 만일문합병판 | 91쪽 | 만주영화신문

최초의 만선 제휴영화 〈복지만리〉 드디어 완성

고려영화사와 만주영화협회 제휴작품 〈복지만리〉는 쇼와 13년 5월 크랭크 개시 이후 2년여, 내지·조선·만주의 광대한 지역에 걸쳐 미증유의 장기 로케를 감행, 높은 제작비와 헌신적인 노력을 기울여온바, 마지막 녹음도 순조롭게 종료하고 드디어 신징 만영 신스튜디오에서 완성되었다. 신동아건설의 여명이라 할 수 있는 만선일여를 위해 민족적·정치적 테마를 진지하게 다룬 작품. 방대한 스케일과 적확한 소재로 흥아영화의 으뜸가는 작품이 기대된다. 참고로 스태프는 제작 이창용, 원작·각색·감독 전창근, 촬영 이명우. 캐스트는 고협극단의 심영, 주인규, 박창환 외 올 멤버. 거기에 만영 중견스타 천전중, 왕인보, 리잉(李映) 등이 대거 출연했다.

1940년 3월 | 제 4–3호, 만일문합병판 | 91쪽 | 만주영화신문

조선 동아영화제작소 〈대지의 아이(大地の子)〉[개척민] 제작 결정

〈지원병〉을 완성한 경성 동아영화제작소는 이어서 문단의 중진 이기영 원작, 최승일 제작, 안석영 각색·연출로 〈대지의 아이〉를 제작하기로 결정, 곧 크랭크 개시한다. 내용은 반도 개척민의 만주·북지 개척 동태를 입체적으로 그린 멜로드라마로, 상·하편 전체 14권의 대작이다.

1940년 3월 | 제 4–3호, 만일문합병판 | 91쪽 | 만주영화신문

도호, 조선영화와의 첫 번째 제휴작품 〈춘향전〉 제작 개시

도호는 대륙 진출의 첫걸음으로 경성 조선영화주식회사와 준항구적(準恆久的) 제휴를 체결, 첫 작품으로 야기 야스타로 각본, 무라야마 도모요시 감독의 〈춘향전〉 제작을 결정, 곧바로 구체적인 제작 준비에 들어갔다. 한편, 〈춘향전〉을 첫 작품으로 앞으로는 매년 세 편의 내선 합동영화 제작을 계속하기로.

1940년 4월 | 제 4–4호, 만일문합병판 | 48~49쪽 | 화보

유계선

만선 제휴로 만들어진 기대작 〈복지만리〉는 드디어 만영 신스튜디오에서 완성, 곧 만주·조선·내지를 종단하여 개봉됩니다. 유계선은 〈복지만리〉의 주연 여배우로 우아한 자태와 감미로운 목소리를 지닌 유망한 신진 스타입니다. 다음은 신징에서 찍은 그녀의 스냅입니다.

(1) 봄의 고다마 공원(兒玉公園)에서
(2) 춘풍 치마가 희롱하는 다퉁다제

(3) 남신징 만영 스튜디오 앞에서 리샹란과

(4) 버드나무 움트는 난관(南關)의 만주사원 정원에서

1940년 4월 | 제 4-4호, 만일문합병판 | 64~65쪽 | 신영화

조선영화 〈처녀도〉

한양영화사 작품

〈귀착지〉〈신개지〉에 이은 한양영화사 세 번째 작품. 원작은 신천(申泉), 시나리오는 전동민(全東民)·노무라 히데오(野村秀雄), 감독은 신경균, 촬영은 이병목, 주연은 신진 백련을 기용하는 한편 김한·김연옥(金練玉)·독은기·  서월영·나성남(羅星南)·김덕심 등 성격적 연기자를 망라하여 건실한 캐스트를 구성했다. 이야기는 어느 처녀를 중심으로 현대 청년 남녀의 백일몽 같은 연애를 그린 것. 일본어자막판.

1940년 4월 | 제 4-4호, 만일문합병판 | 104쪽

조선전영계[69]

현재의 조선영화 제작계는 고려영화사와 조선영화주식회사가 양분하여 주도하고 있다. 조선영화는 이미 30여 년의 역사를 가지고 있음에도 불구하고 작품의 질과 양의 측면에서 기나긴 빈곤 상황을 겪어왔다. 그러나 최근, 이런 상황 속에서도 인재와 경제적인 측면에서 정비를 갖추고 본격적인 비약선상에 서게 되었다. 최근 조선영화계에서 제작한 작품으로 현대적인 영화 수준을 보여준 작품은 다음과 같다. ①〈나

그네〉 ②〈심청〉 ③〈한강〉 ④〈군용열차〉 ⑤〈국경〉 ⑥〈성황당〉.

고려영화사와 만영이 협력하여 완성한 〈복지만리〉는 독자들도 이미 알고 있을 터이다! 감독 전창근은, 상해영화계에서 이미 오랜 경력을 쌓았으며 영화제작책임자로 활약하여왔다. 〈복지만리〉는 그가 조선으로 돌아와 찍은 첫 작품이다. 상해의 진옌(김염) 역시 그와 같은 조선인으로 둘은 좋은 친구 사이이다. 현재 진옌은 부인 왕런메이와 홍콩에 거주하고 있다. 진옌은 전창근과 주고받은 서신에서 조선영화와 만주영화의 재기를 기대한다고 밝힌 바 있다.

고려영화사와 라이벌관계에 있는 조선영화주식회사는, 고려영화사와 만영이 합작하여 〈복지만리〉를 제작한 이후, 최근 일본 도호와 〈춘향전〉을 합작한다는 소식을 발표했다. 〈춘향전〉은 조선영화회사와 도호 간 1년에 2편[70]을 합작한다는 협약 이래 첫 번째 작품이다.

「춘향전」은 조선예술계의 주옥같은 작품으로 고대부터 전해 내려오는 조선 민족의 정서를 깊이 반영한 아름다운 이야기이다. 따라서 조선영화주식회사와 일본 도호의 첫 합작품으로 이 작품이 선택된 데에는 반박의 여지가 전혀 없다. '춘향'은 아름다운 정조와 애정과 정의를 가진 조선반도 여성의 상징과도 같다. (「춘향전」은) 지금까지 영화화되거나 무대에 오른 적이 별로 없었는데, 이번 도호와의 합작은 여지껏 없던 진지한 준비와 기획하에 제작되는 것으로 사람들의 지대한 관심을 살 만하다.

그렇다면 「춘향전」의 이야기는 어떠할까? 여기서 소개를 해보자면 이러하다. 조선 전라남도 남원군에 춘향이라는 처녀가 있었다. 춘향은 남원에서 제일가는 관기의 딸로 용모가 수려하고 몸가짐이 바른 처녀였다. 뿐만 아니라 시와 관현(管絃), 서화 등에도 능해 외모와 재능을 두루 갖춘 처자였다.

어느 날 그녀는 남원부사의 자제 몽룡과 우연히 마주치게 되고 이어 열렬한 사랑에 빠진다. 그들은 꽃과 달이 밝은 밤마다 만났으나 애석하게도 좋은 시절은 길지 않았다. 두 사람의 행복은 운명에 의해 금세 조각난다. 몽룡이 아버지 말씀에 따라 학문의 길에 정진하기로 하여 춘향을 뒤로하고 경성으로 가게 된 것이다. 비참하게 남겨진 춘향은 몽룡과의 재회만을 기다리며 고독한 나날을 이어갔다. 그러나 바로 이때 그녀 앞에 비극이 기다리고 있었다. 몽룡 아버지의 뒤를 이어 부임한 변 사또는 포악하고 잔인한 자로 백성을 고통으로 이끌고 색을 탐하는 자였다. 어느 날 춘향을 보게 된 그는 하늘에서 선녀가 내려온 듯한 그 자태에 춘향에게 수청을 강요한다. 그러나 춘향은 몽룡만을 생각하며 정절을 지키려 하고 이는 자연스럽게 변 사또의 화를 부추겨 이 가련한 처자는 강제로 구금된다.

한편 경성에 머무르며 수많은 책 사이에서 관료사회를 경험하던 몽룡은 관의 어명을 받아 전국 곳곳의 군과 현을 순찰하고 있었다. 춘향은 감옥에 갇혀 매일을 눈물로 지내고 있었지만 그 사실을 알 리 없는 몽룡은 그저 부푼 마음을 안고 남원에 내려왔다. 내려오는 길에 백성들의 원성을 듣게 된 청년 몽룡은 타오르는 분노를 억제하기 힘들었다. 그리하여 어느 날 몽룡은 한 무리를 이끌고 남원의 감옥으로 쳐들어가 수많은 억울한 죄수를 풀어준다. 악행이 도를 넘치던 군주(郡主)는 즉시 포박되고 남원군은 행복과 번영을 되찾는다. 그리고 춘향과 몽룡도 함께 사랑과 행복에 젖은 나날을 보낸다.

서재하(西載河)

1940년 4월 | 제 4-4호, 만일문합병판 | 117~118쪽 | 대륙영화 제작 현황

만주

2년의 세월과 350만 원의 거액을 투자하여 이윽고 완성된 남신징 스튜디오로 이전한 만영은 바야흐로 본격적인 제작 궤도에 진입했다. 제작 종업원 약 300명[그중 100명은 배우]은 동양 제일을 자랑하는 화려하고 거대한 스튜디오에서 원기발랄, 신징을 신동아영화의 메카로 만들려는 의기가 넘친다.

신동아영화 혹은 흥아영화—이것은 극히 최근에 생긴 말이다. 지금까지 동아시아에서 제작된 영화는 크게 나누어 일본영화와 상하이영화 두 개밖에 없었다. 그런데 현재는 다음과 같이 동아영화계를 구분하고 색을 입힐 수 있다.

① 일본영화

② 조선영화 [최근 들어 드디어 하나의 장르가 되었다]

③ 상하이영화 [지나사변 후 새로이 변모했다]

④ 만주영화 [3년의 역사밖에 지니지 못했지만, 강력한 조직과 의욕의 온상에서
싹터 자라나고 있다]

①에 대해서는 여기서 그다지 말할 필요가 없다.

②조선영화—조선은 정치적으로는 물론 일본이지만, 지금처럼 하나의 거대한 동양 혹은 아시아가 건설되려 하는 상황에서 지역적인 관계나 문화적인 것을 고려, 영화는 일본영화 장르에 가입시키기보다 오히려 새롭게 태어나고 있는 신동아영화에 참가시키는 것이 성장에도 용이하고 또 유의미하지 않을까 한다. 뒤에서 논할 만선 제휴영화 〈복지만리〉의 완성 등은 그 출발점이라 생각한다.

③상하이영화—이번 지나사변을 계기로 근본적인 변모를 보였다. 다시 말해, 아메리카니즘의 영향을 받은 에로(erotic)·그로(grotesque), 정치적 항일 색채 혹은 경향이 소멸하였다. 특히 중화영화주식회사가 설립되어 배급 통제를 개시한바, 제작에도 직간접적으로 관여하게 되었기 때문에 이른바 좋은 방향으로 급속히 변모해가는 중이다.

④만주영화—만주영화의 배급·제작 통제회사인 만주영화협회의 탄생에 의해 고고지성(呱呱之聲)을 울렸다. 이러한 만주영화 및 이를 낳은 조직, 즉 통제회사 만영은 ②조선영화 및 ③상하이영화의 신발족에 지대한 영향과 효과를 미쳤다. 다시 말해, 새로운 조선영화나 상하이영화는 만주영화를 참고로 하여 많이 배운바, 조선영화는 내지만을 향하던 눈을 만주로 돌렸으며 상하이영화는 만주 영화조직의 우수성과 그 신정신을 받아들였다.

한편, 만주영화는 경색되어가던 일본영화에 대해서도 새로운 방향과 지침을 부여했다고 할 수 있을 것이다. 대륙을 향해 새로이 눈을 뜨게 되면서 일본영화는 취재 내용의 빈곤과 단조로움에서 벗어날 실마리를 찾았다.

요컨대 만주영화의 탄생과 성장은 신동아영화계의 위대한 에포크(epoch)였다. 아시아가 정치적으로 하나가 될 때 영화도 비로소 하나가 될 수 있는바, 앞서 말한 ①, ②, ③, ④는 서로 교류·합성하여 위대한 동아정신을 반영하고 또 환기시키는 영화를 만들 것이다. 이때에 만주영화가 중심 세력이 될지 어떨지에 대해서는 지금 단

언할 수 없지만, 최소한 그날을 향해 가는 동기의 초석임에는 틀림없다. 그날이 어떠한 양상과 경로를 거쳐 도래할 것인지도 당장은 예단하기 곤란하다. 그때그때의 작은 변모들이 시간이 지나 거대한 개변(改變)이 되는 것이기 때문이다.

그러면 편집자가 주문한 현재의 만주영화 제작 정황을 현상적으로 적어보자.

올해 들어서 완성된 작품으로는 다음 3편이 있다.
〈국경의 꽃〉
〈여명서광〉
〈복지만리〉 [조선 고려영화사와의 협력작품]

현재 제작 중인 작품으로 다음 4편이 있다.
〈여화미권〉
〈정해항정〉
〈애염〉
〈인마평안〉

제작을 결정하고 준비 중인 것으로는 다음 3편이 있다. 모두 시나리오가 완성되어 스태프를 정하고 있는 중이다.
〈유랑가녀〉
〈만주인 소녀(滿洲人の少女)〉
〈왕속관〉

[이 작품들은 모두 극영화로 문화영화나 뉴스영화는 다루지 않겠다.] 이리하여 만주영화는 본격적인 궤도에 올랐다고 할 수 있다.

〈국경의 꽃〉은 원작·각색 양정런, 감독 미즈에 류이치, 부감독 왕신치(王心齊), 촬영 후지이 하루미, 주연 쑤이인푸·왕리쥔·쉬충·왕푸춘. 이미 개봉되어 미증유의 호평을 받고 좋은 성적을 거두었다. 스마트하게 정리된 정취 있는 작품이다. {117쪽}

〈여명서광〉은 원작·각색 아라마키 요시오, 감독 야마우치 에이조, 부감독 저우샤오보, 촬영 엔도 요키치. 저우댜오·리셴팅·귀사오이 그리고 일본 쇼치쿠 오후나의 류 치슈·니시무라 세이지가 출연했으며 만주의 유명 극단 다퉁극단(大同劇團)이 원조한 국책조(調)의 영화로, 개봉 전부터 인기를 모으고 있다.

〈복지만리〉는 조선 고려영화사와 만영의 제휴작품이다. 원작·각색·감독 전창근, 촬영 이명우, 주연 진훈·전옥·심영·유계선 및 만영 중견배우 다수. 무대는 내지·조선·만주에 걸쳐 있고 테마도 신동아의 여명에 걸맞는 건설적인 진지함을 보여준다. 원작·각색·감독의 전창근은 상하이 우창대학(武昌大學) 출신으로 상하이에서 오랜 영화 경력을 쌓았다. 조선인이자 일본인이며 한민족(漢民族)을 잘 아는 전 감독의 성격은 최상급으로, 〈복지만리〉의 성공은 그에게 직접 빚진 바가 자못 크다. 어쨌든 개봉 후에 상당한 반향을 불러올 작품이다.

제작 중인 작품으로 〈여화미권〉은 명 시나리오 라이터 아라마키 요시오의 첫 감독작이다. 원작·각색 모두 아라마키가 맡았으며, 카메라는 〈국법무사〉〈철혈혜심〉의 명 카메라맨 이케다 센타로, 부감독은 쑹사오쭝, 주연은 궈샤오이·쑤이인푸·바이메이(白玫)·야오지신(陶滋心). 여배우 바이메이는 이 영화가 첫 출연, 야오지신은 예의 각 도시 선출 스타—미스 하얼빈으로 그녀 역시 첫 출연이다. 새로운 반향을 불러일으키리라 예상되는 작품으로 4월 하순 완성 예정.

마찬가지로 제작 중인 〈정해항정〉은 〈국법무사〉〈자모루〉〈연귀〉〈국경의 꽃〉으로 정력적인 작업을 보여주고 있는 미즈에 류이치의 감독 작품. 조감독은 왕저(王則), 원작·각색은 시예(熙野), 카메라는 후지이 하루미, 주연은 쉬충·지옌펀·저우댜오·바이메이. 농도 짙은 인정극으로 5월 상순 완성 예정이다.

〈인마평안〉은 〈원혼복구〉〈동유기〉에 이은 희극영화로 다카하라 도미지로 감독 작품. 원작 오타니 도시오, 각본 저우란텐(周藍田), 부감독 주원순, 주연은 〈원혼복구〉와 〈동유기〉 이래의 명콤비 류언자·장수다. 장민·왕리쥔 등도 출연하며, 미스 신징 마다이쥐안(馬黛娟)이 이 영화로 데뷔한다.

〈여명서광〉을 완성한 야마우치 에이조 감독은 바로 이어서 원작·각색 양예(楊葉), 카메라 엔도 요키치, 부감독 장톈츠(張天賜)로, 리밍이 베이징에서 돌아오는 것을 기다려 3월 하순부터 〈애염〉에 착수했다. 리셴팅, 장민이 리밍과 함께 주연. 〈애염〉의 후반부터는 〈유랑가녀〉를 병행해서 크랭크한다. 〈유랑가녀〉는 원작·각색 양예, 조감독 저우샤오보, 카메라 시마즈 다메사부로, 주연은 리허·리샹란·쑤이인푸다.

〈만주인 소녀〉는 〈정해항정〉을 마친 미즈에 류이치 감독이 크랭크를 개시한 만영 최초의 일본인 대상 영화다. 도쿄의 신쓰키지극단과 제휴하여 야마모토 야스에, 스스키다 겐지, 혼조 가쓰지 등이 5월 상순 만주를 방문할 예정이며 일본인 사이에서 인기 있는 리샹란이 소녀로 주연한다. 일전의 〈백란의 노래〉에 견주어 〈만주인 소녀〉는 질적으로 높은 수준의 영화가 되리라 기대한다.

〈동유기〉〈철혈혜심〉 등의 시나리오 라이터 다카야나기 하루오는 다퉁극단이 상연해 여러 차례 호평받았던 **〈왕속관〉**을 각색, 감독에 다카하시 오사무(高橋紀)·후지카와 겐이치(藤川研一), 주연에 다퉁극단, 카메라에 스기우라 요가 스탭으로 기용되어 개시 예정이다.

이상과 같이 〈국경의 꽃〉〈여명서광〉〈복지만리〉〈여화미권〉〈정해항정〉〈애염〉〈인마평안〉〈유랑가녀〉〈만주인 소녀〉〈왕속관〉으로 만주영화는 활발한 제작활동을 개시하고 있다. 문화 불모지 만주에 새로운 영화의 꽃을 피우고, 문화의 빛을 사방에 퍼뜨리고자 하는 젊은 만주영화의 앞날에 큰 행운이 있기를 빈다.

[1940년 3월 20일]

오노 겐타

1940년 4월 | 제 4-4호, 만일문합병판 | 118쪽 | 대륙영화 제작 현황

조선

작년에 극영화로 〈귀착지〉[한양영화사, 8권], 〈무정〉[조영, 8권], 〈사랑에 속고 돈에 울고〉[고영, 12권], 〈국경〉[천일영화사, 7권], 〈애련송〉[극연좌, 8권], 〈바다의 빛〉[조선문화영화협회, 4권], 〈국기 아래서 나는 죽으리〉[조선문화영화협회, 4권], 〈성황당〉[반도영화제작소, 7권], 〈새출발〉[조영, 10권], 〈산촌의 여명(山村の黎明)〉[조선총독부 전매국, 6권] 10편을 내놓은 조선영화계는 황기 2600년 봄을 맞아 흡사 꽃이 한창 핀 듯한 광경을 보이고 있다.

고영의 〈복지만리〉[만영과 제휴, 연출 전창근], 〈수업료〉[연출 최인규·방한준], 동아영화제작소의 〈지원병〉[연출 안석영], 한양영화사의 〈신개지〉[연출 윤봉춘], 경성영공

상회(京城映工商會)의 〈돌쇠〉[연출 이규환], 조선영화주식회사의 〈수선화〉[연출 고(故) 김유영] 등이 앞다투어 봄 개봉을 준비하고 있다. 나아가 조영은 야기 야스타로가 집필한 〈춘향전〉을 도호와 제휴하여 무라야마 도모요시의 메가폰으로 제작에 착수하려 준비 중이고, 동아영화제작소는 이기영 원작의 〈대지의 아이〉를 안석영 감독의 메가폰으로 제작하고자 4月경 만주·북지 로케이션 헌팅을 실시할 예정이다. 고영은 〈군용열차〉의 감독 서광제 메가폰으로 〈북풍〉을, 그리고 최근 조영을 버리고 고영으로 이전한 〈무정〉의 감독 박기채로 하여금 이광수 원작의 〈유정(有情)〉을 만들려는 한편, 역사영화 〈김옥균전〉의 제작 기획에 착수하였다. 한양영화사는 〈처녀도〉[연출 신경균]의 제작을 진행하면서, 역시 역사영화 〈동학당(東學黨)〉 제작을 기획 중이다. 현재 제작 중인 다른 작품으로는 평양동양영화촬영소의 〈아내의 얼굴(妻の面影)〉[연출 및 촬영 이창근(李昌根)] 같은 것도 있다.

　　이 같은 상황 속에서 2月 11日 빛나는 황기 2600年 기원절(紀元節)을 택일하여 조선영화령이 시행된바, 그 내용은 제19조 영화위원회에 관한 조문을 제외하고는 내지의 영화법과 동일하다. 조선영화인협회는 제1회 조선영화인협회 총회를 열어 영화령 시행에 대응하여 앞으로의 운행 방침을 결정하는 등 비약에 앞서 긴장한 모습을 보이고 있다. 조영은 경성 서린정(瑞麟町) 128의 조영빌딩으로 이전하고, 전 만철 본사 홍보과원이자 현재 동양극장 극장주인 고세충[71]을 전무이사로, 전 조선중앙일보사 기자 고경흠(高景欽)을 기획부장으로 맞아 대책 마련에 부심이다. 이에 반해 고영 사장 이창용은 기개 있게 대응하는 중인데, 예리한 지혜와 재빠른 수완으로 내지와 만주의 협력을 얻어 활약하는 한편 감독·카메라맨·배우 등의 진용을 확충해가고 있다. 조영의 고참 감독 박기채의 입사, 신코키네마에서 카메라맨으로 오래 활약했던 김학성 초빙 등이 그 예다. 이렇게 조선영화계의 최근 정황을 둘러보면 결국 고영에 강한 구심력이 있음을 알 수 있다.

　　어쨌든 조선영화는 지금까지 없던 강력한 신장성(伸張性)으로 새로운 발족을 내딛고 있다.

쓰무라 히데오(津村英夫, 이태우)

71　원문에는 '高世衝'이라 표기되어 있으나 '高世衡(고세형)'의 오기다.

1940년 4월 | 제 4-4호, 만일문합병판 | 126~127쪽

최초의 만선 제휴영화 〈복지만리〉가 완성되기까지

　　7만 원의 경비와 2년간의 세월을 필요로 했던 조선 고려영화사와 만영의 제휴영화 〈복지만리〉는 이번 3월 말 만영 남신징 스튜디오에서 마지막 작업을 마치고 전 10권 작품으로 드디어 완성되었다.

　　아직까지도 영화 금융자본이 원활하게 흐르지 못하는 조선영화계의 현 상황에 비추어 제작비 7만 원이라는 것은 실로 경이로운 거액이다. 물론 한 편당 평균 30만 불의 제작비를 들여 호화찬란의 한계를 시험하고 온갖 제작상의 야심을 실현시킬 수 있는 전형적인 고도자본주의 예술 아메리카 영화와 비교한다면 이 7만 원의 제작비는 아주 소소할 것이다. 그러나 카메라 한 대와 열정적인 영화인 한 명의 존재가 곧 프로덕션 하나의 설립을 의미하고 작품 하나의 탄생을 약속하는 식의 원시적 과정을 밟아왔던 수년 전까지의 조선영화계를 상기할 때, 이 7만 원의 제작 투자액은 단순한 수치상의 의미를 넘어 조선영화사업의 본격적 기업화라는 역사적 의의 또한 발견할 수 있게 한다.

　　이것이 〈복지만리〉에 좋든 아니든 조선영화사에 남을 에포크성이 있다고 할 수 있는 이유이다.

　　제작비뿐만이 아니다. 쉬지 않고 2년간 달려온 조선 미증유의 제작기간은 눈에 보이지 않는 거대한 예술적 열정이 그 안에 담겨 있음을 분명하게 말해준다.

> 사진
> 감독 전창근

　　이 영화가 완성되기까지 연인원 3000명이 동원, 실로 온갖 고난에 부딪혀왔다. 내지·조선·만주 광대한 지역에 걸친 장기 로케이션에 담긴 그들의 노고는 눈물겹다. 특히 북선 무산(茂山)에서는 한파로 배우들이 동상을 입었고, 무리한 방법으로 제작된 원시적 수제 크레인을 사용하던 도중에는 카메라맨 이명우와 주연 진훈이 중경상을 입기도 했다. 그 밖에 그들이 싸워온 고충은 셀 수도 없다.

　　그들의 예술적 정열을 보여주는 사례 중 하나로 녹음기록표가 있다.

　　놀라울 만큼 적은 NG로 하루[오전 11시에서 오후 12시까지] 35롤을 녹음한 능

률에는 만영녹음소 직원 일동도 그저 경탄할 뿐이었다.

결국 불과 이틀[실제 녹음에 소요된 시간은 약 27시간] 만에 10권짜리 작품[70롤]을 마무리한 녹음 성적은 일본영화에 견주어도 뛰어나면 뛰어났지 떨어지는 것이 아니며, 만영 스튜디오에서는 최고 기록이라고 한다.

이 녹음기록표를 보고 마키노 만영 제작부장을 비롯 사카마키(坂巻) 촬영과장은 "이건 뭐, 결과가 너무 좋다!"며 감탄을 연발했다는바, 그들이 얼마나 열과 성을 다했는지 알 수 있다. 나도 당시 녹음 현장을 지켜봤는데 배우 스스로 의음(擬音)기사를 도와가며 신속용이하게 녹음을 진행하는 진지함과 열성은 나로 하여금 깊은 생각을 하게 만들었다.

한 번은 긴장된 녹음실에서 히로인 전옥이 고개를 숙이고 울고 있었다. 처음에는 우는 장면을 연습하는가 싶었는데, 나중에 자기 한 사람의 실수로 NG를 낸 책임감 때문에 울고 있었다는 이야기를 듣고는 한층 더 감격했다.

그건 그렇고, 이 작품의 스토리가 지닌 (126쪽) 방대한 스케일, 인간성에 대한 깊은 탐구, 숭고한 흥아정신은 국책영화로서도 무리없이 선명한 광채를 발할 것인바, 이 작품을 프로듀스한 고려영화사[고영]의 젊은 사장 이창용 씨야말로 조선영화계 발군의 명 프로듀서이자 오늘날 조선영화의 지휘봉을 쥔 사람이다.

그는 스마트한 영화 비즈니스맨이며 신의와 스피드를 사업 모토로 민완을 떨치고 있다. 최근 조선에서도 영화법이 시행되었는데, 그는 즉시 경성을 중심으로 남으로는 도쿄, 북으로는 신징으로 비행기를 타고 빈번히 왕래, 사업 기반을 탄탄히 하는 한편 조선영화 건설을 위해 준마(駿馬)와도 같이 돌진하고 있다. 조선은 물론 일본과 만주영화계에서도 리소요(リソウキョウ, 이창용)라는 이름을 모르는 자가 없을 정도로 그는 조선영화를 대표하는 존재로서 클로즈업되고 있다. 올해 불과 34세의 약관으로 이 정도의 귀재를 펼치며 분투하고 있으니 그 용맹스러운 모습으로 40대 이전에 반드시 조선영화의 독재자로서 더욱 빛나는 작업을 전개할 것이다.

그는 산에이샤(三映社)와 만영 작품의 조선배급권을 가지고 있으며, 조선영화를 만주와 일본으로도 배급하고 있다. 쇼와 13년 봄, 그와는 동향(同鄕)으로 어린 시절부터 친하게 지내온 상하이영화계의 호프 전창근 감독이 조선에 돌아온 것을 찬스 삼아 그는 제작에까지 손을 뻗어 대륙물을 기획하였다. 그 결과, 첫 번째 작품으로서 이번 〈복지만리〉를 낳게 된 것이다.

만영과의 제휴를 비롯하여 이 작품 제작에 크게 힘을 실어준 주요 인물들로는 영화평론가 이와사키 아키라(岩崎昶) 씨와 만영의 네기시 간이치(根岸貫一) 상무이사, 마키노 미쓰오(牧野光雄) 제작부장, 야마나시(山梨) 참여(參與)가 있다. 그중에서도 이와사키 아키라 씨는 이 작품의 시나리오에 좋은 이니셔티브를 성의껏 제공한 바, 전창근 감독과는 상하이에서 친해졌다는데 그에 대한 신용으로 네기시 씨에게 틀림없다고 보증을 서며 적극적으로 산파 역을 해냈다.

더불어 이창용·전창근 두 사람의 동향 친구이며 수십만 원대의 목재상인 함북 회령의 배응룡(裴應龍) 씨가 제작 착수 기부금으로 현금 2만 원을 선뜻 투자, 같은 해인 쇼와 13년 9월 2일부터 전창근 감독의 메가폰 하에 크랭크를 돌리며 이 대대적인 작업은 시작되었다. 배응룡 씨의 태도 같은 것은 '문화조선'을 위해 존경할 만하다고 생각한다. 들은 바에 따르면, 그는 사업적 야심에서가 아니라 단지 가난한 조선영화만을 생각하여 사업에 관계없이 그렇게 앞장서서 희생을 치렀다고 한다.

전창근 감독은 우창대학에서 중국 문학을 연구한 뒤 첸창건(錢昌根)이라는 이름으로 중화(中華), 바이허(百合), 톈이(天一), 롄화(聯華), 신화(新華) 등의 상하이영화 회사에서 시나리오 라이터 혹은 배우로 나중에는 감독으로서 종횡으로 활약을 계속해온, 상하이영화계 13년 경력의 우수한 영화감독이다. 지금은 고인이 된 과거의 명 여배우 란잉위[72]와 함께 연기했던 〈부인심〉과 감독작 〈양쯔강(揚子江)〉[73]은 그가 터치(touch)한 십수 편의 작품 중 가장 대표적인 것이다. 올해 33세, 지나어가 뛰어나서 웬만한 만주 사람들보다도 유창하고, 베이징관화(北京官話)를 비롯 상하이어·광둥어·만주어 등은 자유자재로 구사할 정도로 상당하며 일본어와 영어에도 능통하다. 이러한 어학적 소양과 더불어 뚜렷한 세계관 및 인생관으로 그는 새로운 흥아영화 감독으로서 일본·조선·만주·지나 어딜 가도 손색없이 맡

사진(3매)

---

72 원문에는 '阮瑛玉'라 표기되어 있으나 '阮玲玉(란링위)'의 오기이다.

73 중국의 검색사이트(https://movie.douban.com/subject/26416118/)에는 1930년 리징(李敬) 연출의 〈양쯔강(揚子江)〉에 전창근이 출연한 것으로 나와 있다.

은 바를 해낼 것이다. 그는 영화 예술가이기 이전에 훌륭한 인간이자 묵묵무언으로 실행하는 사람으로, 전체를 중심으로 세심한 시선도 놓치지 않는 영화 예술가적 센스를 지니고 있다. 여기에 엄청난 박력과 바바리즘(barbarism)도 겸비한 만큼, 그가 내놓은 〈복지만리〉가 얼마나 훌륭할지 알 수 있다.

나아가 그 성적 여하에 따라 향후 만선영화 제휴 활동상에 큰 영향을 끼칠 모뉴멘탈(monumental)한 작품이라는 점에서 또한 〈복지만리〉를 주목해야 할 것이다.

이태우

1940년 5월 | 제 4-5호, 만일문합병판 | 56~57쪽 | 신영화

조선영화 〈신개지〉

한양영화사 작품

〈도생록〉의 윤봉춘 감독 작품. 원작은 이기영의 동아일보 연재소설, 각색은 박송(朴松), 카메라는 이신웅, 삽입곡 가사 이하윤(異河潤), 삽입곡 작곡 홍난파, 주연은 이금룡·고영란·김덕심·다케시마 고(竹島子)·김영순 등. 테마는 반도 정서가 넘쳐흐르는 전원 이야기다. 국어자막 삽입판 전8권.

사진(4매)

1940년 5월 | 제 4-5호, 만일문합병판 | 90쪽 | 좋아하는 스타

쑤이인푸 및 기타

사람마다 개성에 따라 영화를 감상하는 눈과 연기자의 연기를 비평하는 눈이 달라지는 것은 당연하다고 생각한다. 때문에 세간에 정평 있는 스타조차 팬이 아닌 사람은 악평을 하는 경우도 있다.

결국 어느 스타가 좋다고 말하는 것은 그 사람이 하는 모든 연기에 반해 있다

는 증거라 할 수 있다.

내가 다음의 스타들을 열거하는 것은 위와 같은 이유에서다.

- 만주의 스타: 쑤이인푸, 자오아이핑, 장수다
- 조선의 스타: 강홍식, 문예봉
- 일본의 스타: 고스기 이사무(小杉勇), 이리에 다카코(入江たか子), 다나카 기누요(田中絹代), 다케히사 치에코(竹久千惠子)
- 지나의 스타: 천윈샹, 탄잉(談瑛), 메이시(梅熹)

김영팔(金永八)

[신징중앙방송국]

1940년 5월 | 제 4-5호, 만일문합병판 | 91쪽 | 좋아하는 스타

농담이 아니라

농담이 아니라, 하늘의 별만큼 많은 스타 중 불평 하나 변명 하나 필요없이 좋은 사람은 단 한 명, 에나미 가즈코(江波和子)뿐이다. 도가와 유미코(戶川弓子)와 어깨를 나란히 하는 도호의 100만 원짜리 스타인데, 유행 작가 다카미 준(高見順)은 일전에 그녀의 사진을 손에 넣고 탄성을 질렀다 한다. 차가운 금속과도 같은 신경이 입술의 잔주름까지 빛나는 그런 근대적인 얼굴은 본 적이 없다고. 진짜인지 아닌지는 모르겠지만, 정말이지 도가와 유미코[74]의 감칠맛 나는 용모는 일본영화계에서 특이한 것이다. 대스타가 되든 흔해빠진 배우로 남든, 그녀의 얼굴만은 잊지 않겠노라는 것이 내 나름의 큰 정열이다. 얼굴 같은 것만 보고 실없이 구는 게 아니라 정말 **응원하는** 스타를 들자면 오후나에 한 사람, 미야케 구니코(三宅邦子)가 있다. 구와노 미치코(桑野通子), 다카스기 사나에(高杉早苗)와 같이 인기를 얻었으면서도 그 지나치게 강렬한 얼굴선이 문제였는지 최근에서야 겨우 제1선으로 떠올랐다. 인기를 얻어가던 당시 독일형 여배우라는 식으로 불렸던 그 굵은 선을 나는 시부야 미노루(澁谷實) 감독 이상으로 높이 사는 바인데, 가와사키 히로코(川崎弘子)나 다나카 기누요

74　문맥상 '에나미 가즈코'의 오기가 아닌가 추정된다.

계의 순정형이 군림하는 오후나에서 미야케 구니코가 과연 어떻게 성장해나갈지, 이러한 개성 있는 얼굴을 만영 여배우님들 중에서 찾아볼 수 없는 것이 안타깝지만, 그녀들 가운데서도 〈철혈혜심〉에 출연한 자오아이핑은 그 **능숙함**으로 나를 깜짝 놀라게 했다. 야마우치 에이조 감독으로부터 좋은 지도를 받았기 때문이겠지만, 어딘가 쇼치쿠의 미토 미쓰코(水戶光子)를 떠올리게 하는 그 **능숙함**은 장래에 크게 될 것이다. 장민, 리옌펀(李燕芬),[75] 리밍 등 좋아하는 사람은 많지만 나는 지오아이핑을 가장 **응원**하도록 하겠다.

　　만영은 봄날의 어린 싹처럼 쑥쑥 뻗어나가고 있는데, 이웃의 조선영화계 역시 마찬가지 고난의 도정(道程)을 거쳐 본격적인 비약선상에 드디어 한 발을 내딛었다. 작년 6월이었나, 창춘줘에서 〈봄 버들(春の柳)〉〈아리랑〉 등의 조선 민요를 부른 가수, 김연실을 기억하고 있는지. 그녀는 왕년에 조선영화계에 12편의 주연작을 남긴 제1선급 스타였다. 그것이 이런저런 인생고를 겪으며 작년에 만주로 와 창춘줘를 발판으로 만주를 순회한바, 현재는 다시 조선으로 돌아가 고협극단에서 빛나는 컴백을 가졌다. 슬픔을 자아내는 리드미컬한 성량과 우아하고 아름다운 자태로, 최근에는 〈춘향전〉을 한다던가. 인생고를 돌파한 그녀가 무대에서 어떤 꽃을 피울지 보고픈 사람이 나뿐만은 아니리라. 만영의 커피숍 구석 박스 자리에서 쓸쓸히 옆모습으로 홍차를 마시던 그녀를 나는 잊을 수 없다. 인생과 예술을 사랑하는 사람은 조선영화의 향기 높은 꽃 — 김연실을 잊지 못할 것이다.

하타모토 하치로(旗本八郎)
[신징 창춘줘 선전부]

1940년 5월 | 제 4–5호, 만일문합병판 | 91~92쪽 | 좋아하는 스타

흘러가는 별들

팬이라도 전과 지금은 상당한 차이가 있다. 스타는 이름 그대로 덧없는 별똥별,

75　원문에는 '李燕芬'이라 표기되어 있으나 '季燕芬(지옌펀)'의 오기로 추정된다.

팬은 유행을 좇는 변덕쟁이다.

예전에 동경하던 그대들 릴리안 기시(Lillian Gish), 발렌티노(Rudolph Valentino), 구리시마 스미코(栗島すみ子)에 시마다 가시치(島田嘉七)는 슬프게도 지금 곰팡내 나는 앨범의 구석자리로 밀려났는데, 별들은 여전히 무상하고 현란하게 점멸 중. 그러나 현재 그다지 크게 응원하는 사람은 없다. 어쩐지 호감이 간다는 정도라면 잔뜩 있다만.

〈초선〉 같은 고장편(古裝片, 시대극)은 별개로, 원래 지나영화는 그다지 즐기지도 보지도 않는다. 때문에 연기자 중에서도 낯익은 사람이 적다. 종과 북을 치며 시끄럽게 선전했던 〈목란종군〉의 천원샹도 그저 그렇다. 구란췬이나 루밍도 좋아하지 않는다. 구태여 누가 묻는다면 **글쎄**라고 말한 뒤에 위안메이윈을 든다. 그것도 〈다화녀(茶化女)〉의 두세 컷이 괜찮다 생각했던 것이 발단.

조선의 영화배우는 이름이 어려워 웬만해서는 외우기 어렵다. 그러나 예명이라는 것은 외워보려고 해서 외워지는 것이 아니다. 어느샌가 기억해버리는 것이 '호감'의 상징일 것이다. 〈나그네〉〈군용열차〉의 문예봉은 기억에 상당히 남아 있다. 아리랑의 멜로디로 문예봉을 떠올릴 정도. 그녀의 용모와 자태는 가련하다. 선 굵은 왕평도 좋아하는 스타다.

방화 스타는 곰팡내 나는 앨범에 빽빽이 들어차 있다. 예전에 좋아하던 스타는 현재 보잘것없는 신세가 되었다 해도 변함없이 좋다. 쓰키가타 류노스케(月形龍之介) 같은 사람은 호감 정도가 아니다. 옛날과 똑같이 깊은 맛이 있고 늠름한 그의 열의에 반해 있다. 여배우로는 다카미네 히데코(高峰秀子). 그녀는 색기가 없어 사실 쇼치쿠 시대부터 남달리 응원하고 좋아했다. 그러나 최근에는 너무나도 난용(亂用)되고 있는바, 바빠서 그녀가 나오는 작품을 놓치는 일도 많고 또 적잖이 색기가 흘러나오기 시작하는 나이가 되어 약간 경원시하고 있다.

아직 별로 익숙하지 않은 만영 스타 중에서는 데코짱(デコちゃん, 다카미네 히데코의 애칭)과 일맥상통하는 지옌펀을 각별하게 생각한다. {91쪽} 강남의 제비 같은 센 호칭으로 부르지 않더라도 무조건 찬사할 수 있는 스타다. 아마 〈여명서광〉이나 〈정해항정〉이 내지에 개봉하고 나면 그녀가 리샹란의 인기를 능가할 것이라 믿는다. 지옌펀은 한때일 뿐인 인기를 뽐내지 않는다. 속을 채우고 만영 스타의 진가를 세상에

알리는 전사이다. 남자배우로는 추이더허우(崔德厚)도 깊은 맛이 있어 호감이 간다. 밋밋하긴 한데 정샤오췬도 아름답다. 예링(葉苓)도 귀엽다. 만영 연기자 중에는 인기 스타가 어지간히도 풍부하다. 따라서 내가 좋아하는 스타도 많다.

요시오카 긴로쿠(吉岡金六)

[펑톈 영화 동호회 회원]

1940년 6월 | 제 4~6호, 만일문합병판 | 94~95쪽 | 신영화

조선영화 〈돌쇠〉[ドルセ/多爾賽][76]

경성영화과학공장 작품

돌쇠는 무의무탁(無依無托)한 천애고아였다.

남들 이상으로 선량한 돌쇠지만 이상하게도 남의 물건을 훔치는 손버릇이 있었다. 손버릇이라는 것은 결코 악의적인 충동에서 나오는 것이 아니라 무의식에서 생겨난 병적 동작이다. 돌쇠에게는 그것이 하나의 순진무구한 유희가 되어버렸다.

사진(6매)

어느 날 전기(電氣) 공사장을 구경하다 장화를 훔친다. (이를 계기로 그는) 십장의 온후한 정과 도움을 받아 전기공으로 일하게 된다. 동료 전기공들로부터 미움을 받거나 비웃음을 당하기도 했지만 여기에는 조금도 관심을 두지 않고 목숨 걸고 열심히 일했다. 그러던 중 마을 처녀 탄실에게 뜨거운 연심을 느낀다. 그러나 숙련공 원수(元洙)와 탄실이 즐거이 노는 모습을 눈앞에서 보게 되고, 실연의 고통을 견디지 못하고 괴로워하던 돌쇠가 또다시 십장의 가방을 훔쳐 도망가려는 때… 십장으로부터 다시 한 번 온정 넘치는 훈계를 들은 돌쇠의 눈에는 뜨거운 눈물이 빛나고 있었다.

---

76 원문의 기사는 줄거리를 소개한 앞부분이 일문, 줄거리에 해설을 보탠 뒷부분이 만문으로 수록되었다. 앞에서도 다른 2개 언어로 수록된 기사가 있었으나 내용에 큰 차이가 없었던 반면, 이 기사는 내용이 다른바, 만어 기사까지 수록하기로 한다.

〈돌쇠〉는 조선의 최근 작품으로 경성영화과학공장이 제작, 조선영화상회가 배급하였다. 이 영화는 의탁할 곳 하나 없는 천애고아 돌쇠의 즐겁기 그지없는 유랑생활을 그리고 있다. 그의 마음 깊은 곳에는 선량함과 소박함이 있었지만, 도둑질을 배운 이후 일부러 그런 것은 아니라도 거의 중독에 가까운 병적 증세에 시달리게 된다. 그러던 중 우연한 계기로 한 따뜻한 성정의 노인을 만나게 되고, 그의 온정으로 이 나쁜 습관을 고치게 된다. 여기에 그의 짤막한 사랑이야기도 더해지면서 전체 줄거리가 완성된다.

제작진도 상당히 화려하다. 감독은 〈나그네〉와 〈새출발〉을 담당했던 이규환이며, 촬영은 양세웅. 주연은 이화삼이며 특별찬조출연으로 문예봉·김한·독은기·전택이 등 수많은 연기자가 등장한다.

영화연감

映畵年鑑

쇼와(昭和) 18년도(1943년) 영화연감

도호(東寶)주식회사

도호주식회사

도쿄도(東京道) 교바시구(京橋區) 긴자(銀座) 7초메(丁目) 1번지

☎ 긴자 [57] 대표 5901 [10] / 숙직용 5900

촬영소

도쿄도 세타가야구(世田谷區) 기타미초(喜多見町) 100

☎ 세타가야 대표 3921 [16] / 기누타(砧) 367

제2촬영소

도쿄도 세타가야구 세타가야 4-512

☎ 세타가야 3006

오사카영업소

오사카시(大阪市) 기타구(北區) 도지마하마도오리(堂島濱通) 1-15

다이햐쿠세이메이칸(第百生命館) 3층

☎ 기타 [36] 대표 3170 [3] / 6233~5

후쿠오카영업소

후쿠오카시(福岡市) 고후쿠마치(呉服町) 15 다이이치초헤이칸(第一徵兵館)

☎ 후쿠오카 히가시(東) [3] 4744 / 2977

나고야출장소

나고야시(名古屋市) 나카구(中區) 미나미오쓰마치(南大津町) 6-13-1

☎ 나카 838, 5051

삿포로출장소

삿포로시(札幌市) 미나미고조(南五條) 니시(西) 2-2

☎ 삿포로 892

경성출장소

경성부 고가네마치(黃金町) 3-349-1

☎ 본국 1456

1943년 | 쇼와 18년판 | 속표지 | 광고

쇼치쿠(松竹)주식회사

도쿄 본사

도쿄도 교바시구 신도미초(新富町) 3초메 5번지

☎ 쓰키지 [55] 2120~9

오사카지점

오사카시 미나미구(南區) 규사에몬마치(久佐衛門町) 8번지

☎ 미나미 [25] 6531~6, 6732~5

홋카이도영업소

삿포로시 미나미시조(南四條) 니시 3초메 1번지

☎ 350

나고야출장소

나고야시 나카구 스에히로초(末廣町) 3초메, 쇼치쿠자(松竹座) 내

☎ 나카 169

규슈(九州)출장소

후쿠오카시 에키마에오도오리(驛前大通) 가미이치고지마치(上市小路町)

☎ 히가시 5689

조선출장소

경성부 자야마치(茶屋町) 92

☎ 본국 1340

오후나촬영소

가나가와현(神奈川県) 오후나마치(大船町) 구자쿠다이(孔雀臺)

☎ 오후나 161, 168

교토 우즈마사촬영소

교토시(京都市) 우쿄구(右京區) 우즈마사(太秦) 미나미 호리가우치초(堀ヶ内町) 33

☎ 사가 635

시모가모촬영소

교토시 사쿄구(左京區) 시모가모미야자키초(下加茂宮崎町)

☎ 가미(上) 5058, 1187

1943년 | 쇼와 18년판 | 서(序) 3쪽
서언(緒言)

    영화연감 쇼와 18년도판은 간행 연차로 보면 제2차년도에 해당한다. 본 연감의 사명이나 연감 간행사업에 관한 나의 포회(抱懷)는 창간년도, 즉 17년도판의 서문에 자세히 기술해두었기 때문에 그 점에 관해서는 반복하지 않아도 될 것이다.

    단, 발간 일시가 심하게 지연된 점에 대해서는 보고하여두는바, 대동아전쟁을 수행 중인 현재의 국가 상세(狀勢)하에서 출판사업과 관련한 일체의 요청에 대해 이

용 수요에 응할 수 있도록 가능한의 수속과 기타 노력을 계속해왔기 때문이다.

본년도판의 가장 두드러진 특색은 전쟁시국 전개에 수반하여 대동아공영권, 특히 남방 관련 영화 공작이 진보함에 따라 그 방면의 채록 기사가 증대한 것이다. 이들 기사는 게다가 나날이 그 양상이 바뀌어갔는데, 지금과 같은 간행물로서는 아무래도 조사 당시까지의 현상(現狀)을 기록한 상태로 만족할 수밖에 없다. 발간이 지연되면서 본년도판의 다른 게재 내용에 대해서도 마찬가지의 걱정이 드는데, 연차 수록(年次遂錄)의 방식으로 앞으로는 결코 부족한 곳이 없으리라 기약하고자 한다.

나아가 남방권 영화계에 관한 연감류의 출판물 간행 계획이 사단법인 영화배급사 남방국에서 독자적으로 진행되고 있다. 본 연감의 해당란과는 간행 취지가 다르기 때문에 채록 형식이나 기사 내용도 당연히 모양을 달리할 터이다. 그런 만큼 양자 병행의 묘를 한층 더 꾀하고, 피차가 서로 힘을 모아 만전을 기해야 할 것이다.

우리나라(일본)의 영화잡지 출판업계는, 내년 초두부터 실시할 목표로 올 연말에 이른바 제2차 기업 통제를 자발적으로 시행, 다시금 업태(業態)를 새로이 할 것이다. 따라서 본 연감의 간행 주체인 일본영화잡지협회의 귀추도 당장은 예단하기 어렵다. 그러나 본 연감의 간행에 대해서는 이것이 일본영화계의 필수 사업이라는 견지로부터 바야흐로 내가 짊어진 중대 의무라 믿으며, 나는 무슨 방책을 써서라도 이를 계속하겠다고 공약하는 바이다.

[쇼와 18년 11월 말]

일본영화잡지협회 이사장 다나카 사부로(田中三郎)

1943년 | 쇼와 18년판 | 서(序) 4쪽

범례

1. 본서는 영화에 관한 모든 부문의 기록 및 각종 조사 자료를 모든 각도로부터 모아 수록한 것이다. 단, 원칙적으로 35밀리 영화만을 다루기로 하였다.
2. 본서는 지난 쇼와 17년도판을 기점으로, 이후 각 연도판을 매년 계속 간행하는 것으로 한다.

3. 본서는 제1부 '일본영화계', 제2부 '동아공영권영화계', 제3부 '세계영화연표', 제4부 '대동아영화관계자록'의 네 부문으로 구성되어 있다.

4. 제1부 '일본영화계'는 쇼와 17년 중의 기록 및 자료 등재를 원칙으로 하였으나, 일부 통계 부문에서 집계가 늦어진 부분은 전년도 것까지를 수록하였다.

5. 제2부 '동아공영권영화계'에서는 각 지역별로 기술하되, 만주국 및 중화민국에 대해서는 제1부 '일본영화계'와 대략 동일한 방침으로 임하였다. 남방 제지역에 대해서는 각 지역의 특수 사정을 천명(闡明)하기 위해 각각 그 연혁부터 설명을 시작하여 대동아전쟁과 더불어 시행된 남방영화공작을 상술, 쇼와 17년도의 현상 기록까지 담았다.

6. 제3부 '세계영화연표'는 '영화'의 전신 '키네토스코프'가 발명된 황기(皇紀) 2553년(1893년)부터 쇼와 16년도까지 일본, 대륙(중국), 구미 각 영화계가 발전해온 족적을 연차 대조하여 하나의 표로 정리하고, 여기에 세계 일반 시사 또한 배치한 것이다.

7. 제4부 '대동아영화관계자록'은 가능한 한 최신 자료에 기초하여 기록적 사명을 다하는 동시에 편람 역할을 할 수 있도록 노력했다.

8. 이하 각 부의 일부 항목에 대하여 기술하겠다.

　[1] 제1부 '일본영화계' 중 쇼와 17년 '영화계 일지'에서는 조선과 대만에서 벌어진 시사를 제외한다. 이는 '조선영화계' 및 '대만영화계'의 각 항에 수록하였다.

　[2] '쇼와 17년도 영화계 동향' 중 '영화 신체제 수립 전말'은, 영화 신체제 문제가 쇼와 16년 8월 이후 특히 활발하게 다루어졌고 같은 해 말부터 17년도에 걸쳐 구체적으로 실시된 관계로 별도의 항을 마련하여 그간의 경위를 천명한 것이다.

　[3] '쇼와 17년 작품 기록'에는 쇼와 17년도에 도쿄에서 공개된 작품[쇼와 16년 말 공개되어 신춘 흥행까지 계속 상영된 작품을 포함. 단, 17년 말에 공개된 작품은 제외]을 수록하되, 영화 종류별로 '작품 총람'에서 50음순에 따라 전(全) 작품을 상술한 다음, 각종 작품 목록을 수록하고 있다. 이들 목록은 (서4쪽) 작품의 제명을 나열하는 데 그치는바, '작품 총람'의 색인

으로서 이용되기를 바란다.

또한, 일본극영화 '작품경향조사'는 본서에서 독특하게 새로 시도하여 편찬한 것이다.

[4] '영화관계통계'는 당 협회의 독자적인 조사자료 외에 관청통계 및 영화배급사 조사자료에 근거한 것으로, 자료의 출처는 통계표의 제목 다음에 괄호를 붙여 표시했다. 그러나 외부 자료에 근거한 것이라도, 편자(編者)가 궁리하여 여러 종류의 통계 수치를 하나의 표로 조합한 것이 적지 않다. 편자는 이들 수치를 분석 및 비교·대조하여 비율과 증감을 부기(附記), 각 사항의 실세(實勢)를 천명하고자 노력했다.

[5] '주요 영화관계 상사(商社) 및 단체'에서는 각 단체의 연혁까지 수록하여 흥신(興信)자료가 되도록 했다. 또한 쇼와 17년도에 창립된 곳에 대해서는 정관, 규정 등을 부기했다.

나아가 '현상' '소재지' '임원' '주요 종업원' 등은 굳이 쇼와 17년 말 당시에 구애되지 않고 가능한 한 최신 자료를 채록하는 데 힘썼기 때문에 원고 취합 시점에 따라 다소 고르지 못한 부분이 있는바, 양해를 구한다. 기타 조사란에서도 마찬가지로 고르지 못한 부분이 적지 않은데, 각 조사란의 각 항 취합 당일의 개별적 기록으로서 참조하기를 바란다.

[6] '영화관계단체록' '주요 일간신문 영화담당 기자 일람' '영화관계업자록' '영화관록' '6대도시 주요 홀(hall)록' 및 제4부의 '대동아영화관계자료록' 등은 편람으로서의 사명을 중시하여 조사 채집을 최대한 늦춘바, 쇼와 17년 말 현재 기록을 할애했다.

[7] '영화관록'은 '영화관록 범례'[446쪽]에 상술된 바와 같이 일반업자 분들의 편리를 고려, 영화배급사와 지속적으로 계약을 맺고 있는 상영관을 전부 수록하고 도부현도(都府縣道)의 배열 역시 영화배급사의 정리 순서에 따라 집록(輯錄)했다. 때문에 지리적 관계로는 상당 부분 정리가 고르지 못한 점이 있음을 양해해주길 바란다.

[8] '영화관계법규'에는 영화관계 기본법인 '영화법' 및 쇼와 17년도에 개정 혹은 새롭게 공포·시행된 법규의 조문(條文)만을 등재하는 것으로 하였

다. 그 외에는 해설 문장으로 소개하였는데, 해당 조문들은 본서의 작년 도판에 거의 전부 수록되어 있으므로 이를 참조하길 바란다.

[9] '조선영화계' '대만영화계'는 내지영화계의 각 항에 해당하는 모든 사항을 각각의 실상에 따라 총괄하여 하나의 항목으로 정리한 것이다. 단, '영화관계업자록'과 '영화관록'은 내지와 동렬로 수록하였다.

[10] 제2부 '동아공영권영화계'는 전술한 바와 같이 각 지역별로 기술하되, 특별히 남방 제 지역에 관해서는 현지의 특수사정에 즉응하기 위해 '연혁'과 '현황'에서 지역 분류를 별개로 행하였다.

[11] 제4부 '대동아영화관계자록'은 편람으로서의 이용을 중시하여 특별히 권말에 두고 쪽매김도 본문에서 독립시켰으며 가로쓰기, 왼쪽 펼침으로 하였다.

1943년 | 쇼와 18년판 | 159~160쪽 | 제1부 일본영화계 – 쇼와 17년 비흥행용 영화

선전영화 · 기타 [유료 흥행을 주목적으로 하지 않는 작품]

관청 · 공익단체 및 이에 준하는 곳의 제작 영화

*주: 제명 뒤의 숫자는 권 수 및 미터 수, 그 뒤는 제작자명.

6월 〈조선농업보국청년대(朝鮮農業報國靑年隊)〉 [2-631, 조선총독부, 아사히영화 위탁] {159쪽}

민간 제작 영화

1월 〈다이너마이트가 만들어지기까지(ダイナマイトの出来る迄)〉 [2-445, 조선압록강 수력발전회사]

2월 〈조선 · 만주 · 지나 하늘 여행(鮮滿支空の旅)〉 [3-866, 만주항공회사, 만영(滿映) 위탁]

아사히영사대(朝日映寫隊)

도쿄, 오사카, 중부, 서부, 각 아사히신문사

농산어촌에서 시국하 증산에 투신 중인 사람들 및 산업전사 격려 위문, 그리고 백의(白衣)의 용사를 위한 감사와 위문에 전년도와 마찬가지로 활발한 움직임을 보였는데, 쇼와 17년 말 보유 영사기 및 필름 수를 표시하면 다음과 같다.

보유 영사기 및 필름 수

영사기 수	35밀리 발성	16밀리 발성
오사카 본사	6	3
서부 본사	4	6
중부 총국	–	2

필름 수	35밀리	16밀리
극영화	오사카 245권 서부 18권	도쿄 32편[1] 오사카 46권 서부 12권
문화영화	오사카 26권 서부 14권	도쿄 63편 서부 6권
시사영화	오사카 756권 서부 55권	도쿄 274편 오사카 390권 서부 43권
기타	오사카 76권 서부 13권	도쿄 25편 오사카 9권 서부 5권

한편, 도쿄 본사 보유 영사기는 18년 1월 일본이동문화협회로 전부 이양하게 되었다. (위의) 필름 수 표 중 도쿄 본사의 문화영화는 단편을 포함한다. 중부 총국은 임차 상영으로 보유 영화가 없다.

---

1   16밀리 영화를 세는 단위로 오사카와 서부에서는 권, 도쿄에서는 편(本)을 사용하고 있다. 표 아래에 기재된바, 도쿄 본사 영화는 '단편을 포함'한다는 의미에서 구분하는 것으로 추정된다.

17년도의 업적을 지역별로 보면 다음과 같다.

쇼와 17년도 업적

	부현(府縣)	횟수
도쿄 본사	도쿄 시내	15
	도쿄 부내	28
	가나가와	50
	시즈오카(靜岡)	165
	지바(千葉)	214
	사이타마(埼玉)	180 {169쪽}
	이바라키(茨城)	75
	야마나시(山梨)	13
	나가노(長野)	189
	니가타(新潟)	14
	후쿠시마	178
	아키타(秋田)	38
	미야기(宮城)	217
	이와테(岩手)	41
	임시	70
	계	1,589[2]

*비고: 관람자 수는 1회 평균 약 900명이다.

	지구별	개최일수	관람자 수
오사카 본사	오사카	37	34,250
	효고(兵庫)	60	55,600
	교토	6	5,900
	나라(奈良)	33	29,550
	와카야마(和歌山)	2	300
	후쿠이(福井)	2	1,000
	돗토리(鳥取)	26	22,700

2   실제 세목의 합은 1,487. 이하, 통계표에서 세목의 실질 합과 표기된 합계치가 다른 경우가 적잖게 발견된다.

	고치(高知)	23	17,450
	대만	15	15,050
	계	**204**	**181,800**
중부 총국	아이치(愛知)	245	218,880
	기후(岐阜)	88	79,010
	미에(三重)	55	47,565
	나가노	10	5,520
	시즈오카	1	800
	계	**399**	**351,775**
서부 본사	후쿠오카	7	8,000
	나가사키(長崎)	1	1,000
	구마모토(熊本)	1	1,000
	오이타(大分)	3	3,000
	야마구치(山口)	5	6,000
	조선	197	204,200
	지나 북부	59	37,500
	계	**273**	**260,700**
총계		**876**	**794, 275**

1943년 | 쇼와 18년판 | 172~173쪽 | 제1부 일본영화계 – 쇼와 17년 순회·보급영사

와카모토(わかもと) 본점 문화부 영화반

도쿄시 시바구(芝區) 시바코엔(芝公園) 11호 2

와카모토 본점의 각종 약품 발매에 고객을 초대한다는 의미로 쇼와 9년 창설, 이후 전국 각지 순회영사에 힘써 쇼와 16년을 전후한 최전성기에는 20여 개 반(班) 을 헤아렸다. 그러나 영화계 신체제 및 기타 영향에 의해 부득이하게 사업을 점차 축 소하여 18년 1월 현재에는 14개 반이 있다. 소유 영사기로 35밀리 발성영사기 24대 를 구비, 소유 영화 편수는 132종이다. 소유 영화로는 각 사에 위촉 제작한 〈체육 그 래프(體育グラフ)〉 36종을 비롯하여, 작년 중 제작된 〈영양과 육아(榮養と育兒)〉(172쪽)

〈산업진군보(産業進軍譜)〉〈엄마가 꼭 알아야 할 결핵 지식(母親は知らねばならぬ結核の知識)〉〈엄마가 꼭 알아야 할 티푸스 이야기(同チフスの話)〉 등이 있다.

현재는 산업전사의 위문 격려에 주력하고 있으며, 공장·농촌·학교 등을 중심으로 활동 중이다. 지난 17년도 1년간의 업적은 다음과 같다.

쇼와 17년도 업적

지역	상영일수	상영장 수	관람자 수
규슈	106	83	77,991
사이타마	39	32	21,161
가나가와	20	17	9,802
홋카이도(北海道)	51	29	36,450
아오모리(靑森), 후쿠시마	28	20	13,410
이와테	10	7	4,950
이와테, 후쿠시마	12	8	5,000
니가타	11	8	19,150
시즈오카	32	31	13,800
군마(群馬), 도치기(栃木)	21	19	5,909
지바	25	22	11,789
나가노	8	9	14,600
야마나시	39	33	16,411
효고	15	12	23,400
시가(滋賀)	22	19	18,370
도야마(富山)	13	10	7,250
조선	50	31	29,532
도쿄 시내	132	132	99,800
계	634	519[3]	428,775

3   실제 세목의 합은 522.

쇼치쿠주식회사 - 제작·수입·배급관계

쇼치쿠 기구도

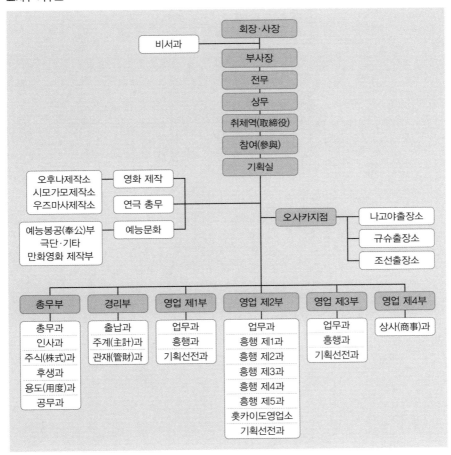

조선출장소 경성부 자야마치 92 ☎ 본국 1340

도호영화주식회사 - 제작·수입·배급관계

도호영화 기구도

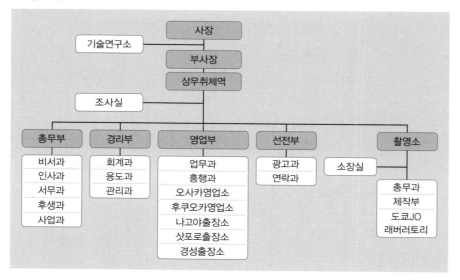

경성출장소 경성부 고가네마치 3-349-1 ☎ 본 1456

경성출장소 소장 다나카 도미오(田中富夫)

대일본영화제작주식회사[5] – 제작 · 수입 · 배급관계

다이에이 기구도

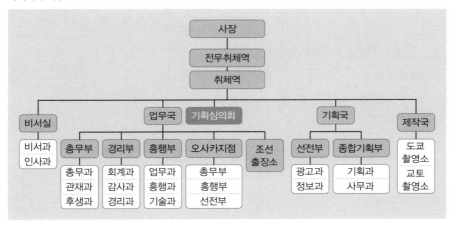

조선출장소 경성부 혼마치(本町) 5-60 ☎ 본국 4544

조선출장소 소장 가가 시로(加賀四郎)

5   약칭 다이에이(大映).

사단법인 일본영화사[6] – 제작·수입·배급관계

니치에이 기구도

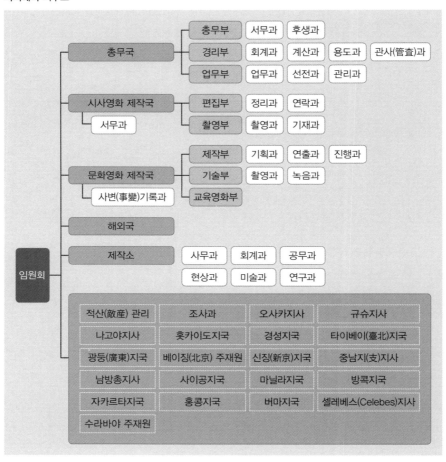

경성지국 경성부 태평통(通) 1-31-1 경성일보사 내

경성지국장 스즈키 다쓰오(鈴木辰夫)

6   약칭 니치에이(日映).

사단법인 영화배급사 – 제작·수입·배급관계

[쇼와 18년 6월 현재]

조선출장소 [5월 하순 폐지]

경성부 태평통 2-102, 조선영화배급사 내 ☎ 본국 3325, 5824, 6016

후지(富士)사진필름주식회사 – 자재관계

경성영업소 경성부 남대문통 5초메 닛카(日華)빌딩 내 ☎ 본국 5836

도아(東亞)전기주식회사 – 자재관계

경성출장소 경성부 고가네마치 2-88

주요 일간신문 영화 담당 기자 일람 [쇼와 18년 5월 조사]

경성일보 경성부 태평통, 문화부 스다 시즈오(須田静夫)

영화관계업자록 [쇼와 18년도 6월 조사]

약기(略記)

☎ 전화번호, [조] 조직, [자] 공칭(公稱)자본, [임] 임원, [회] 취체역회장, [사] 사장, [취] 취체역, [대취] 대표취체역, [상] 상무, [전] 전무, [감] 감사역 혹은 감사, [주] 대주주, [이] 이사, [대] 대표자, [소] 소장, [지] 지배인, 지점장 또는 지사장, [주임] 주임, [총] 총무, [영] 영업부장, [선] 선전부장, [업] 영업과목, [창] 창립

조선

경성부

아랑영화부(阿娘映畵部) 배급소 종로 1-44 ☎ 광화문 1153 [대] 하야시 시게조(林茂藏) [지] 이설영(李雪影) [영] 하야시 시게마쓰(林茂松) [선] 야스다 게이칸(安田圭煥)

오리엔탈(オリエンタル)사진공업주식회사 경성출장소 [본사: 도쿄] 메이지마치(明治町) 2-61 ☎ 본 1714 [소] 시마자키 소지로(島崎宗次郎)

오사와(大澤)상회 경성지점 [본사: 교토] 혼마치 1-39 ☎ 본 1166 [지] 기시모토 겐자부로(岸本源三郎) [영] 요시다 겐지(吉田謙治) [선] 호시키 세이인(星木成允)

오카 요시타케(岡義武) 상점 [지점: 해주, 평양, 사리원] 고가네마치 1-180 ☎ 본 3703, 4704 [조] 주식회사 [자] 10만 원, 전액 납부 [임] [대취] 오카 요시타케 [취] 시게마쓰 이와오(茂松巖), 가시마 다케오(加島武雄), 아카기 마사루(明木勝) {442쪽} [감] 아라이 하쓰타로(荒井初太郎), 오카 시게타케(岡茂武) [업] 질소카본, 비료, 약품, 석탄, 광유(礦油)[7] [창] 쇼와 9년 12월

오카자키 도시오(岡崎敏夫) 상점·오카자키 정밀제작소 메이지마치 2-44 ☎ 본 2922 [조] 개인 [대] 오카자키 도시오 [영] 오카자키 도메(岡崎トメ) [업] 마쓰다 아크카본(マツダ arc carbon) 전 조선 대리점, 영사기, 발성기, 영사용 자재 일반 [창] 쇼와 12년 11월

7 　鑛油, 즉 광물유를 의미하는 것으로 추정된다.

오카자키 도시오 상점 공장 원남정(町) 209 ☎ 동(東) 472 [업] 영사기, 발성기 수리가공 일체 [창] 쇼와 17년 5월

경성교영사(京城教映社) [도쿄 다이이치(第一)음향과학연구소 경성출장소] 흑석정 마쓰도오리(松通) 5 ☎ 용산 1275 [대] 도히 겐고(土肥健護) [업] 영사기 [창] 쇼와 11년 10월

고니카(小西六)사진공업주식회사 조선출장소 [본사: 도쿄] 호라이초(蓬萊町) 1-27 ☎ 본 2791

쇼치쿠주식회사 조선출장소 [본사: 도쿄] 자야마치 92 [소] 스즈키 아키나리(鈴木 炤成)

쇼와사진공업주식회사 경성주재소 [본사: 도쿄] 남산정 3 ☎ 본 4692 [소] 후지사키 다이라(藤崎平)

대일본영화제작주식회사 조선출장소 [본사: 도쿄] 혼마치 5-60 ☎ 본 4544 [소] 가가 시로

조선영화제작주식회사 [출장소: 도쿄] 고가네마치 1-205 ☎ 본 6671, 8274 [조] 주식회사 [자] 200만 원, 납입금 80만 원 [임] [사] 다나카 사부로(田中三郞) [상] 나카다 하루야스(中田晴康) [취] 박흥식(朴興植), 방태영(方臺榮), 고바야시 겐로쿠(小林源六), 아라이 슌지(新井俊次), 다카기 데이이치(高木定一), 김성호(金聖浩), 가와모토 슌샤쿠(河本駿錫), 다카이 다케오(高居武雄), 노자키 신조(野崎眞三) [주] 다나카 사부로, 박흥식, 방태영, 고바야시 겐로쿠, 아라이 슌지 [업] 일반·문화·시사영화 제작 [창] 쇼와 17년 9월 [상세 「조선영화계」란 참조]

조선영화배급사 태평통 2-102, 도쿄건물회관 ☎ 본 3325, 5824, 6016 [조] 사단법인 [임] [사] 다나카 사부로 [이] 오카다 준이치(岡田順一), 노자키 신조, 마지마 우메키치(間島梅吉), 하라다 고도(原田公道), 오노 도시유키(小野利幸), 이시바시 료스케(石橋良介) [감] 야나베 에이자부로(矢鍋永三郞), 이병길(李丙吉) [업무(부장)] 아사하라 류조(淺原隆三) [업] 영화 배급, 수출입 및 이출입 [창] 쇼와 17년 5월 [상세 「조선영화계」란 참조]

조선영화문화연구소 하세가와초(長谷川町) 112, 동양상공빌딩 ☎ 본 6234 [조] 개인 [대] 히로카와 소요(廣川創用) [지] 김화(金和) [영] 방한상(方漢相) [업] 영화출판

물 발행, 자료 조사 [창] 쇼와 16년 5월

조선고온(光音)공업주식회사 혼마치 3-1 ☎ 본 346 [조] 주식회사 [자] 18만 원 [주] 우에무라 야스지(植村泰二), 시마다 리키치(島田利吉), 야마다 에이키치(山田英吉), 일본고온공업주식회사, 시마다 기사부로(島田儀三郎) [영] 호리카와 레이지로(堀川禮二郎) [업] 16밀리 영사기, 부속품, 영화 대부(貸付), 출장영사 [창] 쇼와 16년

도아전기주식회사 조선출장소 [구칭: 롤라(Rola)컴퍼니] [본사: 오사카] 고가네마치 2-88 ☎ 본 1915 [소] 오노 도오루(小野亨)

도요상사사(東洋商事社) [오사카 이소노(磯野)전기공업주식회사 조선출장소] 사쿠라이초(櫻井町) 2-199 ☎ 본 8057 [대] 이마무라 다카시(今村孝) [지] 하시모토 쇼이치(橋本正一) [업] 영사기 및 영사용품 세트 [창] 쇼와 12년 12월

도호영화주식회사 경성출장소 [본사: 도쿄] 고가네마치 3-349-1 ☎ 본 1456, 3857 [소] 다나카 도미오

와다공장(和田工場) 토키부 조선출장소 [본사: 도쿄] 메이지마치 2-48 ☎ 본 3756 [대] 마쓰시타 마치(松下眞知)

일본음향주식회사 경성영업소 [구칭: 일본빅터(ビクター)축음기주식회사] [본사: 요코하마(横濱)] 하세가와초 112 ☎ 본 4179, 4239 [소] 가노 타로(狩野太郎)

일본영화사 경성지국 [본사: 도쿄] 태평통 1-31 ☎ 본 1314 [지] 스즈키 다쓰오 [선] 다카하시 와타루(高橋亘)

일본영화주식회사 경성영업소 [본사: 도쿄] 청진정 166 {443쪽} [소] 도요다 덴슈(豊田哲州)

후지사진필름주식회사 경성영업소 [본사: 가나가와 현] 남대문통 5, 닛카 빌딩 ☎ 본 5863

마루에이(丸榮)영화사 가사이초(笠井町) 243-2 ☎ 본 7532 [조] 개인 [대] 무라이 도쿠지(村伊德治) [업] 일본영화 무역, 내외 상공대리점

평양부
오카 요시타케 상점 평양출장소 [본사: 경성] 남문정 34 ☎ 평양 3619

황해도

오카 요시타케 상점 해주지점 [본사: 경성] 해주부 미나미아사히마치(南旭町) 417
☎ 해주 348, 538

오카 요시타케 상점 사리원지점 [본사: 경성] 사리원읍 북리 ☎ 사리원 127

1943년 | 쇼와 18년판 | 504~509쪽 | 제1부 일본영화계 – 영화관록

영화관록 [1943년 5월 조사]

조선 [169관, 휴관 중 1관]

[▼표가 붙은 곳은 휴관 중, '기타'는 설비관 수가 비교적 근소한 발성기 혹은 영사기]

경기도 [26관]

경성부 [17관]

관명	소재지	전화	흥행주	정원	발성기	영사기
기라쿠칸(喜樂館)	혼마치 1	본국 597	마지마 우메키치	1050	WE (Western Electric)	로얄[8]
경일(京日) 문화영화극장	혼마치 1	본국 7810	경성일보사	240	RCA	로얄
경성극장	혼마치 3	본국 1514	다이에이(大映)	750	롤라	롤라
도호 와카쿠사 (若草) 극장	와카쿠사초 (若草町)	본국 5254	오카모토 세이지로 (岡本清次郎)	1000	RCA	로얄
경성 다카라즈카 (寶塚) 극장	고가네마치 4	본국 2637	경성 다카라즈카 극장	1136	WE	로얄
메이지자(明治座)	메이지마치 2	본국 1484	이시바시 료스케	1120	WE	심플렉스 (Simplex)
나니와칸(浪花館)	메이지마치 1	본국 260	니시다 노보루 (西田昇)	350	롤라	로얄
도호 주오(中央) 극장	에이라쿠초 (永樂町) 1	본국 3014	오이시 사다시치 (大石貞七)	850	RCA	미쿠니 (ミクニ)

도화극장	도화정	–	도미 지쓰타로 (富井實太郎)	782	롤라	롤라
다이리쿠(大陸) 극장	수은정	광화문 4185	이시바시 료스케	650	RCA	미쿠니
우미관(優美館)	관철정	광화문 395	하야시다 긴지로 (林田金次郎)	789	RCA	로얄
신토미자(新富座)	신당정	히가시 1593	도미 지쓰타로	758	롤라	롤라
경일 종로 문화영화극장	종로 4	광화문 1755	경성일보사	814	RCA	미쿠니
화신(和信)영화관	종로 2	광화문 2800	박흥식	315	롤라	롤라
광무(光武)극장	왕십리정	–	소노다 미오 (園田實生)	513	롤라	미쿠니
성남(城南)극장	렌페이초 (練兵町)	용산 31	우에다 도모요시 (上田友義)	750	이소노	미쿠니
에이호(永寶)극장	영등포정	영등포 115	무라이 도쿠지 (村井德治)	400	미쿠니	미쿠니

인천부

관명	소재지	전화	흥행주	정원	발성기	영사기
히사고칸(瓢館)	신마치(新町)	인천 410	닛타 마타히라 (新田又平)	672	롤라	롤라
인천키네마	신마치	인천 1371	미쓰이 도라오 (三井寅男)	370	RCA	미쿠니
애관(愛館)	교마치(京町)	인천 399	미쓰이 도라오	550	RCA	미쿠니
인천영화극장	다쓰오카초 (龍岡町)	인천 1226	아오시마 호사쿠 (青島舖作)	272	와다 (和田)	미쿠니

개성부

관명	소재지	전화	흥행주	정원	발성기	영사기
개성좌(開城座)	니시 혼마치	개성 166	시라이시 세이이치 (白石誠一)	503	롤라	미쿠니

수원군

관명	소재지	전화	흥행주	정원	발성기	영사기
수원극장	수원읍 미야마치 (宮町)	수원 42	오다 하지메 (苧田甫)	494	미쿠니	미쿠니

안성군

관명	소재지	전화	흥행주	정원	발성기	영사기
애원(愛園)극장	안성읍	안성 29	보쿠하라 고헤이 (朴原衡秉)	556	롤라	롤라

고양군

관명	소재지	전화	흥행주	정원	발성기	영사기
게이키(京軌) 연예관	둑도(纛島)면	–	니시하라 도시오 (西原敏雄)	450	기타	미쿠니

부천군

관명	소재지	전화	흥행주	정원	발성기	영사기
가설(假說) 영화극장	소사읍	–	다카야마 헤이쇼 (高山炳照)	500	기타	어반 (Urban)

충청북도 [2관]

청주군

관명	소재지	전화	흥행주	정원	발성기	영사기
청주극장	청주읍 혼마치	–	이노우에 요시오 (井上好雄)	623	롤라	미쿠니

충주군

관명	소재지	전화	흥행주	정원	발성기	영사기
야마토(大和)극장	충주읍	충주 69	우에다 쇼스케 (上田章輔)	340	이소노	미쿠니

충청남도 [10관]

대전부

관명	소재지	전화	흥행주	정원	발성기	영사기
대전극장	가스가초 (春日町) 1	대전 306	도즈카 소조 (戸塚壯三)	700	롤라	롤라
게이신칸(警心館)	대흥정	대전 651	가타야마 도쿠이치 (片山徳一)	750	나카니시 (中西)	미쿠니
쓰바메자(燕座)	조치원읍	조치원 134	나카노 다이고로 (中野大五郎)	350	기타	기타

{504쪽}

공주군

관명	소재지	전화	흥행주	정원	발성기	영사기
공주극장	공주읍 혼마치	233	기도 데쓰(木戸轍)	470	인터 내셔널[9]	인터 내셔널

9 International. 일본 노무라(野村)산업 제품이다.

논산군

관명	소재지	전화	흥행주	정원	발성기	영사기
강경극장	강경읍	5	최동열(崔東說)	580	미쿠니	미쿠니
논산극장	논산읍 사카에마치(榮町)	24	시바무라 하루요시(芝村春吉)	380	신쿄(新響)	기타

서천군

관명	소재지	전화	흥행주	정원	발성기	영사기
유라쿠자(有樂座)	장항읍	−	다카기 지로(高木次郎)	−	−	미쿠니

예산군

관명	소재지	전화	흥행주	정원	발성기	영사기
예산극장	예산읍	예산 146	다카야마 유타카(高山豊)	480	기타	롤라

아산군

관명	소재지	전화	흥행주	정원	발성기	영사기
센라쿠칸(泉樂館)	온양면	−	나스 히코시치(那須彦七)	−	−	−

천안군

관명	소재지	전화	흥행주	정원	발성기	영사기
천안극장	천안읍	110	무라카미 이치로(村上市郎)		롤라	롤라

전라북도 [7관, 휴관 중 1관]

군산부

관명	소재지	전화	흥행주	정원	발성기	영사기
군산영화극장	개복정 1	군산 134	마쓰오 진페이(松尾仁平)	610	RCA	미쿠니
▼기쇼칸(喜笑館)	개복정 1 [소실(燒失)]	군산 344	가와카미 사카에(河上榮)	580	−	−

전주부

관명	소재지	전화	흥행주	정원	발성기	영사기
데이코쿠칸(帝國館)	천압읍 다이쇼마치(大正町) 2	본국 447	마쓰나가 시게루(松永茂)	760	빅터	인터내셔널

남원군

관명	소재지	전화	흥행주	정원	발성기	영사기
호코쿠칸(報國館)	남원읍	남원 126	구니사다 유타카 (國定豊)	428	미쿠니	인터 내셔널

정읍군

관명	소재지	전화	흥행주	정원	발성기	영사기
아키야마자 (秋山座)	정주읍	정주 146	박명규(朴明奎)	355	기타	롤라

부안군

관명	소재지	전화	흥행주	정원	발성기	영사기
쇼와(昭和)극장	부령면	부안 40	가네모토 고헤이 (金本光平)	305	롤라	미쿠니

김제군

관명	소재지	전화	흥행주	정원	발성기	영사기
김제좌	김제읍 혼마치	김제 23	곽용훈(郭鎔勳)	300	미쿠니	미쿠니

익산군

관명	소재지	전화	흥행주	정원	발성기	영사기
이리좌	이리읍	이리 117	미무라 도쿠타로 (三村德太郎)	450	기타	미쿠니

전라남도 [8관]

목포부

관명	소재지	전화	흥행주	정원	발성기	영사기
헤이와칸(平和館)	무안통	목포 110	모리모토 쇼지로 (森本正治郎)	513	RCA	로얄
목포극장	죽동	목포 718	기무라 유모 (木村邑茂)	780	RCA	미쿠니

광주부

관명	소재지	전화	흥행주	정원	발성기	영사기
데이코쿠칸 (帝國館)	혼마치 1	광주 660	구로세 도요쿠라 (黑瀬豊藏)	750	RCA	미쿠니
광주극장	혼마치 5	광주 832	최선진(崔善鎭)	1050	RCA	미쿠니

광산군

관명	소재지	전화	흥행주	정원	발성기	영사기
송정읍구락부	송정읍	–	최선진	407	롤라	롤라

여수군

관명	소재지	전화	흥행주	정원	발성기	영사기
여수극장	여수읍	여수 108	나카무라 가쓰미 (中村克己)	370	롤라	롤라

순천군

관명	소재지	전화	흥행주	정원	발성기	영사기
순천극장	순천읍	128	마사무네 요시토모 (正宗義知)	–	미쿠니	로얄

제주도

관명	소재지	전화	흥행주	정원	발성기	영사기
아사히구락부 (朝日倶樂部)	제주읍	–	후타무라 모리히코 (二村守彦)	300	기타	기타

경상북도 [15관]

대구부 {505쪽}

관명	소재지	전화	흥행주	정원	발성기	영사기
쇼치쿠영화극장	다마치(田町)	대구 992	이토 간고 (伊藤勘五)	570	로얄	로얄
에이라쿠칸 (永樂館)	다마치	–	호리코시 유지로 (堀越友二郎)	800	롤라	롤라
만경관(萬鏡館)	교마치 1	대구 982	니시야마 기치고로 (西山吉五郎)	720	이소노	미쿠니
대구 다카라즈카 극장	동성정 2	대구 741	호리코시 유지로	950	롤라	롤라

의성군

관명	소재지	전화	흥행주	정원	발성기	영사기
의성회관	의성읍	–	히라노 후미오 (平野文雄)	600	미쿠니	기타

안동군

관명	소재지	전화	흥행주	정원	발성기	영사기
안동극장	안동읍	–	히라노 후미오	300	나카니시	미쿠니

영일군

관명	소재지	전화	흥행주	정원	발성기	영사기
포항극장	포항읍	포항 326	야마노우치 마나부 (山之内學)	597	기타	미쿠니

경주군

관명	소재지	전화	흥행주	정원	발성기	영사기
경주극장	경주읍	경주 8	기노시타 기요시 (木下清)	350	기타	미쿠니

청도군

관명	소재지	전화	흥행주	정원	발성기	영사기
청도회관	청도면	12	오하라 기이치 (大原基一)	–	–	–

영천군

관명	소재지	전화	흥행주	정원	발성기	영사기
영천극장	영천읍	69	야스하라 자이쿄쿠 (安原在玉)	450	롤라	미쿠니

김천군

관명	소재지	전화	흥행주	정원	발성기	영사기
김천극장	김천읍 조나이마치 (城內町)	김천 233	사노 아키치요 (佐野秋千代)	800	로얄	로얄

상주군

관명	소재지	전화	흥행주	정원	발성기	영사기
상주극장	상주읍 니시마치 (西町)	상주 54	쓰게 고타로 (柘植光太郎)	370	미쿠니	미쿠니

예천군

관명	소재지	전화	흥행주	정원	발성기	영사기
예천극장	예천읍	48	마사키 이진 (正木渭鎭)	400	미쿠니	롤라

영주군

관명	소재지	전화	흥행주	정원	발성기	영사기
영주극장	영주읍	36	시로타 단키치 (白田旦吉)	500	롤라	어반
다이진자(大仁座)	구룡포리	구룡포 25	다다 진스케 (多田仁助)	300	기타	미쿠니

경상남도 [22관]

부산부

관명	소재지	전화	흥행주	정원	발성기	영사기
아이오이칸 (相生館)	혼마치 1	부산 2535	미쓰오 미네지로 (滿生峯次郎)	805	미쿠니	미쿠니
호라이칸(寶來館)	사이와이초 (幸町) 1	부산 2485	이와사키 다케지 (岩崎武二)	952	RCA	미쿠니
쇼와칸(昭和館)	사이와이초 2	부산 3216	사쿠라바 후지오 (櫻庭藤夫)	1050	RCA	로얄
고토부키자(壽座)	영선정	부산 8120 호출	도미가 시로 (富賀四郎)	341	기타	어반
야마토극장	수정정	부산 2742	시조 사다토시 (四條貞利)	550	와다	롤라
다이세이자 (大生座)	초량정	부산 4705	스기시타 스에지로 (杉下末次郎)	498	인터 내셔널	인터 내셔널

마산부

관명	소재지	전화	흥행주	정원	발성기	영사기
마산극장	미야코마치 (都町) 1	마산 327	혼다 쓰이고로 (本田槌五郎)	600	인터내셔 널	로얄
사쿠라칸(櫻館)	교마치	마산 321	스미타 슌조 (住田春三)	790	인터 내셔널	미쿠니
교라쿠칸(共樂館)	이시마치 (石町)	마산 703	혼다 쓰이고로	490	인터 내셔널	미쿠니

진주부

관명	소재지	전화	흥행주	정원	발성기	영사기
미우라칸(三浦館)	니시키마치 (錦町)	진주 144	미요시 노리오 (三吉範夫)	515	롤라	롤라
진주극장	사카에마치	진주 323	히라야마 무네요시 (平山宗淑)	600	롤라	미쿠니

밀양군

관명	소재지	전화	흥행주	정원	발성기	영사기
밀양영화극장	밀양읍 성내	밀양 141	미즈카미 이타미 (水上至海)	270	기타	로얄

울산군

관명	소재지	전화	흥행주	정원	발성기	영사기
울산극장	울산읍 성남동	106	시라이 가나에 (白井叶)	700	롤라	미쿠니
방어진극장	방어진리	–	아리요시 도메지 (有吉留治)	–	–	–

동래군

관명	소재지	전화	흥행주	정원	발성기	영사기
구포극장	구포면	–	하라구치 기요미 (原口清見)	293	기타	어반

{506쪽}

김해군

관명	소재지	전화	흥행주	정원	발성기	영사기
김해극장	김해읍 야마토마치 (大和町)	–	부시 노부쓰네 (武伺信恒)	460	기타	미쿠니

창원군

관명	소재지	전화	흥행주	정원	발성기	영사기
묘라쿠자(妙樂座)	진해읍	진해 38	데즈카 쇼이치 (手塚松一)	420	기타	미쿠니

통영군

관명	소재지	전화	흥행주	정원	발성기	영사기
통영좌	통영읍 아시노마치 (芦野町)	통영 147	무라카미 요시조 (村上善藏)	480	와다	미쿠니
호라이자(蓬萊座)	통영읍 다이쇼마치	통영 148	하시모토 요네키치 (橋本米吉)	500	롤라	미쿠니

사천군

관명	소재지	전화	흥행주	정원	발성기	영사기
삼천포극장	삼천포읍	63	시라카와 아키라 (白川晃)	–	RCA	어반
사천국민극장	사천읍	–	가네무라 다쓰고 (金村達五)	300	–	미쿠니

거창군

관명	소재지	전화	흥행주	정원	발성기	영사기
거창좌	거창읍	–	사카이 아이키치 (酒井相吉)	–	이소노	미쿠니

황해도 [6관]

해주부

관명	소재지	전화	흥행주	정원	발성기	영사기
해주극장	기타 혼마치	–	히구치 다이칸 (樋口泰貫)	600	롤라	로얄

연백군

관명	소재지	전화	흥행주	정원	발성기	영사기
연안극장	연안읍	연안 31	구니모토 마루노 (國本丸農)	560	롤라	롤라

안악군

관명	소재지	전화	흥행주	정원	발성기	영사기
태평극장	안악읍	–	야마모토 호즈이 (山本奉瑞)	456	미쿠니	미쿠니

신천군

관명	소재지	전화	흥행주	정원	발성기	영사기
고토부키자	신천읍	신천 134	다카시마 이사무 (高島勇)	550	롤라	미쿠니

봉산군

관명	소재지	전화	흥행주	정원	발성기	영사기
교라쿠칸	사리원읍	사리원 263	야스다 시즈오 (安田静雄)	560	롤라	미쿠니

황주군

관명	소재지	전화	흥행주	정원	발성기	영사기
겐지호(兼二浦) 극장	겐지호읍 혼마치	겐지호 44	후시야 사부로 (伏屋三郎)	620	로얄	로얄

평안북도 [9관]

신의주부

관명	소재지	전화	흥행주	정원	발성기	영사기
신영(新映)극장	우메가에초 (梅ヶ枝町)	신의주 590	임경범(林京範)	522	RCA	로얄
신센자(新鮮座)	우메가에초	신의주 1084	와타나베 하루타로 (渡邊治太郎)	800	인터 내셔널	인터 내셔널
세카이칸(世界館)	도키와초 (常盤町) 6	신의주 32	나카노 기미코 (中野キミ子)	700	롤라	미쿠니

의주군

관명	소재지	전화	흥행주	정원	발성기	영사기
의주극장	의주읍	–	가네다 다카헤이 (金田孝兵)	350	기타	기타

운산군

관명	소재지	전화	흥행주	정원	발성기	영사기
북진극장	북진읍	–	우나바라 세이쇼쿠 (海原正植)	600	롤라	롤라

정주군

관명	소재지	전화	흥행주	정원	발성기	영사기
정주극장	정주읍	정주 103	이케다 도라오 (池田寅雄)	450	이소노	미쿠니

선천군

관명	소재지	전화	흥행주	정원	발성기	영사기
선천극장	선천읍 혼마치	선천 53	다케시마 주키치 (竹島壽吉)	600	인터 내셔널	인터 내셔널

강계군

관명	소재지	전화	흥행주	정원	발성기	영사기
강계극장	강계읍 니시키마치	강계 211	니시쿠라 다카모리 (西倉高盛)	450	로얄	로얄
만포극장	만포읍	–	가나즈 슈켄 (金津守憲)	650	로얄	로얄

평안남도 [8관]

평양부

관명	소재지	전화	흥행주	정원	발성기	영사기
가이라쿠칸 (偕樂館)	사쿠라마치 (櫻町)	평양 2497	구보 헤이지로 (久保兵二郎)	902	WE	에르네만 (Erne mann)
다이슈(大衆)영화 극장	사쿠라마치	평양 2224	마루야마 하나 (丸山ハナ)	904	RCA	로얄
사쿠라(サクラ) 극장	사쿠라마치	평양 2926	모리 구와이치 (森鍬市)	367	RCA	로얄
평양영화극장	고토부키초 (壽町)	평양 5243	평양매일신문	669	롤라	롤라
명성(明星)영화 극장	수옥리	평양 2508	기야마 아쓰시 (木山淳)	600	로얄	로얄

{507쪽}

진남포부

관명	소재지	전화	흥행주	정원	발성기	영사기
미나토(港)극장	다쓰이초 (龍井町)	진남포 610	다부치 데쓰지로 (田淵哲次郎)	776	와다	미쿠니
슈라쿠칸(衆樂館)	후포정	진남포 818	오토네 스스무 (大利根進)	886	RCA	미쿠니

순천군

관명	소재지	전화	흥행주	정원	발성기	영사기
순천극장	순천읍	–	장현택(張賢澤)	300	미쿠니	미쿠니

강원도 [7관]

춘천군

관명	소재지	전화	흥행주	정원	발성기	영사기
춘천영화극장	춘천읍 혼마치	춘천 105	나카지마 타로 (中島太郎)	700	닙톤(Nipp tone)	미쿠니

통천군

관명	소재지	전화	흥행주	정원	발성기	영사기
고저좌	고저읍	고저 55	하쿠린 우이치 (伯麟宇一)	500	기타	미쿠니

고성군

관명	소재지	전화	흥행주	정원	발성기	영사기
장전극장	장전읍	장전 104	나이토 고로 (内藤五郎)	478	이소노	미쿠니

강릉군

관명	소재지	전화	흥행주	정원	발성기	영사기
강릉극장	강릉읍 혼마치	강릉 40	오야마 히로시 (大山弘)	590	롤라	롤라

삼척군

관명	소재지	전화	흥행주	정원	발성기	영사기
삼척극장	삼척읍	삼척 531 호출	엔도 후쿠타로 (遠藤福太郎)	480	이소노	미쿠니
북평극장	북삼읍 북평	북평 47	마쓰무라 겐유 (松村彦祐)	586	이소노	미쿠니

철원군

관명	소재지	전화	흥행주	정원	발성기	영사기
철원극장	철원읍	철원 215	와케지마 슈지로 (分島周次郎)	400	–	다카야 (タカヤ)

함경남도 [25관]

원산부

관명	소재지	전화	흥행주	정원	발성기	영사기
원산관	기타무라초 (北村町)	원산 1140	마쓰히라 라쿠진 (松平洛鎭)	660	RCA	미쿠니
다이쇼칸(大勝館)	교마치	원산 844	고이즈미 쇼조 (小泉昇三)	800	RCA	미쿠니
유라쿠칸(遊樂館)	이즈미초 (泉町)	원산 1125	후지사와 마사토 (藤澤正人)	600	RCA	미쿠니

함흥부

관명	소재지	전화	흥행주	정원	발성기	영사기
다이호(大寶)극장	고가네마치 1	함흥 3170	이성주(李成周)	505	롤라	롤라
명보(明寶)영화 극장	쇼와초 (昭和町) 1	함흥 3102	시바야마 기신 (芝山基瓲)	1050	RCA	롤라
함흥문화극장	쇼와초	–	오쿠야마 도시카즈 (奧山歲一)	200	–	–
혼마치(本町)영화 극장	혼마치 2	함흥 2368	마쓰무라 시게노부 (松村茂信)	519	RCA	미쿠니
함흥극장	야마토마치 2	함흥 2605	고바야시 도요조 (小林豊三)	755	이소노	미쿠니

함주군

관명	소재지	전화	흥행주	정원	발성기	영사기
흥남관	흥남읍	흥남 145	오이시 사다시치	560	인터 내셔널	미쿠니
용흥(龍興)극장	흥남읍	흥남 528	마루야마노 도라오 (丸山野虎雄)	920	와다	미쿠니
흥남문화영화극장	흥남읍	–	가도타니 기요시 (門谷清)	200	롤라	롤라
기라쿠칸	흥남읍	흥남 210	마에다 조타로 (前田長太郎)	550	인터 내셔널	미쿠니
쇼와칸	흥남읍	흥남 207	도와타 게이타 (砥綿啓太)	500	기타	미쿠니
영흥극장	영흥읍	–	가나에 긴파 (金江銀波)	400	신쿄	신쿄

| 고원극장 | 고원읍 | – | 지마타야 료키치
(岐谷亮吉) | 300 | 신쿄 | 신쿄 |

문천군

관명	소재지	전화	흥행주	정원	발성기	영사기
삼우회관 (三友會館)	도보면	–	미즈노 조이치로 (水野長一郎)	350	–	–

안변군

관명	소재지	전화	흥행주	정원	발성기	영사기
안변극장	안변읍	안변 18	아라이 세이린 (新井靑林)	800	코노톤 (Kono- tone)	코노톤

홍원군

관명	소재지	전화	흥행주	정원	발성기	영사기
홍원좌	홍원읍	홍원 67 호출	히로무라 하루요시 (洪村春善)	400	롤라	롤라

북청군

관명	소재지	전화	흥행주	정원	발성기	영사기
다카사고자 (高砂座)	북청읍 동리	북청 163	마쓰무라 야스히로 (松村康弘)	500	롤라	롤라
다카사고칸 (高砂館)	북청읍 내리	북청 66	마쓰무라 야스히로 (松村康弘)	489	롤라	롤라 {508쪽}
신포극장	신포읍	신포 20 호출	나카야마 겐이치 (中山賢一)	350	와다	미쿠니

단천군

관명	소재지	전화	흥행주	정원	발성기	영사기
단천좌	단천읍	단천 20	오모토 사다오 (大元貞雄)	788	롤라	미쿠니
단천극장	단천읍	–	미야모토 구라요시 (宮本倉良)	600	롤라	롤라

장진군

관명	소재지	전화	흥행주	정원	발성기	영사기
하갈공회당 (下碣公會堂)	신남면	–	기자와 고이치 (木澤幸一)	–	–	–

갑산군

관명	소재지	전화	흥행주	정원	발성기	영사기
혜산극장	혜산읍	혜산 161	야스다 류이치 (安田隆一)	455	기타	어반

함경북도 [20관][10]

청진부

관명	소재지	전화	흥행주	정원	발성기	영사기
니혼(日本)극장	신암정	청진 2333	마쓰시타 와사부로 (松下和三郎)	750	롤라	로얄
쇼와극장	포항정	청진 3156	마키타 미노루 (牧田稔)	612	코노톤	미쿠니
도호야마토 (東寶大和)극장	포항정	청진 3174	도호영화	678	RCA	로얄
청진문화극장	포항정	–	사이토 다케히사 (齋藤武久)	350	–	–
주오칸(中央館)	수남정	청진 3234	다케무라 에이사쿠 (竹村英作)	684	롤라	미쿠니
청진극장	니시 송향정	–	마쓰모토 고토쿠 (松本浩德)	765	이소노	미쿠니
엔게이칸(演藝館)	이코마초 (生駒町)	청진 419	우치다 후쿠지로 (內田福次郎)	608	–	미쿠니
데이코쿠칸	호쿠세이초 (北星町)	청진 2955	쇼바라 교겐 (祥原郷顯)	489	RCA	로얄
하쓰세자(初瀬座)	하쓰세초 (初瀬町)	청진 419	스기노 마사키치 (杉野政吉)	948	롤라	롤라

나진부

관명	소재지	전화	흥행주	정원	발성기	영사기
나진극장	아사히마치 (旭町) 1	나진 209	다니하라 노부오 (谷原信夫)	905	롤라	롤라

성진부

관명	소재지	전화	흥행주	정원	발성기	영사기
유슈자(遊聚座)	혼마치	성진특 207	미야타 시가키치 (宮田資嘉吉)	500	이소노	미쿠니
성진문화영화 극장	혼마치	성진특 130	야마나 마사오 (山名正雄)	260	RCA	로얄
성진공장 공회당	혼마치	–	미야모토 요시오 (宮本義雄)	–	–	–

경성군

관명	소재지	전화	흥행주	정원	발성기	영사기
영안극장	영안읍 혼마치	영안 18	사사키 다이이치로 (佐々木太一郎)	285	롤라	롤라

---

10   22관의 오기로 추정된다.

| 주을극장 | 주을 에키마에 도오리 (驛前通) | 62 | 가미야 요리마사 (神谷頼政) | 880 | 기타 | 미쿠니 |

길주군

관명	소재지	전화	흥행주	정원	발성기	영사기
길주극장	길주읍	성진 110	히데 도슈(秀東洙)	400	로얄	미쿠니

무산군

관명	소재지	전화	흥행주	정원	발성기	영사기
무산극장	무산읍	무산 23	도요나가 야스시 (豊永保)	703	코노톤	미쿠니

회령군

관명	소재지	전화	흥행주	정원	발성기	영사기
회령극장	회령읍 1동	–	회령극장	500	롤라	미쿠니

경흥군

관명	소재지	전화	흥행주	정원	발성기	영사기
웅기극장	웅기읍	웅기 206	이다카 다카노리 (位高隆則)	500	코노톤	닛세 (ニッセイ)
아오지극장	아오지읍 회암	회암 66	회탄흥업회사	600	닙톤	로얄
회암극장	아오지읍	–	사토 소고로 (佐藤惣五郎)	600	미쿠니	미쿠니

온성군

관명	소재지	전화	흥행주	정원	발성기	영사기
남양극장	남양읍 역 앞	남양 112	가네시로 고엔 (金城康燕)	500	와다	미쿠니

1943년 | 쇼와 18년판 | 517쪽 | 제1부 일본영화계 – 영배보합관 배급 순번 일람

조선 [1942년 10월 현재]

[조선영화배급사 보합관(步合館)[11] 중 제10번 순서까지를 기록한 것으로, 지명을 강조해서 표기한 것은 해당 도시에서의 개봉을 나타낸다]

11 1942년 조선영화배급사 설립 이래 조선 내 보합(부율)제도가 새로 정리되었는데, 이에 대한 세부 사항은 본 자료집 시리즈 4권 142~143쪽의 「사단법인 조선영화 배급회사 개황」과 184~195쪽의 「조선의 영화 배급흥행 전망」, 본문 중 「사단법인 조선영화배급사」의 '배급업무 개황'(222~226쪽) 및 '조선영화배급사·배급업무 규정'(236~241쪽)을 참고하기 바란다.

| 1번관 | 백계 **경성** 도호 와카쿠사극장, 메이지자 |
| | 홍계 **경성** 경성극장, 다카라즈카극장 |

1번관   백계 **경성** 도호 와카쿠사극장, 메이지자
      홍계 **경성** 경성극장, 다카라즈카극장

2번관   백계 **평양** 다이슈영화극장, **청진** 데이코쿠칸
      홍계 **평양** 가이라쿠칸, **청진** 도호야마토극장

3번관   백계 **부산** 호라이칸
      홍계 **부산** 쇼와칸, **함흥** 혼마치영화극장, 명보영화극장

4번관   백계 **대구** 쇼치쿠영화극장, **원산** 다이쇼칸
      홍계 **대구** 키네마구락부(キネマ俱楽部), **원산** 원산관

5번관   백계 **인천** 인천키네마, 함남·흥남읍 흥남관
      홍계 **인천** 히사고칸, 함남·흥남읍 기라쿠칸

6번관   백계 **대전** 게이신칸, **신의주** 신센자
      홍계 **대전** 대전극장, **신의주** 세카이칸

7번관   백계 **광주** 데이코쿠칸, **진남포** 슈라쿠칸
      홍계 **광주** 광주극장, **진남포** 미나토자(港座)

8번관   백계 경성 기라쿠칸, 다이리쿠극장
      홍계 경성 도호 주오극장, 성남영화극장

9번관   백계 **목포** 헤이와칸, **성진** 유슈자
      홍계 **목포** 목포극장

10번관   백계 **전주** 데이코쿠칸, **나신(羅新)** 나신(羅新)극장[12]

---

12   앞의 「영화관록」(본문 197쪽)을 참조컨대, 함경북도 나진부 나진(羅津)극장의 오기로 추정된다.

쇼와 17년 영화계 일지 [쇼와 17년 1월~12월]

1월

정월 제1주 경성부내 개봉관 상영은 메이지자[쇼치쿠] 〈소주의 밤〉, 도호 와카쿠사극장[도호] 〈남자의 꽃길〉, 경성 다카라즈카극장[닛카쓰] 〈에도 최후의 날〉.

6일 일주일간 미쓰코시홀(三越ホール)에서 〈겐로쿠 주신구라〉 자료전람회 개최.

7일 메이지자[쇼치쿠] 〈겐로쿠 주신구라 후편〉 개봉 상영, 동(同) 영화는 본년도 최초 총독부 추천영화로 선정. ○오후 2시부터 조선호텔에서 전(全) 조선 흥행장[관(館)]주(主) 참집(參集)하에 대동단결전선흥행자대회를 개최하고 조선흥행연합회 결성, 이사장으로 마지마 우메키치[기라쿠칸 주(主)] 추대.

10일 도호·고려 양사 제휴 〈망루의 결사대〉 제작 담당자 조선 방문, 교섭 결과 드디어 총독부 후원 결정, 3월 촬영 개시 예정으로 신인 등용을 위한 남녀배우 모집 개시. ○조선영화회사 항공영화 〈우러르라 창공〉[김영화(金永華) 감독] 촬영 개시, 로케 출발.

12일 경기도흥행협회[경성 18, 인천 3, 개성 1, 수원 1, 안성 1, 계 24관] 결성, 경성흥행협회 발전적 해소. 또한 전 조선 각 도(道) 공히 경기도에 준하여 이달 중 협회 결성.

17일 메이지자[쇼치쿠] 조선악극단 공연[영화 〈훈풍의 정원〉], 와카쿠사극장[도호] 빅터가극단의 새 이름 반도가극단 공연[영화 〈희망의 푸른 하늘〉], 다카라즈카극장[닛카쓰] 성보악극대(城寶樂劇隊, 경성 다카라즈카악극대) 공연[영화 〈결전 기병대〉]으로 경성 개봉 3관 모두 실연 경연(競演).

19일 오후 7시 경일문화영화극장에서 총독부 정보과 영화반 제작 신영화 특별 초대 시사회 개최[〈온돌(オンドル)〉 1권, 〈젊은 땅의 전사(若き土の戰士)〉 1권, 〈농업보국청년대(農業報國青年隊)〉 3권, 〈개척지 소식(開拓地便り)〉 3권].

21일 오전 10시 총독부 회의실에서 조선영화계발협회 창립 총회, 오후 2시부터

13 앞의 「범례」(168쪽)에도 소개되듯이 『영화연감』은 크게 제1부 일본영화계, 제2부 동아공영권영화계, 제3부 세계영화연표, 제4부 대동아영화관계자료로 구성되어 있는데 조선 및 대만영화계는 1부에 포함되어 있다. 참고로 2부에는 만주국, 중화민국, 남방 제 지역의 영화계가 수록되어 있다.

반도호텔에서 결성대회 개최. ○ 메이지자[쇼치쿠] 〈서반아의 밤〉 개봉.

24일 도호 와카쿠사극장(549쪽)에서 〈망루의 결사대〉 응모 배우 제1차 심사 개시. ○ 경성학우영화회 예회(例會)[〈이에미쓰와 히코자〉]. 다카라즈카극장 아랑극단과 제1회 제휴[조선어] 주야 2회 5일간 〈칭기즈칸〉 단독 프로그램으로 공연[1원 50전].

2월

1일 경성영화극장[신코(新興) 개봉] 항공영화 주간[10일간]으로 〈날아오르는 정열〉[총독부 추천영화] 개봉, 매일 4회, 국민학동(學童) 10전, 중등생도(生徒) 20전으로 단체 관람 시행. ○ 미쓰코시홀에서 추축국(樞軸國)영화 스틸전(展) 일주일간 개최[다카라즈카극장 주최]. ○ 도호 와카쿠사극장 전속 와카쿠사악극단은 '신세기'로 개칭, 반도흥행사(興行社)에 귀속되어 내선(內鮮)지방 순업(巡業) 출발.

5일 총독부 도서과장실에서 영화 배급기구에 관한 정식 협의 개시, 조선영화 배급협회[가칭] 창립위원 결정,[14] **위원장** 모리 히로시(森浩) 도서과장, **위원** 야기 노부오(八木信雄) 경무과장 [업자 측] 소노다 미오, 아사하라 류조 [상임위원] 시바야마 료지(柴山量二), 요시다케 데루요시(吉武輝芳), 사노 주사부로(佐野重三郞), 마지마 우메키치, 이시바시 료스케 [상임위원] 오이시 사다시치 [10일부(附)로 정식 발표].

11일 메이지자[쇼치쿠] 조선악극단 공연[영화 〈새로운 행복〉]. 이 공연을 끝으로 관주 이시바시 료스케는 대(對) 쇼치쿠의 공동 경영을 해소하고 이시바시 개인 경영으로 함.

13일 도호 와카쿠사극장 반도가극단 공연[〈하얀 벽화〉 병영(併映)], 다카라즈카극장 성보악극대 공연[〈야규대승검〉 병영]. ○ 학우영화회 예회[〈여학생기〉].

17일 쇼치쿠 메이지자는 '메이지자'로 개칭, 말일까지 휴관. ○ 닛카쓰영화 조선 배급소 주임 다무라 슌(田村峻) 경질, 후임 히다카 이쿠오(日高幾男)[전(前) 오카야마(岡山) 긴바칸(金馬館) 지배인].

23일 〈망루의 결사대〉 관계자 조선 방문[다카다 미노루(高田稔), 사에키 히데오(佐伯秀雄), 하라 세쓰코(原節子)]. ○ 신인배우 모집 중인 동 영화는 김일현(金一賢)[남],

---

14 이하 각 창립위원은 원문에서 성만 기재되어 있었으나 『조선영화통제사』(다카시마 긴지(高島金次) 저, 김태현 역, 인문사조선영화문화연구소, 1943, 242쪽)를 참고하여 이름을 추가하였다.

이준희(李準熙)[여] 2명을 각각 결정 발표.

　　28일 조선연극문화협회 제1회 정기총회에서 명예회장으로 경성제국대학 교수 가라시마 다케시(辛島驍) 추천.

3월

　　1일 메이지자 신장(新裝) 개관[〈가족〉[쇼치쿠] 〈가구야히메〉].

　　4일 〈흙에 산다〉[15][조선영화] 다카라즈카극장에서 개봉[〈고향(故鄕)〉[16] 병영]. ○ 조선영화사 작품 〈우러르라 창공〉을 군 보도부, 체신국 항공과가 후원 결정.

　　6일 미쓰코시에서 〈장군과 참모와 병사〉의 스틸전 개최. ○ 경성영화극장[신코]에서 〈오무라 마스지로〉[총독부 추천] 개봉.

　　9일 밤에 부민관(府民館)에서 〈장군과 참모와 병사〉의 초대 시사회 개최, 경성사단 보도부 오쿠보(大久保) 중좌 강연[주최 경성일보사]. ○ 오전·오후 2회 부민관에서 '금속류 특별 회수 취지 선전영화회' 개최[주최 총력경성부연맹, 후원 니치에이].

　　10일 부민관에서 육군기념일 기념 영화회 개최[경성부 개최]. ○ 다카라즈카극장에서 〈장군과 참모와 병사〉 유료 시사회. ○ 오후 6시부터 JODK 제1·제2방송에서 영화 〈우러르라 창공〉 출연자에 의한 전 조선 국어 방송[연출자 와다 켄(和田賢)].

　　12일 사쿠라이(櫻井)국민학교 교정에서 전승 제2차 축하 야외 영화대회[주최 경성일보사]. ○ 고려영화 지배인 최완규(崔完奎) 퇴사. ○ 전 조선 전첩(戰捷) 제2차 축하회 일제 거행.

　　28일 이규환(李圭煥) 감독, 조선영화사 제작부 차장으로 취임. ○ 학우영화회 예회[〈잠수함 1호〉].

　　29일 총독부 검열실에서 제작 10사 통합에 관한 긴급회의 개최, 향후의 업자 대표로 다카시마 긴지(高島金次)[경성영화]를 추대. ○ 조선영사기술자협회 주최로 경찰 참고관(參考館)에서 강습회 개최[강사 가에리야마 노리마사(歸山敎政)].

15　土に實る. 전매국에서 "조선 인삼 재배를 위한 고심과 그 품질의 우수성을 선전"하기 위해 만든 〈영초에 산다(靈草に生きる)〉의 제작을 담당했던 조선영화사가 "그러한 제목으로는 장사가 되지 않는다"며 개제하였다(본 자료집 시리즈 6권, 248~249쪽 참조). 〈흙의 결실〉〈흙에서 열매맺다〉 등으로도 불리는데, 본서는 동아일보 기사(1961.3.7.) 및 KMDb를 따라 〈흙에 산다〉로 표기한다.

16　일본영화정보시스템 및 일본영화데이터베이스에는 1923년 미조구치 겐지 연출작, 1931년 소토지 연출작, 1937년 이타미 만사쿠 연출작 3편이 검색되나 원문에서 가리키는 것이 어느 작품인지는 확정할 수 없다.

4월

1일 신코키네마가 다이에이로 통합, 경성영화극장은 신(新)회사 흥행부가 경영하기로 함. ○ 총독부 모리(森) 도서과장, 영배(映配)기관 문제로 업자 측 대표와 상경,[17] 절충에 임함. ○ 부민관에서 와카모토 문화영화부 주최 '영화와 무용(舞踊)의 모임' [50전] 개최.

2일 광고세 개정 관련 조선흥행연합회 관계자 세무서 참집, 타진회의 개최.

5일 당일부터 20일까지 각각 관할 경찰서에서 영사기사시험 신청서 접수 개시. 6월 실기시험, 8월 학과 시험, 9월 결과 발표 예정.

10일 신(新) 제작회사[18] 창립 위임장(委任長)은 경성상공회의소 부회장 다나카 사부로로 내정. ○ 다카라즈카극장, 개관 1주년 기념 흥행으로 〈미야모토 무사시 이치조지결투〉[닛카쓰] 성보악극대 실연.

20일 메이지자 〈영춘화〉 {550쪽} 개봉, 조선악극단 실연. ○ 다카라즈카극장 〈하늘의 저편〉 나쓰카시미(懷美)소녀악극단 실연. ○ 다이리쿠극장[쇼치쿠 2번관] 마루야마 와카코(丸山和歌子)의 쇼 〈몽파르나스의 밤(モンパルナスの夜)〉 병연.

23일 영배(映配) 일원화 실시 관련 경성 마쓰카네(松金)에서 조선흥행연합회 임시총회 개최, 전 조선 회원이 참집. ○ 선내(鮮內) 대상 일본 극영화 프린트는 2편으로 결정, 각 도시 개봉은 경성·평양, 부산·청진, 함흥·대구, 원산·인천으로 결정.[19]

5월

1일 사단법인 조선영화배급사 정식 인가. 사장에 경성상공회의소 부회장 다나카 사부로 취임, 업무부장에 아사하라 류조[도호 조선출장소장] 외 임명. ○ 개봉 계통 홍계(紅系) 메이지자·와카쿠사극장 〈기다리고 있던 남자〉 〈오로촌〉, 백계(白系) 경성 다카라즈카극장·경성영화극장 〈제5열의 공포〉 〈탄환 인간(飛彈びと)〉,[20] 평양은 경성

---

17 본문 중 '상경'은 도쿄 방문을 의미한다.

18 3월 29일자에서 언급한 제작 10사 통합 신설 회사를 가리킨다.

19 2편의 프린트에 대한 배급 순번을 개봉계(경성, 평양), 제2계(청진, 부산), 제3계(함흥, 대구), 제4계(원산, 인천)로 결정했다는 것으로, 본문 중 가운데 점과 쉼표로 구분하였다. 세부사항은 뒤에 이어지는 「사업계-배급 부문」(본문 212~214쪽)을 참조하기 바란다.

20 경성일보 광고(1942.5.1.) 등으로 판단컨대, 〈히다 사람〉의 오기로 추정된다.

과 동시 개봉. 경성 2번관은 홍계 성남극장·주오영화극장, 백계 다이리쿠극장·기라쿠칸. ○ 신(新)배급사 업무 개시에 따라 내지 각 사의 지사 및 개인 배급업자는 수중의 프린트를 모두 신회사에 인계, 위탁 배급.

8일 제2주 홍계 〈아버지가 있었다〉[총독부 추천], 백계 〈어머니여 한탄 말아요〉. ○ 영배 임시사무소는 일부를 도호출장소 내에 두고, 일부는 에이라쿠(英樂) 빌딩에 개설.

18일 신(新) 영화제작회사 설립에 수반, 기존 업자의 설비기구에 대한 매수평가 사정회(査定會)가 조선호텔에서 개최. ○ 다이에이 다구치 사토시(田口哲) 감독, 다이에이 소속인 채로 신 제작회사 기획에 참여.

29일 조선총독 경질. ○ 경성 종로의 제일(第一)극장을 빌려 '경일종로문화극장' 개설. ○ 총독부 회의실에서 영화향상회 개최.

31일 고려영화사·조선영화사 발전적 해소. 전자는 8년간 14편, 후자는 5년간 7편의 제작 성적. ○ 평양 가이라쿠칸에서 〈남쪽에서 돌아온 사람〉의 6번째 릴 1권 소실(燒失) 사건. ○ 5월 각 관 공히 수입 대폭 감소. 3만 원 이상 메이지, 경성 다카라즈카, 다이슈[평양], 와카쿠사극장. 2만 원 이상 가이라쿠[평양], 다이리쿠, 경성극장. 1만 5000원 이상 호라이[부산], 기라쿠, 명보[함흥], 대구키네마. ○ 조선영배 사업과장 마에다 고사쿠(前田幸作), 동(同) 선정(選定)과장 요시다케 데루요시 퇴사.

6월

1일 오전 8시부터 총독부 도서과 검열실에서 전 조선 영사기사시험 개시. ○ 조선영배는 전 조선의 순회영사업자를 통합, 순회반 결성에 나섬.

3일 홍계 다이에이 제1회 작품 〈유신의 노래〉 개봉, 백계 〈고원의 달〉.

4일 메이지자에서 〈밝은 포도(明るい鋪道)〉[교통선전영화] 시사회. ○ 체신국 기획 산금발전(産金發電) 문화영화 〈건설의 사람들(建設の人々)〉[기쿠치 모리오(菊地盛央) 제작] 드디어 완성.

14일 미쓰코시에서 총독부 추천영화 〈남해의 꽃다발〉 스틸전 개최. ○ 구(舊) 신코키네마 사무소에 다이에이 출장소 개설. ○ 학우영화회 예회.

16일 홍계[메이지, 와카쿠사극장]에서 〈모자초〉[총독부 추천] 유료 시사회. ○ 조선영배사무소 경성 태평통으로 이전.

　　20일 부민관에서 '징병제도 실시 감사(感謝), 동화(童畫)와 영화의 모임' 개최[주최 경성동극회(童劇會)].

7월

　　1일 평양 제일관 내부 개장 '명성영화극장'으로 개칭, 3번관이 됨. 개봉관 다이슈극장·가이라쿠칸, 2번관 평양키네마·평양극장. ○ 홍계 〈부계도〉, 백계 〈일본의 어머니〉 개봉.

　　8일 도호 조선출장소장 나카무라 이와오(中村巖) 규슈영업소 차장으로 전출, 후임 도쿄 가마타 도호 지배인 나카야마 히데오(中山英夫).

　　10일 총독부, 강제 상영 영화는 당분간 〈니혼뉴스(日本ニュース)〉로 하여 1회 흥행에 1편 이상 상영을 전 조선에 통첩. ○ 조선영배 배급과장에 시바야마 료지[전 도와(東和)상사 지사장], 선정과장에 노노무라 고헤이(野々村康平)[전 도호 영업], 사업과장에 가모이 요시카즈(鴨井吉一)[전 신코 지사장] 취임.

　　16일 국민총력조선연맹, 징병제 실시 선전영화 〈나는 간다(我等今ぞ征く)〉[21] [총독부 정보과 영화반 단노 스스무(丹野晋) 각색] 제작 착수.

　　22일 신 제작회사 창설 결정, 임시사무소 업무 개시. 일반을 대상으로 사표(社票) 현상모집.

　　29일 조선영화제작회사 설립 발기인회 제1회 총회를 오후 4시부터 은행집회소에서 개최, 전 닛카쓰 다마가와(多摩川) 제작부장 나카다 하루야스 촬영소장으로 취임.

8월

　　5일 계통 변경, 홍계 경성 다카라즈카극장·와카쿠사극장, 백계 메이지자·경성극장 (551쪽). ○ 신회사, 즉 조선영화제작회사는 촬영소 후보지를 경인선 소사(素砂)에서 물색 중.

21　원문을 비롯하여 『영화순보』 등 당시의 기사에서는 '我等今ぞ征く'라고 표기된 바, '우리들 지금 출정한다' 정도로 번역될 수 있으나 『실록 한국영화총서 (하)』(김종욱 편저, 사단법인 민족문화영상협회 기획, 국학자료원, 2002, 679쪽) 및 KMDb 등 그간 국내에서 사용되어왔던 제목을 따라 〈나는 간다〉로 표기한다.

11일 조선영화배급사 다나카 사장·오카다 준이치 상무 상경, 내지영배와 정식 계약 조인.

8일 경성·평양 홍계 동시 개봉의 〈목란종군〉, 경성의 다카라즈카극장과 와카쿠사극장은 관할 혼마치서(本町署)가 외국영화라는 이유로 대조봉대일(大詔奉戴日) 상영을 금지하여 〈건강하게 가자〉를 하루만 대체 상영.

14일 조선흥행연합회, 각 도 지부 추천 10년 이상 같은 관(館) 근속자 표창 거행. ○ 조선영배에서는 검열실에 납인기(蠟引機)를 비치, 신검열 프린트 즉각 납인을 실시.

20일 전 조선 친절주간 일제 실시, 흥행계도 협력 참가. ○ 조선 내 영사기 판매수리업 10개 사 조합 결성, 조선영배의 지정 조합이 됨. ○ 니치에이, 〈싸우는 일본(戰ふ日本)〉 시리즈 조선 편 제작을 위해 고니시(小西)와 니시(西) 두 명이 경성 방문, 각 방면과 협의.

25일 '전 조선 필름애호운동' 실시.

27일 국민학교 교과용 검정영화 시행 규칙 공포. ○ 조선영화제작회사 마크(mark) 현상(懸賞) 입선 발표.

31일 국민총력조선연맹 사무국에서 〈나는 간다〉 제작 협의.

9월

3일 오후 6시 부민관에서 〈말레이전기〉[총독부 추천] 군·관·민 유력인사 초대 시사회.

5일 전 조선 영화기사 합격자 389명 발표[갑 292, 을 97]. ○ 학우영화회 예회[〈구로가네의 아내〉]. ○ 다카라즈카극장 내에서 〈말레이전기〉 스틸전 개최.

10일 미쓰코시에서 〈말레이전기〉 스틸전 개최.

11일 오후 3시부터 가네치요(金千代)에 전 조선 업자 30여 명이 참집, 조선순회영사협회[가칭] 설치 관련 협의.

18일 순회영화 관련 가네치요에서 군·관·민 관계자 참집회의.

19일 오후 4시 은행집회소에서 조선영화제작회사[이하 '조영'으로 약칭] 창립 총회.

20일 항공기념일로 홍계 〈바다의 젊은 독수리(海の若鷲)〉, 백계 〈젊은 날개〉.

28일 경일문화극장에서 〈하늘의 신병〉 초대 시사회.

29일 〈망루의 결사대〉 관계자 현지 로케 재개 위해 내선(來鮮). ○ 후쿠시마(福島) 니치에이 지국장 도쿄로 전출, 후임 스즈키 다쓰오(鈴木辰夫).

10월

1일 시정(始政) 31주년 기념일. ○ 미쓰코시에서 〈남쪽의 바람〉 스틸전 개최. ○ 이후 경성부내 상설관 군인봉사요금 각 관 공히 25전 균일로 합의.

3일 조선영화제작회사, 구(舊) 업자 설비기구 매수금 지불 개시.

7일 21일까지 조영 창립 기념 '싸우는 영화전(展)' 경성 미나카이(三中井)백화점에서 개최.

9일 조영 최초 중역회의. ○ 영등포 엔게이칸(演藝館), 에이호극장으로 개칭하고 신장 개시.

19일 학우영화회 예회[〈위문주머니〉, 〈새(鳥)〉]. ○ 세키야 이소지(關屋五十二) 내선, 조영 아동영화에 참여.

23일 조선영화인협회[쇼와 14년 8월 설립], 회원 다수가 신제작회사에 흡수되어 발전적 해소.

26일 오전 8시부터 체신사업회관에서 조선영사기술자협회 제2회 총회 개최, 임원 개선(改選)[회장 다카야마 아쓰후미(高山淳文), 부회장 다쓰오키 마사즈미(龍興正純), 히무라 이사오(陽村勳男)]. {552쪽}

27일 대구에서 3일간 '싸우는 영화전' 개최.

28일 함흥 경일문화극장 개관[뉴스전문관 합계 8관]. ○ 징병제 취지 철저 순회영사 실시, 충청남도에서는 천안극장. 경기도에서는 10일간 관내 각지.

11월

1일 개봉 계통 변경, 홍계 메이지자·와카쿠사극장, 백계 다카라즈카극장·경성극장. ○ 영화향상회 예회 총독회의실에서 개회.

3일 진남포 미나토자 개장(改裝) 개관. ○ 〈쇼와 19년〉 조선영화사 제1회 작품 준비 착수. ○ '싸우는 영화전' 부산 개최.

7일 오후 5시부터 조선호텔에서 군·관·민 관계자 초대 조선영화제작회사 피로연.

20일 '싸우는 영화전' 평양 개최. ○ 학우영화회 예회[〈새벽의 진발〉].

24일 오후 6시 반부터 징병 70주년 기념 〈동양의 개가〉 시사회 메이지자·와카쿠사극장 양관에서 개최.

26일 사흘간 부민관 소강당에서 16밀리 영화강습회 개최[주최 총독부 정보과]. ○ 조선영화배급사에 이동영화반 직속·촉탁 계(計) 15개 반(班) 결성.

12월

1일 오후 6시 반부터 부민관에서 군·민·관 초대 〈하와이 말레이해 해전〉 초대 시사회[홍계 제1주 개봉]. ○ 미쓰코시에서 〈영국 무너지는 날〉 사진전[홍계 제3주 개봉]. ○ 도호 지사장 나카야마 히데오 도쿄 본사로 전출, 후임 다나카 도미오(田中富雄).[22]

5일 오후 6시 JODK에서 〈하와이 말레이해 해전〉 녹음 이야기 방송.

6일 진해 경비부(警備府)에서 〈하와이 말레이해 해전〉의 해군관계자 및 가족 초대 시사회.

8일 조선영화배급사의 이동영화반 13개 반 전 조선 각 도 일제히 순회 출발. ○ 〈쇼와 19년〉 2권[전 다이에이 모리나가 겐지로(森永健次郎) 연출] 촬영 개시.

13일 오후 6시 반 부민관에서 〈영국 무너지는 날〉 초대 시사회.

17일 조선영화배급사 주최로 이틀에 걸쳐 '추천영화 관상회(觀賞會)'를 개최할 예정이었으나 흥행협회 요청에 의해 중지.

23일 경성극장, 1월 제1주까지 휴관. ○ 영화기획심의회 위원 25명 결정. 회장 경무국장 단게 이쿠타로(丹下郁太郎). ○ 조선뉴스, 새롭게 〈조선시보(時報)〉 제1보 완성. ○ 조선영화촬영소를 고가네마치 4초메로 이전.

25일 조선영배에서는 북선(北鮮) 국경 위문을 위해 영화반 파견. ○ 조영 〈조선에 온 포로(朝鮮に来た俘虜)〉 촬영 개시[연출 안석영(安夕影)].

22   연감의 앞부분에는 田中富夫 라 표기되어 있다.

영화정책의 동향

　1억이 술렁거린 승리의 함성으로 밝은 쇼와 17년은 조선영화계에서도 실로 눈부신 역사적 해, 신생(新生)의 해였다. 오랫동안 불확실했던 것이 확실히 궤도상에 오른 해였다. 이것이 드디어 강력하게 매진하는 것은 바로 다음 해 쇼와 18년도일 것이다.

　쇼와 16년 12월 업자 대표와 당국자의 상경 교섭에 의해 조선에 독자적인 영화배급기관을 설치한다는 원칙안이 계속적으로 강력 요구, 주장되었다. 조선영화령 공포 이래 토의되어왔던 조선영화 10개사 합동의 의(議) 역시 내지영화회사의 신정세에 처하여 또다시 논의되며 기타 조건의 변화에 따라 거듭 불거졌는데, 제작업자들이 합동하여 1개 사를 결성할지 아니면 새로운 구상 위에 1개 제작회사를 탄생시킬지 매우 불안한 상황이었다. 당국의 선처에 의해 다행히 기본 방책대로 지난 1년간 양자가 모두 탄생할 수 있었다는 것은 실로 경축하지 않을 수 없다.

　조선 영화정책의 기준은 바로 조선영화령에 의거한다. 이를 적절하게 운영하기 위하여, 직접 감독·지도의 중심에 있는 총독부 경무국 도서과 및 정보과, 사회교육과에서 각각의 분장(分掌) 사항을 입안, 실시하고 있다.

　조선영화는 말할 것도 없이 일본영화와 하나로 이어진다. 그러므로 과거 조선영화가 고집해왔던 지나치게 조선적인 풍속이나 언어 등에 재검토가 가해지는 일은 당연하다. 반면 영화배급기구에 관하여는, 내지영배의 지사를 조선에 설치하는 내지안에 대해 근본적으로 의견을 달리하여 조선에는 독자적인 기구를 설립하고 이를 통한 수익을 조선문화 향상의 자원으로 해야만 한다는 안이 당초부터 부동의 의견으로서 강경하게 주장되었다. 조선 내 30여 개 군소 배급업자로 이루어진 조선내외영화배급조합을 중심으로, 다년간의 경험과 지반을 가진 인재를 포함하여 사단법인 조선영화배급사가 5월에 개설되었다. 9월에는 내지 각 부문의 일류 인물들이 입사하고 조선영화인협회 멤버들을 망라하여 '조선영화제작주식회사'가 설립되었는데, 이렇게 다난한 영화행정 주체들은 경무당국 도서과의 지도에 근거한다. 그 밖에 전년도부터 이어진 현안이었던 영사기사시험이 4월 신청 접수를 개시, 629명의 수험자 중 389명의 합격자를 발표했다. 그러나 이는 상설관 측 필요 인원보다 (553쪽) 30여 명 부족한 것이었다. 이를 보강하기 위해 조선영사기술자협회에서 유자격자를 가맹시키고 지도강습회 실시가 이루어지도록 하고 있다. 나아가 7월 10일 이후 강제 상영 통첩을 발한 것도 영화정책에 획기적인 일이었다.

1. 강제 상영 영화는 총독이 인정한 뉴스영화로 함.
2. 7월 10일부터 1회 흥행에 반드시 1편 이상 상영함.
3. 당분간 일본영화사가 제작한 〈니혼뉴스〉로 함.
4. 뉴스영화의 인정 유효기간은 6개월로, 필요에 따라 단축함.

이어서 9월에는 신제작회사가 설립되었고, 경무국장을 회장으로 하는 영화기획심의회를 설치하여[12월] 영화 검열과 더불어 사전심사제가 확립됐다. 그 밖에 전 조선 130여 흥행주로 하여금 조선흥행연합회를 결성하도록 하고 전 조선 각 도에 도지부를 설치하는 등 흥행계의 신체제 확립도 기했다.

생필름의 민간 수요 할당은 검열을 관장하는 도서과에서 행하는 데 반해, 정보과에서는 주로 관 수요에 대한 할당을 행하고 관청·공공단체 영화 종사자의 연락기관인 영화향상회를 개최하며 조선영화계발협회의 운영 및 영화 강습회 등에서 지도적인 역할을 한다. 동시에 영화반에서는 조선 사정을 소개하는 문화영화를 제작, 반도 시정(始政)의 발자취를 국어, 지나어, 말레이어 등 수개 국어판을 통해 공영권 내 널리 반포·선전하는 데 이바지하는 일역을 짊어지고 있다.

사회교육과에서는 영화령에 기초하여 영화 추천, 문화영화 인정 등을 행한다. 그 밖에 아동생도 대상 영화들도 선정해왔는 데, 올해 8월 공포된 국민학교 교과용 검정영화 시행 규칙에 따라 영화를 통한 적극적 교화방책을 확립한 것이다.

한편 조선의 영화 보급 상황은, 내지가 3만 명 대 1관 정도인 것에 반해, 비율이 가장 좋은 함경북도가 7만 3000명 대 1관이며 함남·경남·경기 각 도가 그 뒤를 잇고, 최하위인 충청북도가 40만 2000명 대 1관으로 전남·황해·강원 각 도가 이를 따른다. 전 조선 약 150관 중 철근 콘크리트로 지어진 대형 영화극장은 20여 관에 지나지 않는데, 그 반수가 경성과 평양에 있다. 경성 120만 인구에 겨우 18개 관, 평양 40만 인구에 5개 관인 수준이니 오락기관이 적다는 것은 분명하다. 게다가 프린트와 영사기, 기타 자재의 부족이 오락의 빈곤을 한층 강화시키고 있다. 프린트 부족은 영화관의 실연 혹은 연극 방면의 융성을 초래, 악극단이나 극단이 영화관 무대에 올라오는 경향을 야기하였다. 더욱이 이들 악극단이나 극단이 모두 조선인으로 구성되어 조선어로 공연할 때, 조선 주재 내지인의 오락은 어떻게 해결할 것인가. 영화 부족을 보충하는 차원에서도 조선연극문화협회[회장 가라시마 다케시]가 2월에 강화된 일이 반갑기는 하지만, 문제 해결의 열쇠는 되지 않는다. 어떻게 해서든 프린트의 실질적인 증가를 꾀하지 않으면 안 된다. 이를 위해서 '전 조선 필름애호운동'[8월]을 실시하고 영사기술 향상을 기하는 등의 방책이 고려되고 있지만, 이 역시 단순한 미봉책에 불과하다. 12월에 이르러 조선영화배급사가 오랫동안 대망(待望)해왔던 순회영화반이 드디어 결성된 것이 그나마 달가운 일이라고 할 수 있을 것이다.

조선 관객층의 현 상황은, 내지 6대 도시에서 인구 1인당 관람횟수가 14회 내지 16회인 데 반해, (인구) 120만의 대(大) 경성이 겨우 7회이며, 전 조선에서는 1년 동안 3000만 명 정도로 1인당 연간 1회를 채우지 못하는 근소한 상황이다. 상설관 수도 마찬가지지만, 건전한 오락을 제공한다는 점에서도 이를 어떻게 처리할지 고려해야 한다. 상설관 관객의 6할 내지 8할이 조선인이라는 점도 고려하지 않으면 안 된다. 나아가 내선일체가 철저해지고 있는 오늘날, 내무성 검열(을 통과한 작품)을 총독부 도서과(554쪽)에서 다시 검열받지 않으면 안 되고, 이렇게 검열이 끝난 작품이라 해도 지방에서는 경찰의 권한으로 상영이 허가되지 않는 경우조차 있다. 이는 조선이라는 특수 사정을 고려하면 아직 어쩔 수 없는 일일 것이다. 쇼와 19년 징병제 실시, 쇼와 21년 의무교육 실시 등 획기적인 비약을 이어나갈 다크호스 조선. 이러한 조선에서 문화운동, 특히 총후의 탄환이 되는 영화의 사회정책은 실로 긴요한 일로서 고려되어야 할 것이다. 이는 물론 조선 당사자의 중책이지만 내지 조야(朝野)의 관심을 높여 절대적인 협력을 기대하지 않으면 안 되는 것이다.

사업계

배급 부문

대동아전쟁 발발과 더불어 적성(敵性)국가 영화를 일제히 몰아내고 내지의 배급통제회사가 일원화됨에 따라, 조선영화계가 다년간의 배급기관 개혁안을 표면화한 것은 당연한 일이다.

조선에는 쇼치쿠, 도호 같은 큰 회사는 물론 30여 개에 달하는 군소 배급업자가 있어 쇼와 10년 1월 이래 '조선내외영화배급조합'이라는 동업조합이 조직되어 있었는데, 이는 말 그대로 동업자 간 연락과 친목을 위한 기관에 지나지 않았다. 그럼에도 불구하고 총독부 공인단체였던 만큼 조합장의 승인이 없는 검열신청서는 각하되었다. 물론 이 조직을 무시하고서는 배급통제운동의 실현을 기대하기 어렵다. 하지만 업자들이 결국 내지배급회사의 출장소에 불과하여 조선문화 발전이라는 사명을 직접적으로 통감하지 못하는 것이 아쉬웠다.

당국이 조선의 배급기구 방침을 내지영배의 출점(出店)이 아니라 어디까지나 독자적인 기구로 조선문화의 한 부분을 짊어질 배급조직 설립에 둔 것은 오히려 당연했다. 조합 자체로부터 적극적으로 나서겠다는 의견을 겨우 얻어 업자 대표와 당국자가 상경 교섭, 이를 통해 조금이나마 전망이 보였던 것이 16년 12월. 17년 2월 '조선영화배급협회'[가칭]의 창립위원이 정식 발표되었다.

위원장 모리 도서과장

위원 야기 경무과장 **배급 측** 소노다[다이토], 아사하라[도호], 시바야마[도와], 요시다케[쇼치쿠], 사노[경성일보] **흥행 측** 마지마[기라쿠칸], 오이시[주오극장], 이시바시[메이지자]

간사 무라카미 마사쓰구(村上正二) 도서과 사무관, 시미즈 쇼조(清水正藏) 통역관, 호시데 도시오(星出壽雄) 경무과 사무관

이후 내지 측과 수차례 교섭한 결과, 내지보다 늦은 5월 1일 '사단법인 조선영화

배급사'가 새로 발족하였다. 동 사는 기금 15만 원으로, 흥행자 측이 5만 원, 조선영화제작회사가 5만 원, 기존 배급업자 및 일반이 5만 원을 출자하였으며, 조선 내 일체 일원배급을 행하고 내지로부터 신작 한 편당 2편씩의 프린트를 들여오기로 했다. 그 배급에 대해서는

1. 계통, 프로그램, 관람료는 흥행단체의 의견을 참작하여 동 사에서 결정함.
2. 배급영화는 원칙적으로 극·문화·시사 각 1편으로 구성한 프로그램을 단위로 함.
3. 배급 요금은 총수익의 5할 7푼 5리가 동 사, 4할 2푼 5리가 흥행자. 필요경비는 양자 절반(으로 부담함).

등의 사항이 결정, 내지와 마찬가지로 홍백 2계통으로 하되 각 도시의 배급 순번은 과거 실적에 견주어 개봉계[경성·평양], 제2계[청진·부산], 제3계[함흥·대구], 제4계[원산·인천]가 되었다.

창립 당초, 전 조선 1개년 추정 수입은 어림잡아 250만 원 내외로 예견되었다. 이에 따라 배급수입은 대략 80~120만 원, 그중 경비를 차감한 20~50만 원의 이윤이 예상되었다. 결과적으로 대략 85만 원 정도의 수입을 거둔 모양으로, 그 이윤은

1. 전 조선 농산어촌을 위한 순회영사반 결성 {555쪽}
2. 조선영화제작회사를 위한 조성금
3. 흥행장 및 기타 설비개선 조성금

등으로 돌리도록 했는데, 조선문화를 위해서 아낌없이 투자되어도 좋을 것이다. 동 사는 조선영화제작회사 다나카 사부로 사장을 사장으로, 상무이사에 오카다[전 검열관], 이사에 마지마[흥행연합회 이사장], 이시바시[동 회 간사], 하라다[경성일보 영업국장], 가타오카(片岡)[마이니치신보 전무], 영업부장에 아사하라[도호]로 구성되어 있다. 그 성격상 총독부 도서과의 지시를 받아야 함은 물론이거니와 모든 것을 흥행 측 및 제작 측과 긴밀한 연락하에 실시해야만 하는 답답함이 있다. 이 때문에 배

급업무, 문화공작(工作)이 약화되어서는 안 될 것이다. 이동영화반 조직이 늦어지거나 흥행 측 요청에 의해 추천영화 감상회가 중단되거나 하는 것은 좋지 않다. 프린트 부족으로 인하여 영화관에서 실연(實演)이 활개를 치고 있는 이때, 배급사는 더욱 대중적인 견지에서 오락 제공의 일익을 담당할 방책을 적극적으로 고구(考究)할 수 있어야 하지 않겠는가. 나아가 영화 제작에 대해서도, 흥행계 신체제에 처해서도, 영화배급사가 어느 정도 이니셔티브를 가져야만 조선문화의 향상을 기대할 수 있지 않겠는가. 일반은 이렇게 크게 기대하고 있다. 특히 도의조선(道義朝鮮) 확립을 위해 영화인 전반이 질적 향상을 꾀하고 크게 연성(鍊成)하지 않으면 안 될 것이다.

조선영배는 창설 이래 배급업무 외에도 일반 운동으로서 조선흥행연합회·조선영화기술자협회와 3자 협력으로 '전 조선 필름애호운동'[8월]을, 조선영화제작주식회사와 합동으로 '싸우는 영화전'[10월]을 펼쳐왔다. 앞으로도 백척간두진일보(百尺竿頭進一步)하여 조선문화의 추진력이 되어야 할 것이다.

조선영화배급사가 설립되면서 조선내외영화배급조합 중 개인영업의 군소 배급업자는 이미 소멸했고 나머지 방화지사 출장소 정도로 축소되었다. 신코, 닛카쓰, 쇼치쿠, 도와상사 각 지사는 해소되었으며 새롭게 다이에이가 출장소를 개소했다. 이에 따라 조선에서 다년간 지반과 경험을 쌓은 유능한 인재들이 조선영배로 들어가게 되었다.

흥행 부문

배급 및 제작 부문에서 신체제가 확립되자 조선영화의 흥행 부문 역시 그 영향을 받지 않을 수 없었다. 가장 큰 타격은 프린트 감소였는데, 이에 따라 배급기구 즉 무계통 배급이 전면 개혁되었다. 이윤만을 추구하던 종래의 자유주의적 흥행이 패퇴한 것이다. 이러한 사회 정세의 변화 속에서 줄곧 비전체주의의 대표인 듯 보였던 흥행 부문은 어떻게 처신해야만 하는가. 당사자들 스스로가 크게 변혁하지 않으면 안 되었다.

올해 1월, 전 조선 130여 개의 흥행관 관계자 약 190명이 경성에 참집(參集)하여 전 조선대회를 개최, 종래의 흥행협회를 해소하고 조선흥행연합회를 결성하여 각 도 단위에 지부를 설치하기로 했다. 그리하여 2월 중 기구 정비를 대부분 마무리, 새로운 배급기구에 전폭적으로 협력했다.

　　종래에는 내지 배급회사의 지사와 걸핏하면 의견 대립을 보여왔으나, 드디어 조선 독자의 배급기구가 설립되자 이로부터 가장 큰 영향을 받게 될 지방 소(小)상설관들의 요망도 충분히 참작할 수 있게 되어 흥행 부문 전체가 보조를 맞추게 되었다. 이 밖에도 연합회 결성의 성과는 컸는데, 그 임원 진용은 다음과 같다.

이사장 마지마[기라쿠칸], **부이사장** 오이시[주오극장]·호리코시[대구], **상임이사**
이시바시[메이지자], **기타 이사** 각 도에서 1명씩, 경성에서 3명.

　　이 연합회는 각 도지사로부터 인가받은 167개 영화 상설관으로 구성되었는데 6월 총독부와 협의 결과 32개의 비상설관 및 가설극장을 추가, 연합회의 체제가 명실공히 강화되었다. {556쪽}

　　5월, 조선영배가 사무를 개시하면서 한 달에 한 주는 재상영을 하기로 했다. 그 결과 영화가 부족한 틈새를 실연물이 채우게 되었다. 즉 악극단과 극단이 영화관에 진출하는 경향이 초래되었는데, 영배의 대(對) 흥행 부문은 이에 대해 충분히 검토해야 할 것이다. 선전광고의 경우에도 영배 선전과와 각 관이 긴밀한 연락을 취하게 되어, 프로그램 편집 등에서도 고려가 필요하게 되었다. 이를 두고 흥행 측에서 영배가 배급해주는 대로 받아들였을 뿐이라고 한다면, 이는 너무도 비국가적인 흥행 형식이다. 경성 각 관이 군인봉사요금을 25전 균일로 합의한 것은 훌륭하지만, 더 나아가 관객 훈련과 공공사업을 위한 흥행관 제공 등 새로운 문화 도장(道場)으로서의 사명을 자각하지 않으면 안 될 것이다.

　　한편, 영화배급사 설립과 더불어 내지 각 지사의 철수 혹은 해산 등이 잇따른 결과, 종래 쇼치쿠·도호·신코 등 직영 내지 보합경영이었던 흥행관들이 소수를 제외하고는 필연적으로 해약, 개인 경영이 되거나 다른 흥행단체의 수중으로 넘어갔다.

　　그 밖에 영화 신체제가 도입됨에 따라 각종 조합 및 단체가 소멸해버리거나 강화되는 등의 일이 벌어졌다. 다음은 그 주요 사례들이다.

조선내외영화배급조합 쇼와 10년 1월에 대소(大小) 약 30여 명의 업자로 결성된 이래 조직에 부침이 있었으나, 지난 5월 신 영배사에 처분을 위탁하고 해산.

조선영화기술자협회 쇼와 15년 9월 결성되어 올해 10월 제2차 총회를 개최했다. 올 초 면허 소지 기사 389명을 추가하여 체제를 강화했다. 나아가 3월에는 내지에서 가에리야마 노리마사를 초청, 6일간 기술 강습을 진행했다. [회장 다카야마 아쓰후미, 부회장 다쓰오키 마사즈미, 부회장 히무라 이사오]

조선영화인협회 쇼와 15년 2월 창립 이래 기능 등록자 90명 외 합계 130여 명이 소속되어 있었으나 이 중 다수가 조선영화제작주식회사에 흡수된 결과, 지난 10월 발전적으로 해소되었다.

영사기계수리판매업조합 올해 9월 전 조선 영사기계 수리판매업 7개 점포가 조합을 결성, 조선영화배급사 지정 조합이 되었다.

조선영화제작자협회 쇼와 15년 12월에 전 조선 제작업 10개 사가 결성, 올해 9월 조선영화제작주식회사 설립과 더불어 소멸.

1943년 | 쇼와 18년판 | 557~559쪽 | 제1부 일본영화계 - 조선영화계

제작계

30년 역사의 조선영화는 올해를 기하여 일대 전환을 이루었다. 조선영화제작주식회사가 설립된 것이다. 용의주도한 기획도 없이 무리하게 자금을 변통하여 빈약한 제작진으로 시작한 종래의 영화들이 변변한 성과를 얻지 못한 것은 당연한 일이었다. 무엇보다 인적 요소가 결여되어 있었는데, 기획·연출·촬영 등을 맡은 사람들이 스스로의 미숙함을 깨닫지 못하고 무리해왔으며, 자재(조달)는 물론 수리에 이르기까지 모든 것을 내지에 의존하고 있었다. 촬영소와 녹음소도 빈약하여 진정한 기업으로서 영화 제작이 일어날 수 없었다. 이러한 상황에서 이번에 새롭게 제작회사가 설립된바, 바야흐로 이 단일회사의 성쇠가 앞으로의 조선영화 전부를 대표하게 될 것이다. 내지 3대 회사와 공통의 사명을 가지고 새로운 일본문화 건설에 매진해야 할 것이다.

이 기회에 일단 종래의 조선영화 전모를 되돌아볼 필요가 있을 것 같다.

조선영화는 과거에 130편의 영화를 선보였다.

1. 무성영화

다이쇼 15년까지	17편
다이쇼 15년 이후 쇼와 5년까지	43편
쇼와 6년부터 10년까지	35편 {557쪽}
합계	95편

2. 토키영화

쇼와 13년까지	16편
쇼와 14년	7편
쇼와 15년	3편
쇼와 16년	8편
쇼와 17년	1편
합계	35편

그런데 이들 작품은 도중에 배우의 급료도 지불하지 못하거나, 겨우 완성되었다 싶으면 사방의 자금주에게 원판을 빼앗기거나 하는 식의 일이 반복되었다.

쇼와 14년 조선영화령 실시와 더불어 잠정적으로 제작과 배급업 인정을 받았던 이른바 10개 사조차도, 조선영화사를 제외하고는 모두 개인 투자 혹은 합자로 온전한 회사의 형태를 갖추지 못했을 뿐만 아니라 개중에는 작품을 한 편도 내놓지 못한 업자도 있었다.

조선영화주식회사 [자본금 50만 원, 사장 최남주(崔南周)]

고려영화사 [대표 히로카와 소요]

조선문화영화협회 [대표 쓰무라 이사무(津村勇)]

명보영화사 [대표 이병일(李炳逸)]

경성발성영화제작소 [대표 다카시마 긴지]

경성영화제작소 [대표 야나무라 기치조(梁村奇智城)]

한양영화사 [대표 김갑기(金甲起)]

황국영화사 [대표 후루하타 쇼조(降旗省三)[23]]

선만기록영화제작소 [대표 구보 요시오(久保義雄)]

동양토키영화촬영소 [대표 구니모토 다케오(國本武雄)]

이들 10개 사는 쇼와 15년 11월에 합동위원회를 조직했으면서도 그 후 전혀 진전을 보이지 못했는데, 마침 생필름 부족과 배급 통제를 계기로 내지 영화사 합동 통제에 관한 정부 견해가 발표되자 자진하여 통제회사를 설립하자는 움직임이 생겨났다. 그리하여 쇼와 16년 9월, '주식회사 조선영화제작자협회 설립위원회'라는 것이 위의 10개 사 협력하에 결성되었다. 이 회사는 공칭자본금 300만 원을 4회 분할 납부로, 첫 납부금 75만 원 중 45만 원은 기존 설비 매수비에, 30만 원은 신설비 확충에 할당하는 안(案)으로 하였다. 제작은 조선 할당량을 기준 삼아 극영화 6편, 문화영화 6편, 뉴스 12편으로 하였는데, 이는 내지에 비하면 근소하지만 과거 어느 회사의 생산량보다도 많은 것이었다. 쇼와 16년 10월, 업자 측 최종안이 당국에 제출되었다.

이에 올해 3월, 10사 대표 다카시마 긴지가 당국과의 절충에 나섰다. 합동운동의 방법을 일단 백지로 환원한다는 성명과 더불어 총독부 당국은 조선영화배급사장 다나카 사부로에게 신회사 조직을 내명(內命)[4월], 재(在) 조선의 일류 재벌들을 망라하여 자본금 200만 원[5분의 2 납부]으로 신회사 창립에 착수, 9월 29일에 정식 수속이 끝났다. 그 결과 기존 설비기구 일체를 신회사에 매양(賣讓)하기로 했는데, 총독부가 다이에이 도쿄 제2촬영소 기술과장 요코다 다쓰유키(橫田達之)를 위촉하여 매수평가사정을 진행한바, 업자 측 견적과 상당한 차이가 있었으나 결국 30여 만 원으로 확정[조선영화주식회사를 제외]하였다. 다나카 신사장은 촬영소 중심주의를 채택, 전 닛카쓰 다마가와 촬영소 제작부장 나카타 하루야스를 상무 겸 촬영소장으로, 다카시마 긴지를 총무부장으로 기용하였으며, 제1촬영소를 경인선 소사 부근에

---

23 「조선영화통제사」(다카시마 긴지 저, 김태현 역, 인문사조선영화문화연구소, 1943, 45쪽)에는 후루하타 세이조(降旗淸三)로 기록되어 있다.

서 물색하고 제2촬영소를 구 조선영화협회 자리에 증축하여 사용[뉴스 제작]하기로 했다. 여기에 조선영화인협회에 가맹되어 있었던 영화인 등록자 대부분이 입사하고 내지 일류 영화인들의 동참을 얻어 완전히 새로운 체제로 조선영화제작주식회사가 발족하였다. 곧바로 뉴스영화 〈조선시보〉를 비롯, 국민총력조선연맹에서 위촉한 〈나는 간다〉[박기채(朴基采) 연출], 〈쇼와 19년〉[다이에이 모리나가 겐지로 연출], 〈반도의 아가씨들(半島の乙女たち)〉[이병일 연출], 〈조선에 온 포로〉[안석영 연출] 등 문화영화가 크랭크되었으며, 극영화로는 핫타 나오유키(八田尚之)를 초빙하여(558쪽) 각색을 의뢰, 도호의 도요다 시로(豊田四郎) 연출로 〈위대한 아침(大いなる朝)〉의 제작이 기획되고 있다. 실로 조선영화에 여명이 밝아오는 듯하다.

이상과 같이, 올해 제작계는 줄곧 신체제 탄생에 머리를 썩이느라 극영화를 한 편도 제작하지 못했다. 이제야 겨우 궤도에 올랐으니 모든 것은 앞으로의 기획에 기대해야 할 것이다. 그러나 조선은 더 이상 지역적 독자성만을 조선영화의 관념으로 고집해서는 안 될 것이다. 국가의도(國家意圖)의 대사명을 짊어진 조선은 반도 2500만 민중의 계몽·선전, 즉 도의조선 확립을 위한 문화 탄환을 속속 송출해야 마땅하며, 동시에 '일본영화'로서 공영권 내에 확고한 지위를 확보해야만 한다. 조선영화의 질적 향상을 위해서는 설비 확충은 물론이거니와 영화인들의 연성이 특히 요구된다. 올해는 제작업계의 부진으로 말할 것이 없기는 하나, 구 조선영화사 최후의 작품이자 조선 최초의 항공영화 〈우러르라 창공〉은 다난한 촬영을 이어가 예정보다 완성이 늦어졌고 결국 올해 안에 볼 수 없었다. 한편 도호·고려 양사가 제휴하고 총독부가 후원한 〈망루의 결사대〉는 압록강 상류에 30만 원의 오픈세트를 건설, 악조건을 극복하면서 촬영을 속행하고 있는 상황이다. 올해 개봉 상영된 조선영화로는 〈신개지(新開地)〉[한양영화], 〈풍년가(豊年歌)〉[고려영화], 〈흙에 산다〉[조선영화]가 있는데, 모두 작년 말을 전후해서 완성된 작품이었다.

문화영화로는 전술한 징병제 취지 선전영화 〈나는 간다〉, 경기도 경찰부 위촉 교통선전영화 〈밝은 포장도로(明るい鋪道)〉[경성발성영화 제작], 압록강 수전(水電) 기록영화 〈압록강 댐(鴨綠江ダム)〉, 체신국 산금발전(産金發電) 기록영화 〈건설의 사람들〉[기쿠치 모리오 제작]이 있으며, 그 밖에 총독부 정보과 영화반은 〈연예정신대(演藝挺身隊)〉 〈우리들의 비행기공장(僕等の飛行機工場)〉 등의 제작에 착수했다.

〈우러르라 창공〉 [조선영화회사 제작, 조선군 보도부·체신국 항공과 후원, 김영화 감독, 니시키 모토사다(西龜元貞) 각색, 황운조(黃雲祚) 촬영, 나웅(羅雄)·문예봉(文藝峰) 외 아역 다수 출연, 7권 정도 예상]

〈망루의 결사대〉 [도호·고려영화 공동제작, 총독부 경무국 후원, 이마이 다다시(今井正) 감독, 다카다 미노루·하라 세쓰코·김신재(金信哉)·심영(沈影) 출연, 9권 2613미터]

〈풍년가〉 [고려영화사 제작, 방한준(方漢駿) 각본·연출, 가나이 세이이치(金井成一) 촬영, 독은기(獨銀麒)·최운봉(崔雲峰)·김신재 출연, 7권, 16년 11월 완성, 17년 1월 와카쿠사 극장 개봉]

〈신개지〉 [한양영화사 제작, 윤봉춘(尹逢春) 연출, 이신웅(李信雄) 촬영, 이금룡(李錦龍)·김영순(金永順)·강정애(姜貞愛) 출연, 7권, 16년 12월 완성, 17년 1월 다카라즈카극장 개봉]

〈흙에 산다〉 [일명 〈영초에 산다〉. 조선영화회사 제작, 오카자키 시치로(岡崎七郎) 원작·구성, 안석영 연출, 황운조 촬영, 서월영(徐月影)·김일해(金一海)·김령[24] 출연, 7권, 16년 12월 완성, 17년 3월 다카라즈카극장 개봉]

〈나는 간다〉 [국민총력조선연맹 제작, 박기채 연출, 단노 스스무 각색, 세토 아키라(瀬戶明) 촬영, 2권, 12월 완성]

〈밝은 포장도로〉 [경기도 경찰부·교통안전협회 제작, 경성발성영화제작소 작품, 박기채 연출, 니시키 모토사다 각본, 가나이 세이치 촬영, 독은기·김령 출연, 4권, 5월 완성]

1943년 | 쇼와 18년판 | 559~560쪽 | 제1부 일본영화계 − 조선영화계

순회영화

올해 순회영사는 작년에 비해 다소 활기를 띠었다. 쇼와 16년 12월에 총독부 관방정보과 내에 설치된 사단법인 조선영화계발협회는 정보과장을 회장으로 추대하고 총독부에서 약 4만 원, 각 도에서 3만 원 정도를 부담하기로 하여 올해 1월 결성, 업

24   원문에는 '金鈴'이라 표기 되어 있으나, '金玲'의 오기로 추정된다.

무를 개시했다. 협회는 회원이 되는 각 도에 필름을 대부하고, 각 도는 보유 영사기를 가지고 관내 순회영사를 진행하면서 징병제도의 취지를 철저히 하는 한편 가뭄 피해를 겪는 농촌을 위문(559쪽)하기도 하였다. 그러나 필름 입수난, 자재 혹은 인력 부족으로 매번 좋은 성적만 거둘 수는 없었다. 한편 조선영화배급사가 5월에 드디어 업무를 개시, 모든 배급권을 쥐게 되자 종래 순회출장영사를 업으로 하던 군소업자들은 국면 타개를 모색했다. 9월, 전 조선의 업자 30여 명이 경성에 참집하여 35밀리 영사기 2대 이상을 소유하고 1년 이상 업무를 영위해온 자를 회원으로 하는 '순회 영화협회'의 설립을 도모했는데, 이는 결국 조선영화배급사 촉탁으로 전 조선 각 도를 순회하는 식이 되었다. 12월 8일 대동아전쟁 1주년을 기하여 영사반이 일제히 출발, 이로써 통제된 순회영사제(制)가 최초로 확립되었다. 일도일반제(一道一班制)에 기타 공공용의 2개 반이 더해져 합계 15개 영사반이 있는데, 기사 2명 외에 조선영배 연락원 1명이 함께 각 도 평균 20개소를 순회하기로 하였다. 내용은 뉴스, 문화영화, 시국물 혹은 오락물 극영화 1편씩인데, 영배는 이 사업을 위하여 약 5만 5000원 정도의 조성금을 지출하고 있다. 이들 영사반의 활동 성과는 물론 앞으로를 기대해봐야만 하겠지만, 개최 장소로 하여금 일정 정도의 경비를 부담하게 하는 것이 주최자에게 강매하듯 되어버린 것에 대해서는 다시금 생각해보아야 할 것이다. 특히 농촌에는 아직 전등 설비가 미비한 곳이 많은데 이 점에 대해서도 충분한 연구가 이루어져야 할 것이다.

종래에 상당한 순회영사 실적을 올려왔던 금융조합·체신국·전매국·철도국은 이런저런 이유로 활발한 활동을 보여주지 못했다. 애국부인회 역시 대일본부인회로 발전적 해소, 모든 활동을 정지하였다. 국민총력조선연맹 선부부[25] 16밀리 토키영화 반만이 겨우 〈나는 간다〉를 제작, 전 조선 각 도에 징병제도의 취지를 선전하거나 기타 순회를 하였으나 이 역시도 연맹기구 개조 등의 일이 있어 부득불 일시 정체할 수밖에 없었다.

이 밖에 쇼와 12년 이래로 조선교육회가 전 조선 학교 중 약 140교를 대상으로 16밀리 무성필름을 대출해왔는데 이 또한 자재 입수난 등으로 간신히 그 역사를 부

---

25   원문에는 '宣部部'라고 표기되어 있으나 '宣傳部(선전부)'의 오기로 추정된다.

지하는 정도에 그치는 상황이다. 국민학교의 영화교육이 주창되는 때인 만큼, 이러한 시설에 대해서는 무언가 보강공작이 요망되는 바이다.

순회영사는 아니지만, 이미 7년의 역사를 가진 경성학우영화회는 경성부 학무과를 중심으로 경기도 보도(保導)연맹 등의 협력을 얻어 매월 1회, 토·일 양일에 걸쳐 부민관에서 국민학동과 중등생도만을 대상으로 우수영화를 공개[국민학동 10전, 중등생도 20전]해왔다. 상설관에서 일반영화를 상영하는 경우 단체관람이 아닌 한 흥행장 출입을 엄금하기로 학교장들이 합의했기 때문이다. 학무국 사회교육과가 국민학교 교과용 검정영화 인정을 실시하더라도 학교에 알맞은 시설이 없다면, 미봉적이나마 위와 같은 특별영화회를 개최하지 않고서는 영화를 통한 학동 교육을 기대할 수 없을 것이다. 학교에 자재를 알선하는 등 시설 확충을 꾀한다면 교과영화뿐만 아니라 순회영사반의 활동과 더불어 영화 보급에 크게 기여할 수 있으리라 생각된다.

1943년 | 쇼와 18년판 | 560~568쪽 | 제1부 일본영화계 – 조선영화계

사단법인 조선영화배급사

[연혁] 내지의 영화신체제에 호응하여, 조선총독부를 비롯한 기타 관련 당국 및 각 방면의 협력을 얻어 쇼와 17년 4월 28일 설립, 같은 해 5월 1일부터 업무를 개시하였다. 이로써 조선 내 영화 배급은 이 회사를 통해 일원적으로 이루어지게 된바, 내지와 마찬가지로 영화의 적정(適正)배급, 영화 흥행 지도, 순회영사 등 각 방면에 걸쳐 실적을 쌓아가며 견실하게 발전하고 있다. (570쪽)

배급업무 개황

배급영화
신체제와 더불어 조선에 할당된 영화 배급량은

극영화　　　월 6종　　　프린트 12벌

| 문화영화 | 월 6종 | 프린트 12벌 |
| 시사영화 | 매호 | 프린트 14벌 |

이 중 문화영화는 6종에 한하지 않고 7종, 8종인 경우도 있는데 프린트 수는 12벌로 제한되어 있다. 또 시사영화는 12벌 내[26] 2벌을 관청용으로 총독부에 납입하도록 하고 있다.

배급 방법은 내지와 마찬가지로 홍백 2계통 주간제인데, 각 계는 월 3종씩 3주간, 부족한 1주간분은 신판을 추가 인화하여 보충한다.

신작 이외에 조선 소재 배급업자[지사 출장소, 대리점을 포함] 등의 위탁을 받아 접수한 프린트 수는 내지 극영화[각 사] 900벌, 추축영화(樞軸映畵)[양화] 93벌, 조선영화 99벌, 문화·단편영화 802벌로 합계 1894벌이다. [쇼와 17년 8월 조사]

조선에서 1주간 흥행이 가능한 영화관은 겨우 경성, 평양, 부산, 청진 4개 도시의 개봉관뿐이다. 그 밖에는 전부 단기 흥행을 실시하고 있는데 이들 영화관에서는 프로그램상의 구멍을 앞서 언급한 구작(舊作)으로 메우고 있으며 그 수가 극히 많아 매달 평균 600벌에 달하고 있다.

업무를 개시한 5월 1일, 제1주의 프로그램은 홍계 〈기다리고 있던 남자〉, 백계 〈제5열의 공포〉였다[내지보다 업무 개시가 한 달 늦어지면서 내지의 제1주 영화는 개봉이 이미 끝난 터라 보조를 맞추지는 못했다]. 당시에는 내지에 준거하지 않고 독자적인 방법으로 홍백을 분류하였으나, 8월 이후부터는 업자 측 희망에 따라 내지와 같은 식으로 하게 되었다.

나아가 흥행장에서 홍백 이동(異動)은 거의 이루어지지 않았는데, 경성 개봉관 4곳의 편성이 8월과 12월에 두 차례 변경되었다.

영화 흥행장

전 조선 13도를 3개 구역으로 나눈 분포 상황은 다음과 같다.

---

26   원문에는 '內'로 표기되어 있으나 앞의 '매호 프린트 14벌'이라는 할당량을 고려컨대, '外'의 오기가 아닌가 추정된다.

	제1구 경기도, 평안남도, 평안북도, 황해도	46관
제2구 경상남도, 경상북도, 충청남도, 충청북도, 전라남도, 전라북도	58관
제3구 함경남도, 함경북도, 강원도	49관
합계	**153관**

배급 상황

배급은 크게 영화관을 대상으로 하는 것과 그 외의 것[임시 단매(單賣)대출]으로 이분되는데, 이하 그 두 가지에 대하여 개술하면,

영화관을 대상으로 하는 경우에는 보금제(步金制)·황보제(荒步制)·단매제(單賣制)의 세 가지 방식을 따르고 있다.

보금제는 총 매출액[공제가 있는 경우에는 이를 뺀 잔액]의 5할 7분 5리를 당사가 일단 수득(收得)하고 4할 2분 5리를 흥행자의 수입으로 한다. 실경비[단, 건물 임대료는 포함하지 않음]는 해당 흥행기간 총 매출액의 3할 5분 한도에서 당사와 흥행자가 절반씩 부담한다. 보금관에는 계원(係員)을 파견한다.

황보제는 소요 경비가 매출액의 3할 5분을 상회하는 상영관에 적용되며, 매출액의 4할을 영화료(배급사 분배금)로 취득한다.

단매제는 통상 매출액이 월 2000원 미만인 상영관에 적용된다.

흥행관을 계약별로 구분하면,

	보금관	황보관	단매관	계
제1구	28	7	11	46
제2구	16	12	30	58
제3구	22	8	19	49
계				**153**

영화관 이외의 임시 단매대출은 관청, 학교, 공익단체, 공장 등을 대상으로 하는 것으로, 대체로 아래와 같다. {561쪽}

	공장	관청	회사	신문사	광산	계
제1구	44	135	108	23	49	36[27]
제2구	–	27	2	7	1	37
제3구	86	34	–	3	22	145
계	133[28]	196	110	33	72	544

*주: – 군 방면 대상 무료 대출은 제외하며, '관청'은 학교단체를 포함한다.
　　– 제1구가 절대다수를 점하고 있는 까닭은 여기에 총독부 소재지이자 정치·경제·문화의 중심인 경성이 포함되어 있기 때문이다. 제2구가 눈에 띄게 부진한 것은 이 지역이 원래 농업생산지인 터라 주로 이동영사반의 활동에 기대고 있는 데 관계가 있다. 제3구에서는 공장과 광산이 상위를 점하고 있는데 이는 산업계의 활황을 나타내는 것이다.

한편, 순회업자 및 가설극장 대상 대출 상황을 보면,

	순회업자	가설극장	계
제1구	55	94	149
제2구	51	–	51
제3구	48	74	122
계	154	168	322

흥행 수입

흥행 수입 면에서 본다면 배급 상황은 극히 순조로우며 예상 밖의 호황이다.

신체제가 시작되고 1개월, 즉 5월 중 신배급제가 실시된 곳은 경성·평양 이하 극소수의 개봉관에 그쳤고 대다수 상영관이 종전의 프로그램을 그대로 인계받았다. 때문에 5월 흥행 수입은 6, 7월 수입에 비해 약 1할 정도 낮았다. 그러나 흥행 수입은 점차 증가해, 8월에는 종전의 기록에 도달하였고 10월에는 이를 넘어섰다. 12월 분을 예로 1개월 흥행 수입을 표시하면[단위 원. 원 이하는 버림],

---

27　실제 세목의 합은 359.
28　실제 세목의 합은 130.

	보급관	황보관	단매관
제1구	420,742	20,068	14,603
제2구	167,710	28,370	20,536
제3구	159,106	17,960	18,915
계	747,558	66,398	54,054

	총 수입[보급, 황보, 단매 합계]	백분율
제1구	455,413	52.5
제2구	216,616	24.9
제3구	195,981	22.6
계	868,010	100

쇼와 16년 5월부터 12월까지 8개월간의 흥행 수입을 올해 같은 기간과 비교하면

쇼와 16년	7,988,283
쇼와 17년	6,913,044
차이[감소]	1,055,239[29]

즉, 약 1할 5분의 수입이 감소했는데, 16년도 기록은 극단 및 어트랙션 병연을 통해 얻은 수치이다. 순수하게 영화 흥행 수입만 따지면 오히려 증가했다고 추정되는데 당초 3~4할의 감소가 예상되었던 것을 고려하면 예상 외의 호조라고 해야 할 것이다.

연예관계

내지에서는 특수한 몇 개 관을 제외하고 영화 흥행장과 연극장이 명확하게 구별되어 있다. 그러나 조선에서는 연극 전문극장이 헤아리는 데 다섯 손가락이 다 필요 없을 만큼 적은 데 반해, 상당수 극단이 활발하게 활동하고 있다. 이들 극단은 거

29　실제 세목의 차는 1,075,239.

의 전부가 영화 흥행장을 이용하고 있기 때문에 조선의 영화관은 동시에 실연극장이라고도 할 수 있는 상황이다. 당사는 이렇듯 특수한 사정을 인식하고 영화관에서 1개월 10일 이내의 실연 흥행을 인정, 보급관의 경우에만 해당 영화 프로그램의 흥행 수입을 추정하여 산출하고 이를 배분계산하는 것으로 하고 있다.

사정(査定)은 영화의 흥행가치, 상영일[일요일 및 국경일, 정산일(絞日)] 등을 종합하여 합리적으로 실시하고 있다. 실연 상연 건수는 다음과 같다. [어트랙션 포함]

	제1구	제2구	제3구	계
건수	113	140	234	**487**

흥행 수입에서 압도적 우위를 보이는 제1구에서 (실연) 건수가 가장 적은 까닭은 영화 흥행 성적이 양호하여 극단에 의존할 필요를 느끼지 못하기 때문이다. 제3구에서 (실연 건수가 가장) 다수를 기록한 것은 만주 방면(562쪽)으로의 교통이 매우 편리하기 때문이라 사료된다.

실연에 대하여, 당사는 매출액을 추정하는 것으로 그치고 극장과의 계약 조건이나 실연의 내용 등에는 간여하지 않는다. 실연 입장 요금은 영화보다 훨씬 고액이며 흥행 수입 역시 극히 우수하다는 것이 통례다.

이동영사반

이동영사 사업은 당사 창립과 동시에 계획되었다. 그러나 여러가지 곤란한 사정에 직면하는 바람에 순회 흥행자 48명을 고려, 조선 내 이동영사는 종래의 순회 흥행자를 전형(銓衡)하여 촉탁반(囑託班)으로 (조직하여) 실시하기로 했다. 이에 6월에 영업 상태, 영사기, 종업원 등에 대한 조사를 마치고 9월에 이동영화업무규정을 결정하여 11월 1일부터 10일까지 순회 흥행자 중 28개 반을 당사에 초치(招致), 영사기 현품 조사를 실시하여 13개 촉탁반을 선발하였다.

이 13개 반의 반원에게는 11월 26일부터 4일간 강습을 실시, 12월 1일 조선신궁 앞마당에서 '사단법인 조선영화배급사 이동영사반'의 결성식을 거행하였다.

또한 전 조선 각 도 경찰부 당국에 협력을 의뢰, 12월 8일 대동아전쟁 1주년 기넘일을 기하여 각지 경찰 당국의 협력을 받으며 1도 1반으로 전 조선 13반이 일제히 새로 발족하였다. 12월 중 활동 상황은 다음과 같다.

◇ 순회영사반 상영일수 및 횟수[12월 중]

	상영일수	상영 횟수			백분율
		기본	추가	계	
경기	17	17	–	17	8
충북	20	20	3	23	10
충남	19	19	1	20	9
전북	18	18	4	22	10
전남	13	13	–	13	6
경북	13	13	–	13	6
경남	19	19	2	21	9
황해	17	17	–	17	7
평남	19	19	3	22	10
평북	9	9	3	12	5
강원	6	6	–	6	3
함남	19	19	1	20	9
함북	17	17	1	18	8
계	206	206	18	224	100

◇ 순회영사반 관람 인원수[12월 중]

	일반[명]	학교단체[명]	계[명]	백분율
경기	6,925	2,300	9,225	6
충북	10,425	10,350	20,775	14
충남	5,440	5,050	10,490	7
전북	8,650	9,700	18,350	12
전남	5,300	3,950	9,250	6
경북	5,660	4,450	10,110	7
경남	14,000	9,900	23,900	16
황해	5,750	2,780	8,530	5

평남	8,700	4,866	13,566	9
평북	3,030	1,850	4,880	3
강원	3,800	2,650	6,450	4
함남	6,133	3,200	9,333	6
함북	4,100	3,250	7,350	5
계	87,913	64,296	152,209	100

◇ 순회영사 주최자별 횟수

주최자	횟수	백분율
경찰서	55	25
경방단(警防團)	54	24
감시(監視)	5	3
재향군인 후원회	3	1
군면(郡面)총력연맹	43	19
대일본부인회	3	1
적십자지부	1	0
회사·광산	42	19
학교	7	3
청년단	1	0
개인·기타	10	5
계	224	100

순익금(純益金) 중 문화시책을 위한 사송(使送)

쇼와 17년 5월 1일 업무 개시 이래 같은 해 9월 30일까지[제1기]의 순익금 중 문화시책에 할당된 금액은 다음과 같다. {563쪽}

1. 이동영사반 조성비 및 제(諸) 경비: 2만 7000원
2. 영사기사협회 조성비: 1500원
3. 휼병(恤兵) 영사회비: 160원
4. 싸우는 영화전 조성비: 4000원

사원, 임원 및 주요 직원

사원 조선영화제작주식회사 사장 다나카 사부로, 조선흥행연합회 이사장 마지마 우메키치, 경성일보사 사장 다카미야 다이헤이, 매일신보사 사장 가나가와 세이

임원 **사장이사** 다나카 사부로, **상무이사** 오카다 준이치·노자키 신조, **이사** 마지마 우메키치·이시바시 료스케·하라다 고도·오노 도시유키, **감사** 야나베 에이사부로·이병길

직원 **총무부장** 오카다 준이치, **인사비서주임** 오하라 마사후미(小原昌文), **기획주임** 구로키 유타카(黒木豊),[30] **총무과장** 야마모토 스에쓰구(山本季嗣), **서무주임** 아리카와 이사미(蟻川勇), **관리주임** 마쓰다 요시오(松田義雄), **후생주임** 시오다 야스아키(鹽田保亮), **창고계장** 시카타 겐지(四方健二), **고사(考査)과장** 나카야마 도요키치(中山東世吉), **고사주임** 요시모토 후카기(吉本不可欺), **감사주임** 와가타 이사오(和縣動), **통계주임** 데라다 미쓰하루(寺田光春), **경리과장** 고이데 다카유키(小出譽之), **업무부장** 아사하라 류조, **섭외계주임** 이키 하쓰요시(壹崎初好), **배급과장** 시잔 오사무(紫山宰), **배급제1구주임** 오토 산지(大音三二), **배급제2구주임** 이토 모토하루(伊藤元治), **배급제3구주임** 히다카 히로시(日高博), **선정과장** 노노무라 고헤이(野々村康平), **선정주임** 무라타 기요하루(村田清治), **조정주임** 무라세 히데하루(村瀬秀治), **사업과장** 가모이 요시카즈, **계획주임** 스시다 마사오(須志田正夫), **기술주임** 미우라 이사미(三浦勇)

30 『조선영화통제사』(다카시마 긴지 저, 김태현 역, 인문사조선영화문화연구소, 1943, 275~276쪽)에는 '표권계주임'이라고 나와 있다. 이 외에도 원문과 『조선영화통제사』 간에 직원 이름 및 직함 기재에 적지 않은 차이가 있음을 밝혀둔다.

중영(中影) 기구도[31]

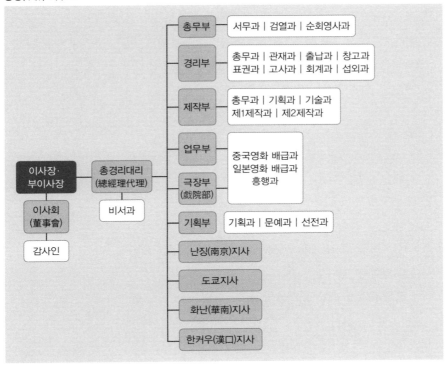

[쇼와 18년 2월 1일 현재]

31 원문에서 중영, 즉 중화전영고분유한공사(中華電影股份有限公司)의 기구도와 조선영화배급사의 기구도가 뒤바뀌어 수록된 것으로 추정된다. 원문(646쪽) 중영 부분에 수록된 기구도는 다음과 같다. 한편, 다음 기구도에서 총무부 조직 아래의 '총무부'는 '총무과'의 오기로 추정된다.

기구도

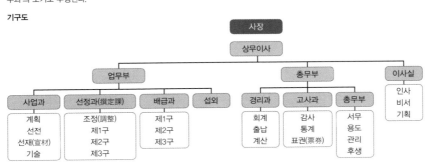

사단법인 조선영화배급사 정관

제1장 명칭

제1조

본사는 사단법인 조선영화배급사라 칭함.

제2장 목적 및 사업

제2조

본사는 조선에서 영화의 적정·원활한 배급을 도모함으로써 그 문화적 사명을
달성하는 것을 목적으로 함.

제3조

본사는 앞 조의 목적을 달성하기 위해 다음 사업을 행함.

　　1. 영화의 배급

　　2. 영화의 수출입 및 이출입

　　3. 기타 본사의 목적을 달성하기 위하여 필요한 사업

제3장 사무소

제4조

본사는 주 사무소를 경성부에 둠.

필요에 응하여 지사 또는 출장소를 설치할 수 있음.

제4장 사원

제5조

본사는 다음 각 호의 하나에 해당하는 자로 조선총독이 승인한 자를 사원으
로 함.

　　1. 영화 제작업자 {564쪽}

　　2. 영화 흥행자

　　3. 본사의 사업을 찬조하고자 하는 자

앞 항 각 호에 해당하는 자가 법인인 경우에는 그 대표자 1인을 사원으로 함.

제6조

사원이 되고자 하는 자는 본사 소정의 입사신청서에 입사금(入社金)을 첨부하여 본사에 제출하고 사원총회의 승인을 받을 것.

입사금은 사원총회에서 정함. 단, 특별한 사정이 있는 경우 본사는 사원총회의 결의를 통해 이를 면제할 수 있음.

입사금은 환부하지 않음.

제7조

사원이 퇴사하고자 할 시에는 사원총회의 승인을 얻을 것.

제5조 제1항 제1호 또는 제2호의 사원으로 제5호 제1항 제1호 또는 제2호에 해당하지 않게 될 시에는 본사를 퇴사하는 것으로 간주함.

제8조

사원으로서 본사의 체면을 훼손하는 행위가 있었을 시에는 사원총회의 결의에 의해 제명할 수 있음.

제5장 사원총회

제9조

총회는 통상 매년 2회, 임시총회는 필요시마다 개최함. 총회의 일시 및 장소는 사장이 정함.

제10조

사원총회의 직무 권한은 본 정관 중 별단(別段)의 규정이 있는 것을 제외하고 다음과 같이 함.

1. 예산의 의정(議定) 및 결산의 승인
2. 본 정관의 변경

3. 앞 각 호 외에 사장이 필요하다 인정하여 부의(附議)한 사항

제11조

사원총회에서 사원의 표결권은 각 한 표로 하며, 총 사원 과반수의 동의를 요함. 단, 정관의 변경에 관하여는 민법 제38조 제1항 본문의 규정을 적용함.

앞 항 본문의 경우에 있어서 가부동수일 시에는 의장의 결정을 따름. 사원총회 출석이 불가능한 사원은 서면으로 표결하거나 다른 사원을 대리인으로 할 수 있음.

제12조

사원총회의 결의가 조선총독의 인가를 받지 못하면 효력이 발생할 수 없도록 함.

제6장 임원

제13조

본사에 다음의 임원을 둠.

　1. 사장 1명
　2. 이사 약간 명
　3. 감사 2명 이내

제14조

사장은 사원총회에서 선임함.

사장은 이사로 본사의 사업을 총독하고 본사를 대표함.

사장은 사원총회 및 이사회를 소집하며 그 의장이 됨.

제15조

이사 및 감사는 사원총회의 논의를 거쳐 사장이 선임함. 그 해임에 관해서도 역시 같음.

이사 중 약간 명을 상무이사로 하며 조선총독의 승인을 거쳐 사장이 선임함.

상무이사는 사장의 지휘를 받아 사무를 장리(掌理)하고, 사장에게 사고가 있을

시에 그 직무를 대리함.

감사는 민법 제59조의 직무를 행함.

제16조

이사의 임기는 3년, 감사의 임기는 1년으로 함. 단, 중임을 막을 수 없음.

보결에 의해 취임한 이사 및 감사의 임기는 전임자의 잔여 임기로 함.

이사 및 감사는 임기 만료 후에도 후임자가 취임하기 전까지 직무를 행함.

제17조

이사 및 감사는 유급으로 할 수 있음.

제7장 이사회

제18조

이사는 이사회를 조직하고 중요한 사무(社務)에 대하여 협의함.

제19조

이사회의 의사(議事) 방법에 관하여는 제11조의 규정을 준용함.

제8장 자산 및 회계

제20조

본사의 자산은 다음에 게시하는 것으로 구성됨.

1. 사원의 입사금 {565쪽}

2. 기부금 및 보조금

3. 사업에 의하여 발생한 수입

4. 기타 잡수입

제21조

1년을 2계산기(計算期)로 나누며 매년 4월 1일부터 9월 30일까지를 전반기, 10월

1일부터 다음 해 3월 31일까지를 후반기로 함.

제22조

본사가 해산하여 잔여 재산이 있을 시에는 사원총회의 결의를 통해 그 귀속자를 정함.

부칙

제23조

본사는 업무 규정을 별도로 제정하여 배급의 방법 및 조건 등을 정하도록 함.

앞 항 업무 규정의 제정 및 변경은 논의를 거쳐 조선총독의 승인을 받을 것을 요함.

제24조

본사의 설립 비용은 금 5000만 원 내로 함.

제25조

본사 설립 시의 사원은 다음과 같음.

　　1. 경성부 혼마치 2초메 8번지 다나카 사부로

　　1. 경성부 혼마치 1초메 38번지 마지마 우메키치

　　1. 경성부 오카자키초(岡崎町) 7번지 미타라이 다쓰오(御手洗辰雄)

　　1. 경성부 신당정 366번지의 12호 가네카와 기요시(金川聖)

조선영화배급사·배급업무 규정

제1장 총칙

제1조

본 규정에 있어서 배급이란 영화의 대부·매각·반포·교환 등을 하는 행위를 말함.

제2조

영화 배급의 범위는 조선 내로 함.

제3조

본사에 영화를 위탁하는 자 및 본사로부터 영화를 배급받는 자는 본 규정의 각 조항을 승낙할 것을 요함.

제2장 영화의 배급관계

제4조

배급영화의 계통, 번선(番線: 배급 순번), 종류, 관람 요금 등은 영화 흥행장의 소재지, 위치, 설비, 수용력, 흥행자의 능력 및 관객층 등 제반 상황을 공정히 고려한 다음 본사에서 결정함. 단, 각 도 흥행자단체의 의견을 참작하도록 함.

국책상의 필요, 기타 특별한 사정이 있는 경우에는 앞 항의 규정을 따르지 않을 수 있음.

제5조

본사가 영화 흥행장에 배급하는 영화는 원칙적으로 극영화·문화영화·시사영화 각 1편으로 구성된 프로그램을 단위로 하며, 실연을 추가하지 않도록 함. 단, 본사에서 실연을 추가할 필요가 있다고 인정한 경우에는 이를 승인할 수 있음.

앞 항과 관련하여, 문화영화 혹은 시사영화가 장편인 경우 또는 문화영화 혹은 시사영화를 주(主)로 하는 프로그램인 경우에는 극영화를 생략할 수 있음.

제6조

국책 수행에 협력하기 위해, 기타 특별한 필요가 있는 경우에는 앞 조(條)에 의거하지 않은 영화를 1편 대여의 방식으로 해당 프로그램과 더불어 배급할 수 있음.

제7조

영화 흥행자는 희망에 따라 제5조에 의거하지 않는 영화를 1편 대여의 방식으로 해당 프로그램과 더불어 배급받을 수 있음.

제8조

영화 흥행자는 영화 배급 계약기간 중 계약 이행 보증금으로서 배급 요금 1개월 분에 상당하는 금액의 반액 이상을 본사에 납부할 것.

앞 항의 보증금에는 이자를 붙이지 않음.

제9조

제6조 및 제7조의 경우에 1편 대여 영화의 배급 요금은 계약 시마다 정하며, 흥행기간의 총 매출액에서 공제하도록 함.

제10조

영화 흥행자가 수납해야 할 프로그램 단위의 영화 배급 요금은 다음과 같이 정함.

1. 해당 흥행기간 총 매출액[공제(566쪽)가 있는 경우에는 이에 상당하는 금액을 차감한 잔액]에서 5할 7분 5리를 일단 본사의 수득보금(收得步金)으로 하고, 4할 2분 5리를 흥행자의 수입으로 할 것.

2. 해당 흥행기간의 실제 경비[단, 건물 임대료는 포함하지 않음]는 본사와 영화 흥행자가, 해당 흥행기간 총 매출액[공제가 있는 경우에는 이에 상당하는 금액을 차감한 잔액]의 3할 5분을 한도로 절반씩 부담하도록 하며, 앞 호의 본사 수득금에서 본사가 부담해야 할 경비 금액을 흥행자에게 지불할 것.

3. 실연을 추가한 흥행에 대해서는 별도로 정한 방법에 의거하여 그 조건을 결정할 것.

통상 월 매출액 3000원 미만인 영화 흥행자는 제5조와 관계없이 1편 대여 방식으로 영화 배급을 받을 수 있으며, 이 경우 배급 요금은 계약 시마다 결정함.

제11조

본사 수득보금은 매일 총 매출액에서 우선적으로 공제하여 수득하며, 실제 경비 부담액은 본사 계원(係員)의 보고에 기초하여 흥행자에게 개산(槪算) 지불하되 본사의 사정 종료 후 정산(精算)하기로 함.

제12조

제10조 제1항의 보합으로 현저히 불합리한 결과가 발생된 경우에는 본사에서 이를 사정하여 시정할 수 있음.

제13조

본사는 계원을 영화 흥행장에 파견, 주재하면서 보합계산에 입회하고 흥행 운영을 지도할 수 있도록 함.

제14조

본사는 앞 조의 계원으로 하여금 본사와의 연락, 흥행 매출액 및 실제 경비 증명자료 등을 보고하도록 함.

제15조

영화 흥행장 이외의 장소에서 영화를 상영하는 자에 대해서는 1편 대여의 방식으로 영화 배급을 행할 수 있음.

앞 항의 경우 배급 조건에 관한 세칙은 별도로 정함.

제16조

조선 이외 지역에 대한 영화 배급에 관해서는 별도로 정함.

제3장 영화의 배급 위탁관계

제17조

영화제작자 및 소유자 등으로부터의 영화 배급 위탁에 대하여, 본사가 수득하는 배급 수수료는 흥행 총 매출액[공제가 있는 경우에는 이에 상당하는 금액을 차감한 잔액]의 8분으로 함.

1편 대여 요금 및 영화 매각 대금에 대한 배급 수수료는 해당 금액의 2할로 함.

제18조

본사에 배급을 위탁한 프로그램 단위 영화에 대한 분배금은, 영화 배급 요금에서 앞 조 제1항의 배급 수수료를 공제한 잔액을 다음 비율에 따라 분배하도록 함.

극영화   백분의 팔십

문화영화   백분의 십

시사영화   백분의 십

제19조

제5조 제2항 전단의 경우(문화영화 혹은 시사영화가 장편인 경우) 분배금의 보율은 극영화에 준하도록 함.

제5조 제2항 후단의 경우(문화영화 혹은 시사영화를 주로 하는 프로그램) 분배금의 보율은 시사영화 백분의 오십, 문화영화·기타 영화 백분의 오십으로 함.

제20조

문화영화에 대한 분배금은 일단 배급 위탁자에게 반액을 지불하되, 나머지 반액 및 문화영화를 상영하지 않은 경우의 분배금은 본사에 보류하여 두고 별도로 정한 방법에 의거하여 해당 영화의 가치에 걸맞게 일정 시기마다 추가 분배하도록 함.

제4장 잡칙(雜則)

제21조

본사로부터 영화를 배급받은 자가 본 규정 또는 소정의 계약 조항을 위반한 경우, 이후 본사는 영화 배급을 정지하고 손해배상을 청구함.

제22조

본 규정에 기초한 영화 배급 업무의 세목은 별도로 정함.

부칙

본 규정은 쇼와 17년 5월 1일부터 실시(567쪽)함.

1943년 | 쇼와 18년판 | 568~570쪽 | 제1부 일본영화계 – 조선영화계
조선영화제작주식회사

[연혁] 당사는 조선영화령에 근거, 조선총독부의 지도 및 군(軍)의 후원 하에 자본금 200만 원을 가지고 쇼와 17년 9월 29일 조선 유일의 영화제작회사로 창립되었다. 조선문화의 향상·발전에 이바지할 극영화, 문화영화, 시사영화의 제작을 그 사명으로 한다.

또한 당사는 조선총독부의 지시에 근거하여 조선에 있던 기존 10개 사의 영화제작업자 소유 기재 중 대소 합계 총 644점을 매수하여 성립하였다.

정관에 따라 조선총독부 승인을 얻은 제1차 중역은 다음와 같다.

사장 다나카 사부로, **상무** 나카다 하루야스, **이사** 고바야시 겐로쿠·다카이 다케오·방태영·박홍식·가와모토 슌샤쿠·김성호·다카기 데이이치·노자키 신조, **상임감사** 곤도 렌이치(近藤廉一), **감사** 오타니 운요(大谷雲用)

[현 상황] 9월 29일 창립과 더불어 경성부 고가네마치 1의 205에 본사를 설치하였다. 또한 경성부 광희정 1의 25에 있는 구 조선문화협회 사옥을 임차, 임시로 약 30평을 증축하여 제작 업무를 담당케 하고 있는데, 사옥이 협애(狹隘)하여 목하 적당한 사옥을 물색 중이다.

제작 방면에서,

시사영화로는 조선 내의 중요 사건 등을 촬영하여 편집·정리, 〈조선시보〉로서 매월 1회 발표하고 있는데 쇼와 8년(昭和八年)[32] 3월까지 이미 5편이 개봉되었다.

---

32 쇼와 18년(1943년)의 오기로 판단된다.

문화영화로는 다음의 6편을 완성했다.

〈총감의 연설(總監の演說)〉	1
〈총독 운산광산 시찰(總督雲山鑛山視察)〉	2
〈나는 간다〉	2
〈반도의 아가씨들〉	3
〈쇼와 19년〉	3
〈조선에 온 포로〉	1 [숫자는 권 수]

극영화로는 당사의 독자적인 작품 외에 내지의 극영화 제작회사 및 만영과도 수시로 제휴 작품을 제작할 예정인데, 목하 촬영 중이거나 준비 중인 작품은 다음과 같다.

〈젊은 모습〉 도요다 시로 연출. 미우라 미쓰오(三浦光雄) 촬영
〈조선해협〉 박기채 연출, 세토 아키라 촬영 [이상 촬영 중]
〈새벽의 노래(夜明けの歌)〉 각본 니시키 모토사다 [준비 중]

나아가 영화 제작·기획의 중요성을 감안, 모든 방면과 밀접한 연계를 유지하는 동시에 중지(衆智)를 집결시킨다는 목적 아래 별도의 규약을 마련하여 쇼와 17년 12월 15일 조선총독부 경무국 내 황도(皇道)문화협회 안에 '기획심의회'를 설치하고 제작에 관한 근본 방침을 검토·심의하기로 하였다.

또한 당사는 영화신체제 실시와 당사 창립을 기념하고 시국하 영화의 국가적 사명을 널리 선전하기 위한 부대사업으로서, 정보국·조선군(朝鮮軍)·조선 해군·독일 및 이탈리아 대사관과 내지 각 회사로부터 자료를 찬조 출품 받아 쇼와 17년 10월 14일 경성 미나카이 백화점을 시작으로 부산·대구·평양·청진·함흥 등 조선 내 주요 도시에서 '싸우는 영화전'을 순차 개최하였다. 이는 연인원 약 37만 5000명이 관람하는 성황을 이루었으며 같은 해 12월 14일 소기의 목적을 달성하고 종료되었다.

기구도

주요 직원

서무과장 핫토리 요시히데(服部惠英),[33] 경리과장 후쿠다 히데오(福田秀夫), 선전과장 김정혁(金正革), 제1제작과장 가쓰우라 센타로(勝浦仙太郎), 제2제작과장 이와이 가네오(岩井金男), 제3제작과장{568쪽} 가와스미 이쓰오(河濟逸男), 기술 겸 촬영과장 이재명(李載明), 관리과장 구보 요시오(久保義雄), 연출과 사무주임 야스다 사카에(安田榮), 촬영과 사무주임 양세웅(梁世雄), 진행계·연기계 주임 도쿠야마 요시타미(德山義民), 촉탁 히로카와 소요·가네무라 핫포(金村八峰)

---

33 『조선영화통제사』(다카시마 긴지 저, 김태현 역, 인문사조선영화문화연구소, 1943, 185~192쪽)에는 '업무과장'이라고 나와 있다. 이 외에도 원문과 『조선영화통제사』 간에 약간의 차이가 있음을 밝혀둔다.

조선영화제작주식회사 정관

제1장 총칙

제1조

본 회사는 조선영화제작주식회사라 칭함.

제2조

본 회사는 영화의 질적 향상을 도모하고 국민문화의 진전에 기여하기 위하여 다음 사업의 영위를 목적으로 함.

1. 영화의 제작

2. 영화 관련 사업에 대한 투자

3. 앞의 각 호에 부대(附帶)하는 일체의 사업

제3조

본 회사는 본점을 경성부에 둠.

본 회사는 필요에 응하여 지점 또는 출장소를 둘 수 있음.

제4조

본 회사는 자본 총액을 금 200만 원으로 함.

제5조

본 회사의 공고(公告)는 경성일보에 게재함.

제2장 주식(株式)

제6조

본 회사의 자본은, 이를 4만 주의 주식으로 나누고 1주 금액을 금 50원으로 함.

제7조

본 회사의 주식은 모두 기명식으로 하며 주권(株券)은 10주권, 50주권, 100주권의 3종으로 함.

제8조

주금(株金) 제1회 납부금은 1주당 20원으로 하며, 제2회 이후의 납부 금액 및 납부기일은 이사회에서 정함.

주금의 납부를 연체한 주주는 납부기일 다음날부터 납부 완료일까지 금 100원 당 1일 금 5전의 비율로 연체이자 및 연체로 인하여 발생한 비용을 회사에 지불할 것.

제9조~제13조

[조문 생략]

제3장 주주총회

제14조

주주총회는 정시 및 임시의 2종으로 하되, 정시 주주총회는 매년 두 차례 결산기 말일로부터 두 달 후에, 임시 주주총회는 필요한 경우에 수시로 개최함.

제16조[34]

[조문 생략]

제4장 임원

제17조

본 회사에 이사는 12명 이내, 감사는 3명 이내로 둠.

이사 및 감사는 주주총회에서 선임하되 조선총독의 승인을 얻을 것.

제18조

이사의 임기는 3년, 감사의 임기는 2년으로 함. 단, 재선·중임을 막을 수 없음.

---

34 원문에서 제15의 조문 역시 생략되어 있다.

이사 혹은 감사의 임기가 최종 결산기 관련 정시 주주총회 종결 이전에 만료되는 경우 그 총회가 종결될 때까지 임기를 연장함.

제19조

이사 또는 감사에 결원이 생길 시에는 임시 주주총회에서 보결을 선임하되, 당선자의 임기는 전임자의 잔여 임기로 함. 단, 법정 인원수에 결락이 없고 현임자의 사무에 지장이 없다 인정될 경우에는 다음 정시 주주총회까지 보결 선임을 연기할 수 있음.

제20조

이사들은 호선(互選)을 통하여 이사장 및 전무이사 각 1명, 상무이사 약간 명을 선임할 수 있음.

감사들은 호선을 통하여 상임감사 1명을 선임할 수 있음.

앞의 두 항은 조선총독의 승인을 얻을 것.

제21조~제22조

[조문 생략]

제23조

본 회사는 이사회의 결의에 의해 상담역(相談役) 및 고문을 둘 수 있음.

제5장 계산

제24조

본 회사의 결산기는 1년을 2기로 나누어 1월 1일부터 6월 30일까지를 상반기, 7월 1일부터 12월 31일까지를 하반기로 하며, 매 반기(半期)를 1결산기간으로 하여 기말결산을 행함.

제25조~제27조

[조문 생략] {569쪽}

부칙

제28조

본 정관을 변경하고자 할 시에는 조선총독으로부터 승인받을 것을 요함.

제29조

본 회사의 제1회 결산기는 본 회사 성립일로부터 쇼와 17년 12월 31일까지로 함.

제30조

본 회사가 부담해야 할 설립 비용은 설립 등록세 외 금 1만 2000원 이내로 함.

제31조

본 회사의 발기인 성명, 주소는 다음과 같음[이하 생략].

본 정관은 상법의 규정에 의거하여 쇼와 17년 3월 1일 작성, 발기인 왼쪽에 서명 조인함[이하 생략].

1943년 | 쇼와 18년판 | 570쪽 | 제1부 일본영화계 – 조선영화계

사단법인 조선영화계발협회

쇼와 16년 12월 2일 총독부 관방정보과 내에 설치되어 3만 원의 기금을 가지고 영화를 통한 계발 선전의 실시, 영화사업의 개선 및 향상, 농촌 대상 건전 오락의 공여를 행하며 총독부 시정 방침을 철저히 주지시키는 동시에 반도문화 진전에 이바지하기로 하였다. 이러한 목적을 달성하기 위해 본 협회가 실시하는 사업은 [1] 영화의 구입 및 차여(借與), 대부 [2] 영화 제작 알선 [3] 출장 영사 및 순회영화 알선 [4] 각본 모집 및 연구, 강연회 및 강습회 개최 [5] 영사 기술자 양성 [6] 그 밖에 필요로 인정되는 사항이다. 총독부 관방정보과장을 회장으로 두고, 정보과장 및 각 도 대표

를 제1종 회원, 각 도 이외 가입 관청의 대표자나 공공단체 또는 이에 준하는 단체를 제2종 회원으로 하여 전 조선 각 도에 조직망을 넓혀나가고 있다.

쇼와 17년도의 활동은 반도에서 문화운동의 일익을 담당하고 있는 순회영사에 집중되었다. 그 사업은 다음과 같다.

[35밀리] 수시 및 정기 대부 건수   408건
           연 대부 권 수   2054권
[16밀리] 연 대부 권 수   600권
           총 관람자 수   5,765,000명

쇼와 18년부터는 총재로 총무국장을 추대, 종래의 제1종과 제2종 외에 새로이 제3종 회원제도를 마련하여 (조직을) 강화하였다. 예산은 본부 13만 원과 각 회원 경비[도비(道費)]를 합하여 35만 원에 달하며, 대부영화 확충을 비롯해 전 조선 주요 도시 강습회 개최, 기술원(技術員) 수양·연성 대회, 단체 및 기술원 표창, 회원 소유 영사기의 순회 수리 등 사업 계획 일부는 이미 실천에 옮겨지고 있다.

1943년 | 쇼와 18년판 | 570~572쪽 | 제1부 일본영화계 – 조선영화계

조선총독부 영화 검열 통계 [조선총독부 조사]

쇼와 17년 전기 [1월 1일~4월 30일, 즉 영화배급사 설립 이전의 분(分)]

[극영화]		흥행용 신청 건수		비흥행용 신청 건수			신청 건수	검열		제한사항				대본 제한 (570쪽)
										공안		풍속		
		내지인	조선인	내지인	조선인	기타	계	권수	미터 수	개소 수 (個所數)	미터 수	개소 수	미터 수	
일본영화	시대	64	2	–	–	3	69	495	114,998	5	145.70	3	71.60	5
	현대	124	18	19	–	60	221	1,069	243,261	19	272.90	14	283.90	7
쇼치쿠	시대	12	–	–	–	–	12	103	25,369	2	39.00	–	–	1
	현대	30	–	–	–	–	30	247	58,090	5	106.00	3	88.00	1

							계	권 수	미터 수	개소 수	미터 수	개소 수	미터 수	기간제한
닛카쓰	시대	8	–	–	–	–	8	82	19,576	–	–	–	–	–
	현대	13	–	4	–	–	17	115	29,635	1	4.00	–	–	1
도호	시대	8	–	–	–	–	8	68	16,488	3	106.70	2	40.60	3
	현대	27	–	–	–	–	27	198	49,549	9	151.70	–	–	2
다이토	시대	5	–	–	–	–	5	29	6,783	–	–	–	–	–
	현대	3	–	–	–	–	3	20	4,926	–	–	–	–	–
신코	시대	3	–	–	–	–	3	30	6,828	–	–	–	–	–
	현대	6	–	2	–	–	8	50	12,127	–	–	–	–	–
기타	시대	28	2	–	–	3	33	183	39,954	–	–	1	31.00	1
	현대	45	18	13	–	60	136	439	88,934	4	11.20	11	195.90	3
외국영화		**9**	**9**	**–**	**–**	**–**	**18**	**157**	**36,803**	**2**	**11.20**	**10**	**88.60**	**4**
[비(非)극영화]														
일본영화		**256**	**48**	**46**	**–**	**260**	**610**	**911**	**200,513**	**5**	**47.00**	**–**	**–**	**1**
단순 실사		148	31	30	–	237	446	596	126,397	–	–	–	–	–
업무 선전		2	1	3	–		6	7	1,566	–	–	–	–	–
공익적 선전		106	16	13	–	23	158	308	72,550	5	47.00	–	–	1
외국영화		**4**	**2**	**1**	**–**	**7**	**41**	**14**[35]	**10,305**	**–**	**–**	**–**	**–**	**–**
단순 실사		3	1	–	–		4	11	2,632	–	–	–	–	–
공익적 선전		1	1	1	–	7	10	30	7,673	–	–	–	–	–
계	**극**	**197**	**29**	**19**	**–**	**63**	**308**	**1,721**	**395,062**	**26**	**429.80**	**27**	**444.10**	**16**
	비극	**260**	**50**	**47**	**–**	**267**	**624**	**952**	**210,818**	**5**	**47.00**	**–**	**–**	**1**
총계		**457**	**79**	**66**	**–**	**330**	**932**	**2,673**	**605,880**	**31**	**476.80**	**27**	**444.10**	**17**

* 비고: 비흥행용 신청 건수는 관공서, 학교, 공익단체 등에서 온 신청과 관련된 것이다. 한편, 본 기간 중 검열이 거부된 작품은 없다. {571쪽}

쇼와 17년 후기 [5월 1일~12월 31일, 즉 영화배급사 설립 이후의 분]

	신청 건수				검열		제한사항				기간 제한
							공안		풍속		
	배급사	관공서	기타	계	권 수	미터 수	개소 수	미터 수	개소 수	미터 수	
일본영화	977	524	178	1,679	3,854	883,148	47	1,206.40	10	244.80	978

35 다른 항의 수치들을 견주어 보건대, 앞 칸의 41과 바뀌어 기입된 것으로 추정된다.

도호	시대	12	–	–	12	132	31,894	–	–	–	–	1
	현대	23	3	–	26	256	64,059	–	–	–	–	3
쇼치쿠	시대	5	–	1	6	55	13,646	8	474.00	4	58.80	1
	현대	33	3	–	36	352	91,920	28	601.30	–	–	–
다이에이	시대	37	5	7	49	358	89,742	–	–	6	186.00	15
	현대	33	68	22	123	608	143,457	3	95.70	–	–	22
계	**시대**	**54**	**5**	**8**	**67**	**572**[36]	**135,282**	**8**	**474.00**	**10**	**244.80**	**17**
	현대	**89**	**74**	**22**	**185**	**1,216**	**299,436**	**31**	**697.00**	**–**	**–**	**25**
문화영화		161	18	13	192	519	130,243	6	23.40	–	–	5
시사영화		504	122	57	683	703	171,464	–	–	–	–	682
기타		76	123	62	261	393	74,245	–	–	–	–	55
조선영화	시대	4	–	1	5	36	6,360	–	–	–	–	5
	현대	9	1	7	17	112	25,138	–	–	–	–	9
	문화	13	24	2	39	63	13,666	–	–	–	–	–
	시사	64	2	–	66	66	18,086	–	–	–	–	66
	기타	3	155	6	164	174	9,228	2	12.00	–	–	114
외국영화		**25**	**5**	**–**	**30**	**179**	**41,462**	**2**	**21.50**	**4**	**55.00**	**11**
독일		14	1	–	15	95	22,761	2	21.50	4	55.00	6
프랑스		2	–	–	2	15	3,176	–	–	–	–	1
기타		9	4	–	13	69	15,525	–	–	–	–	4
총계		**1,002**	**529**	**178**	**1,709**	**4,033**	**924,610**	**49**	**1,227.90**	**14**	**299.80**	**989**

36 실제 세목의 합은 545.

조선총독부 영화 검열 수수료 통계 [조선총독부 조사]

쇼와 17년 전기 [1월~4월, 즉 영화배급사 설립 이전의 분]

[극영화]	수수료 징수액	수수료 면제		
		건수	권 수	미터 수
일본영화	2,734.71[37]	102	353	74,596
쇼치쿠	709.24	3	32	7,771
닛카쓰	337.13	8	57	15,498
도호	635.28	1	5	1,143
다이토	117.09	–	–	–
신코	113.26	5	33	7,829
기타	824.71	85	226	42,355
외국영화	551.01	–	–	–
[비(非)극영화]				
일본영화	237.31	535	797	176,401
외국영화	39.47	10	30	7,673
계 극	3,285.72	102	353	74,596
비극	276.78	545	827	184,074
총계	**3,562.50**	**647**	**1,180**	**258,670**

쇼와 17년 후기 [5월~12월, 즉 영화배급사 설립 이후의 분]

	수수료 징수액	수수료 면제		
		건수	권 수	미터 수
일본영화	3,031.50	1,416	2,306	508,253
도호	607.62	8	70	18,566
쇼치쿠	670.84	7	76	17,891
다이에이	1,333.41	76	314	69,157
문화	–	192	519	130,243
시사	12.02	676	696	170,262

37 실제 세목의 합은 2,736.71.

기타	167.21	187	307	56,747
조선	240.40	270	324	45,387
외국영화	**482.88**	**13**	**29**[38]	**7,174**
독일	315.51	5	5	1,725
프랑스	47.64	–	–	–
기타	119.73	8	22	5,449
계	**3,514.38**	**1,429**	**2,335**	**515,427**

1943년 | 쇼와 18년판 | 574쪽 | 제1부 일본영화계 – 조선영화계

쇼와 17년 중 취급 종별 검열 통계 [조선총독부 조사]

쇼와 17년 중 취급 종별 검열 통계 [조선총독부 조사]

		건수	권 수	미터 수	수수료
신검열	35밀리	368	2,342	554,999	5,896.59
	17.5밀리	42	78	16,180	161.80
	16밀리	65	88	16,433	164.33
재검열	35밀리	7	35	7,725	38.61
	17.5밀리	–	–	–	–
	16밀리	18	28	6,751	33.70
복본검열	35밀리	65	620	154,305	781.85
	17.5밀리	–	–	–	–
	16밀리	–	–	–	–
수수료 면제	35밀리	1,677	2,944	697,251	–
	17.5밀리	37	38	6,667	–
	16밀리	362	533	70,179	–
소계	**35밀리**	**2,117**	**5,941**	**1,414,280**	**6,717.05**
	17.5밀리	**79**	**116**	**22,847**	**161.80**

38　실제 세목의 합은 27.

| | 16밀리 | 445 | 649 | 93,363 | 198.03 |
| 합계 | | 2,641 | 6,706 | 1,530,490 | 7,076.88 |

1943년 | 쇼와 18년판 | 574쪽 | 제1부 일본영화계 – 조선영화계

쇼와 17년 중 조선영화 검열표

	건수	권 수	미터 수
시대극	7	47	8,492
현대극	57	290	61,143
실사	363	429	65,801
계	427	766	135,436

1943년 | 쇼와 18년판 | 574쪽 | 제1부 일본영화계 – 조선영화계

조선총독부 추천영화 [쇼와 17년 1월~12월]

극영화

〈날아오르는 정열〉[신코], 〈위문주머니〉[오마이·도니치(大毎·東日)[39]], 〈겐로쿠 주신구라 후편〉[쇼치쿠], 〈오무라 마스지로〉[신코], 〈장군과 참모와 병사〉[닛카쓰], 〈아버지가 있었다〉[쇼치쿠], 〈남해의 꽃다발〉[도호], 〈모자초〉[쇼치쿠], 〈하와이 말레이해 해전〉[도호], 〈영국 무너지는 날〉[다이에이]

문화영화

〈섬(嶋)〉[리켄(理研)], 〈어느 보모의 기록〉[게주쓰(芸術)], 〈아와의 목각인형〉[오마이·도니치], 〈승리의 기초〉[리켄], 〈바다 독수리〉[게주쓰], 〈말레이 전기-진격의 기록〉[니치에이], 〈말레이 전기-쇼난도(昭南島)의 탄생〉[니치에이], 〈하늘의 신병〉[니치에이],

---

〈동양의 개가〉[니치에이]

극영화	10편
문화영화	9편
계	**19편**

1943년 | 쇼와 18년판 | 574쪽 | 제1부 일본영화계 – 조선영화계

조선총독부 인정 건수 [쇼와 17년 1월~12월]

종류별	방화		외국영화	합계
	내지영화	조선영화		
일반용 영화	2,010	439	66	2,515
비일반용	100	20	18	138
문화영화	318	51	17	386
비문화영화	23	–	5	28
시사영화	622	15	–	637
총 인정 건수	**3,073**	**425**[40]	**106**	**3,704**

1943년 | 쇼와 18년판 | 574~575쪽 | 제1부 일본영화계 – 조선영화계

인정 문화영화 내용별 분류 [쇼와 17년 1월~12월]

	방화		외국영화	합계
	내지영화	조선영화		
교육	15	2	–	17
정치·경제	2	2	–	4
군사·국방	114	4	5	123 {574쪽}

40 실제 세목의 합은 525.

산업	46	15	–	61
통신·교통	18	1	–	19
보건·위생	12	–	1	13
체육·운동	7	–	1	8
사회·시설	6	–	–	6
학예	35	7	2	44
자연과학	30	2	6	38
기록	33	18	2	53
계	**318**	**51**	**17**	**386**

비일반영화의 분류 [쇼와 17년 1월~12월]

*주: [내]는 내지영화, [조]는 조선영화, [외]는 외국영화

▶ 연소자의 범죄 또는 악희(惡戱)를 유발, 모방의 우려가 있는 작품[내2, 계(計)2]

▶ 연소자에게 공포·혐오감을 줄 우려가 있는 작품[내4, 계4]

▶ 과도하게 감상적인 작품[내4, 조1, 계5]

▶ 연애를 통해 연소자의 감정을 도발할 우려가 있는 작품[내1, 외2, 계3]

▶ 연소자의 공상·호기심을 과도하게 자극할 우려가 있는 작품[내6, 조2, 계8]

▶ 결혼 또는 연애에 관하여 연소자의 판단을 동요시킬 우려가 있는 작품[내14, 외3, 계17]

▶ 퇴폐적 풍기(風紀)나 이야기, 또는 변태적 연애 작품[내1, 조2, 외4, 계7]

▶ 저조(低調)·비속하여 연소자의 관람에 적당하지 않은 작품[내34, 조11, 외1, 계46]

▶ 윤리적, 기타 일반적으로 연소자의 판단을 그르치게 할 우려가 있는 작품[내34, 조5, 외7, 46]

조선총독부 학무국 선정 아동생도 대상 영화 [쇼와 17년 1월~12월]

극영화

〈날아오르는 정열〉[신코], 〈소년표류기〉[도호],**41** 〈특별임무반(特別任務班)〉[교쿠지쓰(旭日)], 〈위문주머니〉[오마이·도니치], 〈겐로쿠 주신구라 후편〉[쇼치쿠], 〈바다의 어머니〉[닛카쓰], 〈오무라 마스지로〉[신코], 〈장군과 참모와 병사〉[닛카쓰], 〈아버지에게 기원한다〉[닛카쓰], 〈부인종군기〉[닛카쓰],**42** 〈아버지가 있었다〉[쇼치쿠], 〈남해의 꽃다발〉[도호], 〈모자초〉[쇼치쿠], 〈쇼카손주쿠〉[도호], 〈날개의 개가〉[도호], 〈도리이 스네에몬〉[쇼치쿠],**43** 〈하와이 말레이해 해전〉[도호], 〈영국 무너지는 날〉[다이에이].

문화영화

〈섬〉[리켄], 〈어느 보모의 기록〉[게주쓰], 〈아와의 목각인형〉[오마이·도니치], 〈대동아전쟁 격멸전기(大東亞戰爭擊滅戰記)〉[니치에이], 〈일하는 소년 소녀〉[도호], 〈어린이와 공작〉[주지야(十字屋)], 〈규조토지대〉[주지야], 〈육군 낙하산부대–전투 편〉[니치에이], 〈도고 원사와 일본해군〉[고온(光音)문화], 〈바다 독수리〉[게주쓰], 〈승리의 기초〉[리켄], 〈특별공격대〉[니치에이], 〈해군과 체조〉[닛카쓰], 〈말레이 전기–진격의 기록〉[니치에이], 〈말레이 전기–쇼난도의 탄생〉[니치에이], 〈하늘의 신병〉[니치에이], 〈양어장〉[니치에이], 〈자비심조〉[리켄], 〈동양의 개가〉[니치에이].

극영화	18편
문화영화	19편
계	**37편**

41 少年漂流記. 일본영화정보시스템에 따르면 도호 제작 〈소년표류기〉는 일본에서 1943년 공개된바, 본문의 작품과 동일작인지는 확정할 수 없다.

42 婦人從軍記. 일본영화정보시스템에 따르면 1939년 닛카쓰 제작의 〈부인종군가〉라는 작품이 검색되는바, 본문의 표기는 오기로 추정된다.

43 원문에는 '鳥井強右衛門'라 표기되어 있으나 '鳥居強右衛門'의 오기로 추정된다.

1943년 | 쇼와 18년판 | 575쪽 | 제1부 일본영화계 – 조선영화계

쇼와 17년 중 조선총독부 제작 영화

제목	권 수	미터 수	제작
연극정신대(演劇挺身隊)	2	430	6월
우리들의 비행기 공장(僕達の飛行機工場)	2	440	9월
어린이 벼베기 부대(子供稲刈り部隊)	1	250	10월
부여신궁 건축 기록(扶餘神宮御造營記錄)	1	300	12월

1943년 | 쇼와 18년판 | 575~576쪽 | 제1부 일본영화계 – 조선영화계

쇼와 17년 말 전 조선 영화관 수 [조선총독부 조사]

영화 상설관	147관	{575쪽}
특종(特種)·임시 상영관	11관	
계	**158관**	

1943년 | 쇼와 18년판 | 576쪽 | 제1부 일본영화계 – 조선영화계

쇼와 16년도 유료영화 관람자 수 [조선총독부 조사]

관람자 수	25,086,843명
관람료	10,742,400원

1943년 | 쇼와 18년판 | 576쪽 | 제1부 일본영화계 – 조선영화계

영화 제작 종업자 쇼와 17년 중 신등록자 명부

*주: 괄호 안은 본명 및 생년. '메'는 메이지, '다'는 다이쇼

연출자

오조라 히사아키(大空久晃)[오조라 게이킨(大空敬均), 메45], 김영화[동, 다3], 이병일[이가와 헤이로쿠(維川炳祿), 메43], 구니모토 다케오[동, 메41], 전창근(全昌根)[이즈미 쇼콘(泉昌根), 메40], 미나미 후케이(南不競)[데라모토 칸(寺本寬), 메27]

촬영자

최순흥(崔順興)[동, 다7], 유장산(柳長山)[야나가와 미노루(柳川實), 다4], 이리사와 고지(入澤宏治)[이리사와 다이시(入澤大司), 다2], 이병목(李丙穆)[리노이에 헤이보쿠(李家丙穆), 다5]

연기자

[남] 진훈(秦薰)[미타니 기요시(三溪清), 메35], 한일송(韓一松)[한계원(韓啓源), 다2], 강노석(姜魯石)[강명수(姜命洙), 다7], 박학(朴學)[박한구(朴漢九), 다3], 이재현(李載玄)[가이조 히사마사(海城久正), 다5], 고기봉(高奇峰)[다카키 모토미네(高奇基峰), 다3], 박경계[44][오야마 이사무(大山勇), 다2], 권영팔(權寧八)[동, 다6]

[여] 유성애(柳誠愛)[유한순(柳漢順), 메40], 하옥주(河玉珠)[가와무라 란코(河村蘭子), 다9], 이준희(李俊嬉)[이일춘(李日春), 다8], 김연실(金蓮實)[이마이 미치요(今井實千代), 메44], 이난영(李蘭影)[고바야시 교쿠준(小林玉順), 다6], 홍청자(洪清子)[오가와 기요코(小川清子), 다8], 전옥(全玉)[마쓰바라 레이코(松原禮子), 메45], 백란(白蘭)[최옥선(崔玉善), 다11], 장세정(張世貞)[하리타 세이테이(張田世貞), 다10]

1943년 | 쇼와 18년판 | 576쪽 | 제1부 일본영화계 – 조선영화계

조선영화 관계 법규

조선영화령은 다음과 같이 내지의 영화법을 그대로 답습하여 쇼와 15년 1월

44 원문에는 '朴景桂'라 표기되어 있으나 '朴景柱(박경주)'의 오식으로 추정된다.

4일, 동 시행 규칙은 같은 해 7월 25일, 모두 조선총독부령으로 공포되었으며 같은 해 8월 1일부터 시행되었다.

조선영화령

영화 제작·배급·상영 및 기타에 관해서는 영화법 제19조의 규정을 제외하고 동 법에 의거함. 단, 동 법 중 칙령은 조선총독부령으로, 주무대신은 조선총독으로 함.

쇼와 15년 1월 4일
조선총독 미나미 지로(南次郎)

조선총독부령 제180호
조선영화령은 쇼와 15년 8월 1일부터 시행함.
쇼와 15년 7월 25일
조선총독 미나미 지로

조선영화령 시행 규칙

조선총독부령 제181호
조선영화령 시행 규칙을 다음과 같이 정함.
쇼와 15년 7월 25일
조선총독 미나미 지로

조선영화령 시행 규칙

제1조부터 제57조에 이르며, 제58조부터 제64조는 부칙이다. [조문 생략, 쇼와 17년 영화연감 참조[45]]

위 발령 후의 개정은 다음과 같다.

---

45 원문에서 생략된 조문은 본 자료집 시리즈 6권의 260~277쪽을 참고하기 바란다.

1. 쇼와 16년 7월 17일 개정, 조선총독부령 제204호

제60조 제2항…… '기간 내에'의 다음에 '영화법'을 추가함.

제60조 제3항…… '그 업을 행하는 자는'의 다음에 '영화법'을 추가함.

1. 쇼와 16년 8월 20일 개정, 조선총독부령 제230호

제58조 중(中)…… 제48조 및 제49조의 규정은 '쇼와 16년 10월 1일부터'를 '쇼와 17년 10월 1일부터'로 함.

[주:

제48조 영화 상영을 행하는 자(576쪽)가 자동식 안전개폐기의 장치가 있는 영사기를 사용하지 않으면 영사를 행할 수 없음.

앞 항의 자가 영화 흥행자인 경우에는 앞 항의 영사기 2대 이상을 사용할 것.

제49조 영화 상영을 행하는 자는 별도로 정한 바에 의거하며, 영사 면허를 받지 않은 자에게 영사기를 조작하게 할 수 없음. 단, 완연성(緩燃性) 영화를 상영하는 경우에는 이러한 제한을 두지 않음.

앞 항의 자가 영화 흥행자일 때, 영사 시간이 통례 계속하여 6시간을 초과하는 경우에는 영사 면허를 받은 자 2명 이상, 그 외의 경우에는 1명 이상을 쓸 것.]

1. 쇼와 17년 5월 1일 개정, 조선총독부령 제141호

제37조, 제38조, 제39조를 개정하여 시사영화를 강제 상영하도록 함.

[주:

제37조 영화법 제15조 제1항의 규정에 의거하여 상영을 행하려는 영화는 국민정신 함양 또는 국민지능 계배(啓培)에 이바지하는 영화[극영화 제외]라고 조선총독이 인정한 작품으로 함.

영화 흥행자는 1회 흥행에 대하여 앞 항의 규정에 의거하여 인정받은 영화 250미터 이상을 상영할 것. 단, 영화 흥행자가 영화법 제15조 제2항의 규정에 의거하여 영화를 상영하는 경우 및 제16조 제1항의 추천을 받은 영화를 상영하는 경우에는 이러한 제한을 두지 않음.[46]]

46   원문에서 38조와 39조는 생략되어 있다.

조선총독부령 제64호

조선영사기 조작취체 규칙을 다음과 같이 정함.

쇼와 17년 3월 24일

조선총독 미나미 지로

조선영사기 조작취체 규칙

제1조부터 제19조에 이른다. [조문 생략]

부칙

본령은 발포일로부터 시행함. 단, 제1조의 규정은 쇼와 17년 10월 1일부터 시행함.

본령에 의거하여 쇼와 17년 중 제1회 소위(所謂) 영사기사시험을 시행하고, 쇼와 18년 4월 1일부터 제2회 시험을 시행함.

조선총독부령 제215호

국민학교 교과용 영화 검정 규정을 다음과 같이 정함.

쇼와 17년 8월 27일

조선총독 고이소 구니아키(小磯國昭)

국민학교 교과용 영화 검정 규정

제1조부터 제9조에 이른다. [조문 생략]

문부성령 제67호 국민학교 교과용 영화 검정 규칙과 대체로 같은 취지이다. 문부성령의 '문부대신'이라는 자구(字句)를 '조선총독'으로 바꾸고 양식(樣式)의 '문부성'을 '조선총독부'로 바꾼 정도이며, 기타 조선의 특수 사정이 다소 반영되어 있다.

조선영화기획심의회 규약

제1조

영화기획심의회는 황도문화협회 내에 설치하고 협회장의 자문에 따라 조선의 영화문화 기획 및 지도, 조성에 관하여 조사·심의함.

제2조
영화기획심의회는 회장 1명 및 위원 약간 명으로 조직함.
위원 중 약간 명을 상임위원으로 함.
특별 사항을 조사·심의할 필요가 있을 때에는 임시위원을 둘 수 있음.

제3조
회장은 황도문화협회장으로 충당함.

제4조
위원 및 임시위원은 관계 관리 및 학식·경험이 있는 자 중에서 회장이 위촉함.

제5조
회장은 회무(會務)를 총리함.
회장에게 사고가 있을 시에는 위원 중에서 회장이 지명한 자가 직무를 대리함.

제6조
영화기획심의회에 간사를 둠.
간사는 회장의 지휘를 받아 서무를 정리함.

조선영화기획심의회 위원
회장 경무국장
상임위원 도서(577쪽)과장, 나카다 하루야스[조영(朝映) 상무]
위원 도서과 사무관, 도서관 통역관, 보안과장, 경무과장, 정보과장, 정보과 조사관, 학무과장, 연성(鍊成)과장, 조선군 보도부장, 아쓰지(厚地) 대좌(大佐), 네가와(子川) 중위, 총력연맹 선전부장, 총력연맹 문화과장, 가라시마 다케시[경성제대 교수], 미키 히로시(厚地兼彦)[서양화가], 데라다 아키라(寺田瑛)[경성일보 학예부장], 히가시하라 인쇼(東原寅變)[평론가], 요시무라 고도(芳村香道)[조선문인협회 간사장], 유치진(柳致眞)[극작가], 쓰다 세쓰코(津田節子)[녹기연맹], 다나카 사부로[조영사장], 오카다 준이치[조선영배 상무이사]

간사 이케다 구니오(池田國雄)[영화 검열관], 히루타 요시오(晝田義雄)[영화 검열관], 가쓰우라 센타로[조영 제1제작과장]

순회영사

쇼와 17년도[강더 9년] 자주순영(自主巡映) 실적

전체 파견반 수	24반
전체 파견일수	1665일
상영지점 수	387지점
상영 횟수	1324회
관람 인원수	1,327,000명
[현지 사정으로 발표하지 못하는 것도 있음]	
홈라이트(home light) 사용	213회
평균 1회 관람 인원	1000명

여기에 사용하는 영화 프로그램은, 만주계(系)를 대상으로는 만영 오민(娛民)영화와 만영 또는 내지의 계발영화·시사영화들을 (묶어) 하나의 프로그램으로 편성하는데, 시사영화로는 〈만영시보〉를 편집한 〈만영월보〉를 사용하고 있다. 일본계 대상으로는 극영화 1편과 문화영화 및 뉴스, 조선계 대상으로는 내지 및 조선의 극(劇)을 사용한다.

다음은 상영공작의 효과 문제이다. 만주계 대중 대부분이 글을 모르기 때문에 조사표(앙케이트)를 작성하는 것이 불가능하고, 일본계는 만어(滿語)를 잘 알지 못하기 때문에 관객의 의향을 직접 알아내는 데에도 어려움이 있다. 만주계 기사(技

士)의 능력이 아직 부족하다는 점을 고려하면, 이는 극히 곤란한 문제다. 그러나 일반 민중이 영화에 몰려드는 것은 사실이고, 어린이 등은 창틀에까지 올라가서 열심히 보고 있다. 그들에게는 모이는 것 자체가 하나의 즐거움인데 이에 더해 화면에 비치는 진기한 것, 재미있는 것, 슬픈 것이 감흥을 일으키는 것이다. 따라서 순영영화의 제1조건은 알기 쉽고 다가가기 쉬워야 한다는 점이다. 이는 소재나 내용에서도, 구성이나 연출의 기술에서도 마찬가지다. 나아가 화면이 밝고 소리가 분명하게 들려야 한다. 현 시점의 선결 문제는 내용 면에서도 또한 영사 기술 면에서도 일반이 알기 쉬운 영화여야 한다는 것으로, 이것이 가능하다면 상영 효과는 상당하리라 생각된다. 물론 순회영사의 목적이 단순히 거기서 그치는 것은 아니다. 예컨대, 협화회(協和會)에서 선전원을 붙여 파견한다든지 혹은 부현장(副縣長)·경찰서장·기타 현지 기관(609쪽)의 사람들이 증산이나 방위 등에 관한 강연을 하는 등 순회영사를 실로 대중적 선전활동의 무대로 활용, 다대한 효과를 거두고 있는 중이다. 앞으로도 이러한 방향으로 더욱 나아갈 것이다.

마지막으로 쇼와 18년도의 실시 상황을 게재해둔다.

쇼와 18년 1~3월 정기 순영 실적

	제1회	제2회	제3회
파견반 수	10	10	10
연일(延日) 수	141	148	134
지점 수	45	51	48
상영 횟수	69	76	71
홈라이트 사용 횟수	4	5	3
관람 인원수	19,684	30,051	24,750

쇼와 18년 1~4월 특수 순영 실적

파견반 수	29
연일 수	147
상영지점 수	76
상영 횟수	80

홈라이트 사용 횟수	25
관람 인원수	51,606

쇼와 18년 1~4월 특수 순영 관람 내역

일(日)	3,269
만(滿)	45,014
선(鮮)	1,926
몽(蒙)·러(露)	1,397

주요 의뢰처

협화회, 만주탄광주식회사, 주식회사 만철보양원(滿鐵保養院), 창춘현공서(長春縣公署), 베이안성공서(北安省公署), 만주석유주식회사, 기타 14개소.

1943년 | 쇼와 18년판 | 610~612쪽 | 제2부 대동아공영권영화계 – 만주국영화계

학교와 영화

1. 학교 순회영사

이는 만영 창립 직후부터 16밀리 토키로 계속 실시하고 있는 것이다. 애초 현재의 재만교무부(在滿教務部)와 만영이 만주 전역의 모든 일본학교에서 이를 실시하고자 방침을 세운 뒤 상당한 의기를 가지고 착수하였으나 1, 2년 실시해보니 벽지의 학교들에서는 크게 좋아하며 환영하는 반면 도회지 학교들에서는 꼭 그렇지만도 않았다. 그리하여 교무부에서는 35밀리 포터블을 사용하기로 하고 〈바람의 마타사부로〉 등을 특별히 추가 인화, 프린트를 구입하여 순회영사를 실시하게 되었다.

그럼에도 불구하고, 우수한 설비를 갖춘 영화 상설관에서 언제든 새로운 영화를 단체로 관람할 수 있는 도회지 학교들은 역시 만족하지 않았다.

때문에 결국 쇼와 16년부터는 순회영사 지역을 한정, 영화 상설관 소재지는 모두 영화 상설관을 이용하도록 하고 영화 상설관이 없는 지역에서만 순회영사를 실시

하도록 하여 문제를 일단 해결, 오늘에 이른다. [610쪽]

쇼와 17년도 순회영사 상황

제1회

지역 전 만주 50

편성 기사, 조수 각 만주계 1

관람자 수 아동 14만 9150명, 부형(父兄) 9704명

제1반 [4월 22일~5월 30일]

　　영화 〈꾀돌이 탐험기〉 〈백묵〉 〈아동만주(兒童滿洲)〉 〈만영일보(滿映日報)〉

제2반 [4월 23일~5월 25일]

　　영화 〈현대일본(現代日本)〉 〈만화 동물대행진(漫畵動物大行進)〉 〈아동만주〉
　　　　〈만영월보〉

제3반 [4월 23일~5월 10일]

　　영화 〈현대일본〉 〈동물원(動物園)〉 〈아동만주〉 〈만영월보〉

제4반 [4월 23일~5월 10일]

　　영화 〈꾀돌이 탐험기〉 〈눈과 군대〉 〈아동만주〉 〈만영월보〉

제5반 [5월 5일~5월 18일] [주로 조선계 학교]

　　영화 〈수업료〉 〈동물원 학예회의 권[47]〉 〈니혼뉴스〉

제2회

지역, 편성 전과 동일

관람자 수 아동 8만 174명, 부형 1만 4255명

제1반 [10월 7일~10월 15일]

　　영화 〈꾀돌이 모험기〉 〈새로운 날개〉 〈만영월보〉 [611쪽]

제2반 [9월 25일~10월 13일]

47　動物園の學藝會の卷. 〈동물원 대행진-학예회의 권〉을 일컫는 것으로 추정된다.

영화 〈황당영웅〉〈함선 근무〉〈아동만주〉〈만영월보〉

제3반 [9월 25일~10월 21일]

영화 〈사랑의 미소〉〈아동만주〉〈만영월보〉

제4반 [9월 28일~10월 30일]

영화 앞과 동일

제5반 [주로 조선계 학교]

영화 〈그대와 나〉〈낙하산 부대[48]〉〈어린이 만주(子供滿洲)〉〈만영월보〉

1943년 | 쇼와 18년판 | 613~614쪽 | 제2부 대동아공영권영화계 – 만주국영화계

만영의 개요

명칭 주식회사만주영화협회

설립 쇼와 12년[강더 4년] 8월 21일

특징 쇼와 12년 8월 14일 칙령 제248호로 설립된 만주국 특수회사

자본금 국폐(國幣) 900만 원[만주국 정부, 만철 절반 출자]

사업 목적　1. 영화 제작

2. 영화 수출입

3. 영화 배급

4. 영화 상영

5. 앞 4개 호에 부대하는 업무

결산 12월 말일

본사 신징특별시 홍시지에(洪熙街) 602호 ☎ [2] 5616번 [전신약호] 신징, 만영[シンケウ, マンエイ]

촬영소 본사와 동일

도쿄지사 도쿄시 고지마치구(麴町區) 우치사이와이초(內幸町) 2초메 8번지 ☎

긴자 [57] 8016, 8017번 [전신약호] 도쿄, 우편, 만영(トウケウ, イウビン, マンエイ)

시모노세키출장소 시모노세키시(下關市) 하나노초(岬之町) 20 ☎ 839번 [전신약호] 시모노세키, 만영(シモノセキ, マンエイ)

다롄출장소 다롄시(大連市) 야마가타도오리(山縣通) 2 도타쿠(東拓)빌딩 내 ☎ [2] 2284번 [전신약호] 다롄, 만영(タイレン, マンエイ)

펑톈출장소 펑톈시(奉天市) 치요다도오리(千代田通) 아주(亞洲)여행사 내 ☎ 가스가(春日) 4174번 [전신약호] 펑톈, 만영(ホウテン, マンエイ)

하얼빈출장소 하얼빈시(哈爾濱市) 디두안지에(地段街) 홍보회관 내 ☎ 6422번 [전신약호] 하얼빈, 만영(ハルビン, マンエイ)

부산 주재원 부산부 대청정(大廳町) 1의 20 오카자키(岡崎) 댁 [전신약호] 부산 만영(フザン, マンエイ)

투자 및 원조(援助)사업 주식회사만주전영총사(株式會社滿洲電影總社), 주식회사 만주연예협회(株式會社滿洲演藝協會), 만영고온공업주식회사(滿映光音工業株式會社), 만주항화공업주식회사(滿洲恒化工業株式會社), 만주음반주식회사(滿洲音盤株式會社), 합자회사만주잡지사(合資會社滿洲雜誌社), 화베이전영고분유한공사(華北電影股份有限公司)

만영 기구도 [쇼와 18년 6월 현재]

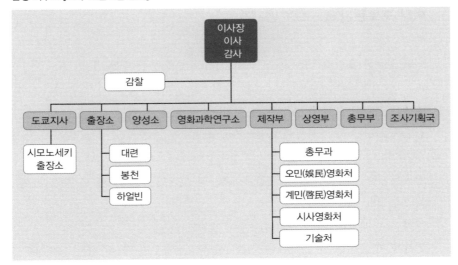

1943년 | 쇼와 18년판 | 773쪽 | 광고

일본음향주식회사

음향 제품계의 최고봉

정밀기계통제회 회원
전기기계통제회 회원
사단법인 영화기계협회 회원

일본음향주식회사[구(舊) 사명 일본빅터축음기주식회사]
　　본사 요코하마시 가나가와구(神奈川區) 모리야초(守屋町) 3초메 12번지 ☎ 가나가와 [4] 2731~8번
　　영업소 및 기술원 주재지 도쿄·오사카·나고야·후쿠오카·삿포로·타이베이·경성·신징·다렌·베이징·상하이

1943년 | 쇼와 18년판 | 774~775쪽 | 광고

빅터 포토폰기(機)·로얄 영사기

빅터 포토폰 음향재생장치와 로얄영사기의 제휴를 통한 왕좌 결정!

대동아공영권 영화 기기계의 왕좌 결정

선명한 화면과 충실한 음향효과로 관중에게 충분한 만족을 주는 것은 영화 상영의 생명입니다.

일본음향주식회사와 고미쓰공업주식회사의 제휴는 이 사명의 완수를 최초로 실현하였습니다.

그리고 이 제휴로 영화기계의 최고봉이 결정되었습니다.

귀하가 이 콤비를 채용하신다면 영화 상영의 심장부라 할 수 있는 영사실에서 일어나는 모든 불안이 일소되고 상영 효과도 한층 향상될 것입니다.

영사실 상담은 꼭 저희 회사에 맡겨주시길 절실히 바라옵니다.

일본음향주식회사[구 사명 일본빅터축음기주식회사]

요코하마시 가나가와구 모리야초 3의 12 ☎ 가나가와 [4] 2731~8

영업소 및 기술원 주재지 도쿄·오사카·나고야·후쿠오카·삿포로·타이베이·경성·신징·다롄·베이징·상하이

빅터로얄주식회사

도쿄도 도시마구(豐島區) 니시스가모(西巢鴨) 1의 3246 ☎ 오쓰카(大塚) [86] 1042, 4123

1943년 | 쇼와 18년판 | 778쪽 | 광고

도아(東亞)전기주식회사

Rola 영화극장용품

통제회원

영업 종목

휴대용 영사기, 휴대용 발성기, 거치용 영사기, 거치용 발성기, 미러 아크 램프 하우스(mirror arc lamp house), 수은 정류기(整流器), 영사 렌즈, 마이카 스크린(mica screen), 확성전화장치, 증폭기, 고성기(高聲器)

도아전기주식회사[구 사명 주식회사 롤라컴퍼니]

본사　오사카시 기타구 자야마치 10번지 ☎ [나가(長)] 도요사키(豊崎) [37] 291, 1190, 1460번 [대체계좌] 오사카 85459번 [전신약호] 오사카우편롤라(オウサカユービ ンローラー)

　공장　오사카시 기타구 자야마치 10번지

　　　　후세시(布施市) 나카오사카(中小坂) 446번지

　　　　베이징 쉬안우먼와이(宣武門外) 스차스후통(西茶食胡同)

　지사　도쿄시 시바구 다무라초(田村町) 4초메 6번지 ☎ 시바 3770, 2712번

　　　　후쿠오카시 하카타(博多) 나카우마치(中魚町) 12번지 ☎ 히가시 2223번

　출장소　삿포로시 미나미하치조니시(南八條西) 3초메

　　　　나고야시 나카구 이와이도오리(岩井通り) 3초메 8

　　　　타이베이시 아카이시초(明石町) 2초메

　　　　경성부 고가네마치 2초메 88

　　　　베이징 왕푸다징지에(王府大井街) 화베이전영(華北電影) 내

　　　　상하이 동시후아더루(東熙華德路) 1047의 3호

1943년 | 쇼와 18년판 | 779쪽 | 광고

일본고온공업주식회사

제품 종목

가청주파장치 16밀리 발성영사기 [휴대용] D형·E형 [거치용] F형, 35밀리 발성영사기 [거치용], 16밀리 녹음기 Y형, 16밀리 축사기(縮寫機), 35밀리 녹음기 Z형, 확성 전화장치, 마이룸 자동현상, 인화, 축사장치

진공관류 측정용 진공관, 특수 증폭관, 발진관, 정류관, 가스 주입 제어관, 고압 가스 방전관, 정전압용 방전관, 브라운관, 광전관, 영화기구용 진관(眞管)·기타 특수 진공관류

기타 제품 광음발동 발전기, 각종 특수 정밀렌즈, 발성재생장치, 광학측정류, 기타 정밀기계 공작품

도쿄출장소
도쿄도 교바시구 긴자 5초메 3번지 ☎ 긴자[57] 3649, 6565번

오사카출장소
오사카시 신사이바시(心齋橋) 기타즈메히가시(北詰東) 산린바시(三林橋) 빌딩 ☎ 센바(船場) [83] 3185번

나고야출장소
나고야시 히가시구 히가시사쿠라마치(東櫻町) 1초메 4번지 ☎ 히가시 [4] 6549번

후쿠오카출장소
후쿠오카시 시모니시초(下西町) 21번지 ☎ 히가시 [3] 701번

삿포로출장소
삿포로시 미나미이치조니시(南一條西) 6초메 ☎ 1272번

조선고온공업주식회사
경성부 혼마치 3초메 1번지 ☎ 본국 [2] 7576번

타이완고온공업주식회사

타이베이시 사카에마치 1초메 ☎ 2030, 3030번

만영고온공업주식회사

신징특별시 창춘 다지에(大街) 305호 ☎ [2] 2466, 7689번

본사·공장

도쿄도 시나가와구(品川區) 기타시나가와 4초메 567번지 ☎ 오사키(大崎) [49] 1617~8, 5249번

정밀기계통제회·전기기계통제회원

일본고온공업주식회사

도쿄·오사카·나고야·후쿠오카·삿포로·경성·타이베이·신징

1943년 | 쇼와 18년판 | 793쪽 | 광고

사단법인 조선영화배급사

경성부 태평통 2초메 102번지 ☎ [교환] 본국 [2] 3325번, 6016번, 7619번, 0219번

창고 경성부 남대문통 5초메 36번지 ☎ 본국 [2] 5824번
부산 파견원 사무소 부산부 니시마치 3초메 16번지 ☎ 4209번

1943년 | 쇼와 18년판 | 793쪽 | 광고

조선영화제작주식회사

본사 경성부 고가네마치 1초메 205번지 ☎ 본국[2] 6671, [2] 8274번

촬영소 경성부 광희정 2초메 25번지 ☎ 동국(東局) [5] 1870번

출장소 도쿄도 교바시구 고비키초(木挽町) 5의 2번지 일본 이터닛(eternit) 빌딩 ☎ 긴자 [57] 6038

오타 요시타케 상점

순국산 최우수품

질소 카본

직류용, 교류용

경성부 고가네마치 1초메 조선 빌딩

총대리점 주식회사 오카 요시타케 상점 ☎ 본국 [2] 3903 · 4704 [대체계좌] 경성 22750

지점 해주부 미나미아사히마치(南旭町) 17번지

출장소 평양부 남문정 34번지

오카자키 정밀제작소

순국산 · 최고봉

마쓰다 아크 카본

도쿄 시바우라(芝浦)전기주식회사 제품

찬연한 광휘, 백열의 광색, 경제적 수명과 아크의 안정도(安定度) 단연 만점!

조선 내 유일한 수리공장

발성 영사기

수리 전문

텅거 벌브(tungar bulb)·수은 정류관

익사이터 램프(exciter lamp)·광전관

영사용 전구·조명용 전구

세계에 자랑하는 U. L. L 수퍼라이트, 애크미라이트(acme light) 영사막

퍼스트룩스(First Luxe) 반사경 특약 주문 바람

마쓰다 카본 전 조선 판매원

영사용 자재 전문

오카자키 정밀제작소

영업소 경성부 나카구 메이지마치 2초메 44 ☎ 본국 [2] 2922 [대체계좌] 경성 31949

공장 경성부 종로구 원남정 209 ☎ 동국 [5] 472

대동아영화관계자록

범례

주소란: 주소 끝의 괄호 안은 전화번호. 도쿄도는 도쿄도를 생략. 또 근무처 전교(轉交)인 경우에는 소재지를 약기하거나 전화번호를 생략한 것이 있음. 근무처 약기는 다음과 같음.

○ 영협=재단법인 대일본영화협회 ○ 영교=재단법인 대일본영화교육회 ○ 흥협=재단법인 대일본흥행협회, 영전위원=흥협 영화전문위원 ○ 영기협=사단법인 영화기계협회 ○ 영기연맹=영화기기연맹 ○ 영배=사단법인 영화배급사, 간토(關東)=간토지사, 주부(中部)=주부지사 [기타 지사 이에 준함] ○ 일영=사단법인 일본영화사, 문화영화=문화영화 제작국, 시사영화=시사영화 제작국, 네리마(練馬)=네리마제작소 ○ 쇼치쿠=쇼치쿠주식회사, 오사카=오사카지점 [기타 출장소 이에 준함], 오후나=오후나촬영소, 교토=교토촬영소, 우즈마사=교토 우즈마사 제2촬영소, 만화부=만화영화 제작부 ○ 도호=도호영화주식회사, 도쿄=도쿄촬영소, 오사카=오사카영업소 [기타 영업소 이에 준함] ○ 다이에이=대일본영화제작주식회사, 오사카=오사카지사 [기타 출장소 이에 준함], 도쿄=도쿄촬영소, 교토=교토촬영소 ○ 외영=외국영화주식회사 ○ 영재=일본영화자재통제주식회사 ○ 리켄영화=리켄과학영화주식회사 ○ 아사히영화=아사히영화주식회사 ○ 요코시네=요코하마시네마상회 ○ 후지필름=후지사진필름주식회사 ○ 일본고온=일본고온공업주식회사 ○ 조선영배=사단법인 조선영화배급사 ○ 조선영화=조선영화제작주식회사 ○ 타이완흥통=주식회사 타이완 흥행통제회사 ○ 만영=주식회사 만주영화협회 ○ 화베이=화베이전영고분유한공사 ○ 중화=중화전영연합고분유한공사 ○ 기타 적당히 약기함.

아사하라 류조
조선영배 업무부장 / 경성부 동숭정 201의 26

아쓰지 가네히코(厚地兼彦)
조선군 사령부 소속 / 조선 용산 한강통

이노우에 간
아사히영화 연출자·촬영자 / 요쓰야구(四谷區) 미나미테라마치(南寺町) 16, 긴센(金扇) 아파트

이케다 구니오
조선총독부 영화검열실 / 경성부 니시시켄초(西四軒町) 188의 5, 관사

이시바시 유타카(石橋豊)
경성 메이지자 / 경성부 메이지마치 1의 54

이시바시 료스케
조선흥연 전무, 조선영배 이사 / 경성부 메이지마치 1의 54

이와이 가네오
조선영화 제2제작과장 / 경성부 렌페이초 14

오이시 사다시치
조선흥행연합회 부이사장, 주오극장주 / 경성부 에이라쿠초 1의 48

오카자키 도시오
오카자키 정밀제작소 대표 / 경성부 메이지마치 2의 44 [본국 2922]

오카다 준이치
조선영배 상무이사·총무부장 / 경성부 모토마치 4의 126

오카모토 세이지로
와카쿠사극장주 / 경성부 히가시시켄초(東四軒町) 48의 24

오모다카 다케오(面高武夫)
조선총독부 정보과 영화반 / 경성부 니시시켄초 산10의 29호 관사

가쓰우라 센타로
조선영화 제1제작과장 / 경성부 사쿠라이초 3의 56, 동(棟) 근방

가와스미 이쓰오
조선영화 제3제작과장 / 경성부 남산정 3의 19 [본국 5673]

구마가이 마사미(熊谷正己)
동맹통신 경성지사 연예주임 / 경성부 태평통 1의 31, 동사(同社)

구라시게 슈조(倉茂周藏)
조선군 보도부장 / 조선 용산 한강통

최인규(崔寅奎)
조선영화 연출자 / 경성부 고가네마치 1의 205, 동사 전교(轉交)

시미즈 쇼조
조선총독부 영화검열실 / 경성부 청운정, 관사 11호

시마다 와사부로(島田和三郎)
조선고온공업 / 경성부 혼마치 3의 1 [본국 348]

서광제(徐光霽)
조선영화 연출자 / 경성부 안암정 167-12

스시다 마사오(須志田正夫)

조선영배 계획계·선전계 주임 / 경성부 고가네마치 3의 297

스다 시즈오

경성일보 편집국 문화부 / 경성부 본동정(本洞町) 434

스즈키 다쓰오

니치에이 경성지국장 / 우시고메구(牛込區) 가요이테라마치(通寺町) 21

다나카 사부로

조선영화·조선영배 사장 / 경성부 혜화정 27

다나카 도미오

도호 경성출장소장 / 경성부 고가네마치 3의 349의 1, 동소(同所) 전교

다나카 히로시(田中博)

메이지자 지배인, 쇼치쿠 조선출장소장 / 경성부 에이라쿠초 1의 48

쓰쿠다 준(佃順)

조선영화 기획과 / 경성부 하쓰네초(初音町) 28

도모토 도시오(堂本敏雄)

조선총독부 정보과장 / 경성부 광화문정 24호, 관사

나카가와 이소지(中川五十次)

조선군 보도부 / 조선 용산 한강통

나카다 하루야스

조선영화 상무·촬영소장 / 경성부 렌페이초 104

나쓰메 다다시(夏目正)[김정혁]

조선영화 선전과장 / 경성부 안암정 164의 7

나리키요 다케마쓰(成淸竹松)

조선흥행연합회 이사 / 경성부 에이라쿠초 1의 48

니시키 모토사다

조선영화 기획과 / 경성부 오시마초(大島町) 5

노자키 신이치[49]
조선영배 상무이사 / 경성부 신당정 372의 16

히루타 요시오
조선총독부 영화검열실 / 경성부 태평통, 6호 관사

히로카와 소요
조선영화문화연구소 소장 / 경성부 서대문정 2의 7의 3[광화문 3729]

문예봉
조선영화 연기자 / 조선 양주군 노해면(蘆海面) 쌍문성[50] 40의 27

방한준
조선영화 연출자 / 경성부 내제정[51] 70의 10

박기채
조선영화 연출자 / 경성부 돈암정 2의 8

미요시 아키라(三吉明)
경성부 국민총력과 / 경성부 상도정 58 주택영단(住宅營團) 228

모리 히로시
조선총독부 도서과장 / 경성부 왜성대(倭城臺), 관사 21호

야스다 사카에[안석영]
조선영화 연출주임 / 경성부 명륜정 3의 153의 7

이재명
조선영화 기술과장 / 경성부 제기정 224

이병일
조선영화 연출자 / 경성부 삼청정 35의 95

---

49 원문에는 '野崎眞一'라고 표기되어 있으나 원문 앞부분 조선영배 관련 기사들에서는 상무이사를 '野崎眞三(노자키 신조)'라고 밝히고 있다.

50 원문에는 '雙門星'라고 표기되어 있으나 '雙門里(쌍문리)'의 오식으로 추정된다.

51 원문에는 '內霤町'라고 표기되어 있으나 '內需町(내수정)' 혹은 '(경성부 내) 齋洞(재정)'의 오식으로 추정된다.

1943년 | 쇼와 18년판 | 속표지 | 광고

대일본영화제작주식회사

도쿄 본사 도쿄도 교바시구 핫초보리(八丁堀) 2초메 3번지 ☎ 교바시 [56] 5171~5178번

오사카지점 오사카시 미나미구 미도스지(御堂筋) 난바(難波)역 앞 ☎ 에비스(戎) [76] 9번, 6268~9번

조선출장소 경성부 혼마치 5초메 60번지 ☎ 본국 4546번

도쿄촬영소 도쿄도 기타타마군(北多摩郡) 조후마치(調布町) 후다코지마분(布田小島分) 603 ☎ 무사시(武藏) 조후 133·176, 오기쿠보(荻窪) 3335번

교토촬영소 교토시 우쿄구 우즈마사 다야부초(多藪町) 14 ☎ 미부(壬生) 4315~4317번, 사가(嵯峨) 263번

1943년 | 쇼와 18년판 | 속표지 | 광고

사단법인 일본영화사

본사 도쿄도 교바시구 긴자 니시 8초메 9번지 ☎ 긴자 [57] 5651 [5]번, 6191 [5]번 [전신약호] 교바시 니치에이(ケウバシニチエイ)

분실(分室) 도쿄도 시바구 신바시(新橋) 4초메 16번지 ☎ 시바 [43] 3515번

별관(別館) 도쿄도 교바시구 긴자 6초메 1번지 ☎ 긴자 [57] 8418번, 4967번

해외국 도쿄도 교바시구 긴자 8의 2, 이즈모(出雲) 빌딩 44호실 ☎ 긴자 [57] 8498번, 8489번

제작소 도쿄도 이타바시구(板橋區) 네리마(練馬) 고야마초(向山町) 1554번지 ☎ 네리마 107번, 447번, 755번

오사카지사 오사카시 니시구 에도보리(江戶堀) 가미도오리(上通) 1의 8, 동맹 오

사카지사 내 ☎ 도사보리(土佐堀) 5484번, 466번

규슈지사 후쿠오카시 야쿠인호리바타(藥院堀端) 7번지의 114, 동맹 후쿠오카 지사 내 ☎ 니시2593번

나고야지사 나고야시 나카구 미나미오쓰도오리 6의 18, 도호 나고야출장소 내 ☎ 나카 5008번

홋카이도지국 삿포로시 미나미니조니시(南二條西) 5초메 30번지 ☎ 2378번

경성지국	타이베이지국	중남지지사	광둥지국
신징지국	남방총지사	홍콩지국	사이공지국
방콕지국	버마지국	마닐라지국	자카르타지국
셀레베스지사	베이징 주재	수라바야 주재	

1943~1945년 | 쇼와 18·19·20년판[52] | 1. 영화계 일지

쇼와 19년 영화계 일지

1월

18일 쇼와 18년도 문부대신상 영화 결정 수상(授賞)

　　　특상 니치에이 〈대륙 신전장〉

　　　1등상 니치에이 〈기지 건설〉 〈해군전기〉, 도호 〈결전의 하늘로〉 〈망루의 결사대〉, 쇼치쿠 〈해군〉

1943~1945년 | 쇼와 18·19·20년판 | 5. 영화 선장(選獎)·표창·기타

쇼와 18년도 문부성 추천영화 기록 및 추천 이유

제5회—4월 12일

〈망루의 결사대〉 극 9권, 도호

본 영화는 쇼와 10년경, 선만국경을 넘어 침입하는 비적과 싸우며 치안의 유지

52　쇼와 18·19·20년도 『영화연감』은 전시에 대부분 수기로 작성된 자료들을 모은 것으로, 원문의 쪽수가 기재가 일정치 않고 조선 관련 언급이 곳곳에 짧게 산재된바, 본 자료집에서도 쪽수를 기재하지 않기로 한다.

에 힘쓰는 조선 총 부[53] 경관의 활약과 경찰관 정신을 잘 표현했다. 또 기후적으로 곤란한 조건을 극복하고 풍부한 지방색을 배경으로 관민이 일치되어 협력하는 상황을 포착했다는 점에서 추장(推獎)되어야 한다.

제15회—11월 26일

〈젊은 모습〉 극 10권, 조선영화

본 영화는 곧 실시되는 징병령에 감분(感奮)하여 황국민으로서의 자각과 애국의 정에 불타는 반도의 중학생과 이들 청년을 교육하는 지도자의 넘쳐흐르는 열정과 애정을 그린 것이다. 결전 체제하 젊은 학도의 일면을 여실히 묘사한 점에서 추장되어야 한다.

1943~1945년 | 쇼와 18 · 19 · 20년판 | 5. 영화 선장(選獎) · 표창 · 기타

쇼와 18년도 문부대신상 영화

특상 금 5000원

| 문화영화 | 〈대륙 신전장〉 | 니치에이 |

1등상 금 2500원

문화영화	〈기지 건설〉	니치에이
	〈해군전기〉	니치에이
극영화	〈결전의 하늘로〉	도호
	〈해군〉	쇼치쿠
	〈망루의 결사대〉	도호

---

53 원문에는 '總 府'로 표기되어 있으나, '總督府(총독부)'로 추정된다.

선정 이유

〈망루의 결사대〉

만선 국경을 경비하는 우리 경찰관이 교통 및 풍토적 고난 속에 치안 확보에 잘 앞장서서 나아가고, 내선일체 정신으로 주민을 양호(養護)하며 비적의 습격에 싸우는 이야기를 그린 것이다.

기획 면에서는 개전 이전의 것인 만큼 적절하다고 말하기 어려운 점도 있지만 촬영대가 장기간 반도에 출장하여 제작하면서 특히 반도 출신의 배우 여러 명과 협력하여 성공한 것도 의의가 깊고, 이런 종류의 특수한 조건에서 이루어진 영화 제작으로서는 최초로 성공을 거두었다고도 말할 수 있다.

쇼와 18년도 일본영화 총람

〈망루의 결사대〉 도호

[각본] 야마가타 유사쿠(山形雄策), 야기 류이치로(八木隆一郎)

[연출] 이마이 다다시 [촬영] 스즈키 히로시(鈴木博)

[음악] 스즈키 세이이치(鈴木静一)

[특수기술] 쓰부라야 에이지(圓谷英二)

[미술] 마쓰야마 다카시(松山崇), 미야모리 시게루(宮森繁)

[주연] 다카다 미노루, 하라 세쓰코, 김신재, 심영, 스가이 이치로(菅井一郎), 사이토 히데오(斉藤秀雄)

9권 2613미터

조선영화계의 응원을 얻어, 조선 국경 경찰관의 멸사봉공의 투쟁을 대중적 흥미에 중점을 두어 묘사한 활극영화. [4월 15일 홍계, 추천 청년 및 대외 대상(對象)]

〈젊은 모습〉 조선영화

[후원] 조선총독부, 조선군 사령부

[각본] 핫타 나오유키

[연출] 도요다 시로

[촬영] 미우라 미쓰오

[미술] 고쇼 후쿠노스케(五所福之助), 다카가키 노보루(高垣昇)

[주연] 마루야마 사다오(丸山定夫), 쓰키가타 류노스케(月形竜之介), 황철(黃徹), 이마무라 요시오(今村嘉男), 김령, 아케미 고헤이(曙海康平), 나가타 야스시(永田靖)

10권 2916미터

황국신민으로서의 자각에 불타는 젊은 학도군과 그들을 이끌고 육성해나가는 사람들의 헌신적인 열정을 주제로 하여, 내년도에 징병령 실시를 앞둔 조선의 내선일여 모습을 그린다. [12월 1일 홍계, 추천 청년 대상]

〈**사랑과 맹서**〉 사단법인 조선영화·도호

[기획·지도] 대본영 해군보도부

[후원] 해군성

[각본] 야기 류이치로

[연출] 최인규·이마이 다다시

[촬영] 야마자키 가즈오(山崎一雄)

[주연] 독은기, 김유호(金裕虎), 다카다 미노루, 이금룡, 기노시타 요(木下陽), 김신재, 복혜숙(卜惠淑), 다케히사 치에코(竹久千惠子), 시무라 다카시(志村喬)

신문의 편집국장이 주워다 기른 반도의 부랑아가 기사를 쓰기 위해 특공대원 가족을 방문, 그들에게 감화되어 해군에 지원할 결의를 굳힌다는 반도의 해군지원병 징모(徵募) 영화. [7월 26일 백계]

일본 시사영화

〈니혼뉴스〉

제223호

1. 황토(皇土)의 무장태세 완비 [가] 대만 대망의 징병제 선포 [나] 조선동포, 지금 전열로

2. 흔들림 없는 증산에 진격하는 만주국

[1944년] 9월 7일

제237호

1. 특공호국대(特攻護國隊)

2. 가오루 공정대(薫空挺隊)[54]

3. 구이린(桂林) 공략

[1944년] 12월 14일

개봉영화 일람표 [쇼와 17년~20년]

월별	계통별	개봉일	제명	제작자	프린트 벌수
(1943년) 4월	홍계	제3주 [15일–21일]	망루의 결사대 [일반용]	도호	31
(1943년) 12월	홍계	제1주 [1일–7일]	젊은 모습 [일반용]	조선영화	31
(1945년) 7월	백계	제5주 [26일–1일]	사랑과 맹서	조선영화	9

54 '가오루 공정대'는 정글 유격전을 위해 타이완 고산족(高山族) 출신으로 구성하여 만든 특별 부대이다. 본문의 뉴스는 가오루 공정대에 조선 출신 군인들도 포함되어 있었다고 보도한다.

쇼와 18년도 개봉영화 개봉관 흥행 수입 및 입장자 수 비교

전체 순위	제명	개봉일	상영일수	개봉관수	흥행 수입	1관 평균 흥행 수입	입장자 수	1관 평균 입장자 수	흥행 수입 순위	1관 흥행 수입 순위	입장자 순위	1관 입장자 순위
29	망루의 결사대	4.15	7	61	524,876.77	8,604.54	893,445	14,647	29	29	29	29
65	젊은 모습	12.1	7	58	262,250.79	4521.57	459,268	7,918	65	63	65	62

연 개봉관 수	4,045관
개봉 흥행 수입 총계	34,287,537.65엔
1관 1작품당 평균 흥행 수입	8,476.52엔
총 입장자 수	57,907,923명
1관 1작품당 평균 입장자 수	14,316명

쇼와 18년도 개봉 장편 일본영화 개봉 흥행 수입 및 개봉관 입장자 수 분석표[55]

〈망루의 결사대〉 도호영화, 문부성 추천 극영화, 현대물
〈젊은 모습〉 기타 영화, 문부성 추천 극영화, 현대물

---

55 원문에서는 표의 '작품 분류' 각 항목에 해당하는 작품명을 열거하고 있는바, 편의상 본문에서는 우선 작품명을 기재하고 이에 해당하는 분류 항목명을 열거하는 식으로 표기하였다.

작품분류	학무 작품편수	개봉흥행 총수입	작품 1편당 평균 흥행 수입		작품 1편 개봉관 1개당 평균 흥행 수입		총 입장자 수	작품 1편당 평균 입장자 수		작품 1편 개봉관 1개당 평균 입장자 수	
			흥행 수입	지수(指數)	흥행 수입	지수	총 입장자 수	입장자 수	지수	입장자 수	지수
전 작품	67	33,567,325엔	501,004엔	100.0	8,449엔	100.0	56,675,878명	845,908명	100.0	14,284	100
도흥 작품	19	10,351,679	544,801[56]	108.7	9,317	110.2	17,188,903	904,679	106.9	15,547	108.8
쇼치쿠 작품	20	9,903,392	495,119	98.8	8,023	94.9	16,667,280	833,364	98.5	13,445	94.1
다이에이 작품	21	10,874,730	517,844	103.3	8,909	105.4	18,331,699	872,938	103.1	15,067	105.4
니찌에이 작품	4	1,388,454	353,025	70.4	5,781	68.4	2,512,189	628,047	74.2	10,454	73.1
기타 작품 [조영, 예술, 고아(孤兒)]	3	1,049,070	346,356	69.1	6,123	72.4	1,975,807	658,602	77.8	11,507	80.5
일반용 극영화	47	22,881,453	486,839	97.1	7,856	92.9	39,000,783	829,803	98.2	13,881	97.1
비일반용 극영화	16	9,297,418	581,088	115.9	10,969	119.1	15,162,999	947,681	112.0	16,426	114.9
문부성 추천영화	15	7,315,126	487,675	97.3	7,742	91.6	12,711,960	847,464	100.1	13,400	93.8
극영화	11	5,926,672	582,424	116.2	8,456	100.08	10,179,771	927,251	109.6	14,958	104.7
기록·문화영화	4	1,388,454	353,025	70.4	5,781	68.4	2,512,189	628,047	74.2	10,454	73.1
국민영화	8	4,578,984	572,373	114.2	8,533	100.9	7,903,284	987,910	116.7	14,766	103.3
정판 기록·문화영화	4	1,388,454	353,025	70.4	5,781	68.4	2,512,189	624,047	73.7	10,454	73.1
국영화(민화영화포함)	63	32,178,871	519,014	103.5	8,618	102.0	54,163,689	859,741	101.6	13,662	95.6
군사영화	5	3,017,943	603,588	120.4	8,379	99.1	5,200,771	1,040,154	122.9	14,271	99.9
생산력증강영화	3	1,211,605	403,868	80.6	6,813	80.6	1,928,157	642,719	75.9	10,806	75.6
농촌생활영화	4	1,493,018	373,254	74.5	6,620	78.3	2,395,412	598,853	70.7	10,847	75.9
도시생활영화	10	4,881,226	488,122	97.4	8,393	99.3	8,177,489	817,748	96.6	14,069	98.5
현대물	42	20,406,694	485,873	96.9	8,084	95.6	34,239,745	815,232	96.3	13,571	95.0
메이지시대물	6	3,900,493	650,082	129.7	10,967	129.8	6,476,082	1,079,347	127.5	18,370	128.6
메이지유신물	6	2,948,847	491,474	98.0	8,696	101.6	4,932,987	822,164	97.1	14,373	100.6
도쿠가와(德川)시대물	5	3,045,707	609,141	121.5	10,518	124.4	5,139,211	1,027,842	121.5	17,746	124.2
기타 시대물	4	1,877,130	496,282	99.0	7,807	87.1	3,375,664	843,916	99.7	15,012	105.0

56 세목의 계산값은 544,825. 이와 같이 원문 표의 세목 수치와 계산값이 맞지 않는 경우가 적지 않음을 밝혀둔다.

사단법인 조선영화사 쇼와 18년도 영화 제작용 자재 소요량

대분류	소분류	단위	수량
생필름	35밀리 네거티브	피트	111,440
	35밀리 사운드 포지티브	피트	93,835
	35밀리 포지티브	피트	400,942
	35밀리 복사 네거티브	–	–
	35밀리 복사 포지티브	–	–
	브라우니(brownie) 필름	롤	900
	카비네(cabinet) 건판	다스	650
	카비네 인화지	500개들이 상자	150
	전지	다스	160
약품류	메톨(metol)	킬로그램	15.00
	하이드로키논(hydroquinone)	킬로그램	45.00
	무수아황산소다(無水亜硫曹)	킬로그램	400.00
	붕산나트륨(硼砂)	킬로그램	12,009
	붕산	킬로그램	15,689
	명반	킬로그램	46,565
	하이포[57]	킬로그램	743,750
	빙초산	시시(cc)	1,500
	무수탄산소다(無水炭酸ソーダ)	킬로그램	70.00
	브롬화칼륨	킬로그램	5.00
	메타칼륨	킬로그램	0.500
	구연산	킬로그램	1,932
	적혈염(赤血塩)	킬로그램	1,520
	약용 알콜	5G들이 캔	300.00
	아세톤	500들이 병	20.00
	아세트산아밀(醋酸アミール)	5개들이	20.00
	필름 시멘트	250G들이	200.00

57   ハイポー. 하이포는 티오황산나트륨(sodium hyposulfite)을 의미하며 현상이 끝난 필름에 남아 있는 할로겐화은을 녹여 없애기 위한 정착제로 사용되었다.

양회(洋灰)	시멘트	250G들이	–
	석고	250G들이	500.00
	석회	250G들이	13,000
–	소폭판(小巾板)	고쿠(石)[58]	150
	장작(割)	고쿠	60
	판목(板)	고쿠	30
	각목(角木)	고쿠	30
	통나무(丸太)	고쿠	100
	베니어판	고쿠	800
	규격외품	고쿠	200
–	수성 카세인	킬로그램	5,000
	포스터컬러	킬로그램	150
	페인트	갤런	–
	에나멜	리터	–
	라커	리터	–
	분말도료 각 색	–	–
–	보일유(Boil油)	갤런	20.00
	기계유(機械油)	갤런	20.00
	모빌유(mobil油)	갤런	20.00
	목탄	효(俵)[59]	300.00
	석탄	톤	100.00
	가스용 목탄	킬로그램	–
–	화지(和紙)	렌(連)[60]	70
	양지(洋紙)	렌	120

58 고쿠(石)는 부피를 재는 단위이다.

59 효(俵)는 쌀을 기준으로 무게를 재는 단위이다.

60 렌(連)은 종이를 세는 단위로, 일정한 크기의 종이 1,000매를 일컫는다.

–	못(釘) [보통강재(普通鋼材)]	킬로그램	–
	특수못 [보통강재]	킬로그램	–
	침금(針金)	킬로그램	3,000
	아연철판	킬로그램	–
–	조명용 전구	개	별도 표시
	보통 전구	개	별도 표시
	진공관	개	별도 표시
	익사이터 램프	개	10V 75A 20
	광전관	개	868 6
	축전지	개	A6 V10 B96 V10
	건전지	개	B45 V20 C45 V20
섬유류	표백 무명(晒木綿)	단(反)[61]	60
	천축(天竺)[62]	단	20
	캘리코(calico)	단	30
	당목	단	30
	거즈	단	300
	실 [각종]	몬메(匁)[63]	1,000
	양말 [각종]	족(足)	50
	장갑 [각종]	쌍	군수 60쌍 1,000쌍
	면 테이프	–	5,000 및 2,000 1,000개
	고무 테이프	–	–

61 단(反)은 천의 길이를 재는 단위이다.

62 니트의 일종으로 메리야스(メリヤス)라고도 한다.

63 몬메(匁)는 원사(原絲)나 섬유를 세는 단위로 보통 40~50데니어(denier)의 양에 해당한다.

잡품류	유리판	–	–
	반사경	매	–
	삼나무껍질(杉皮)	평(坪)	–
	다다미오모테(疊表)[64]	매	–
기타	방전관(放電管)	–	5mA 10

품명	형(型)	수량
조명전구	10킬로	12개
	5킬로	30개
	3킬로	400개
	2킬로	550개
	사이드 1킬로	1,500개
	톱 1킬로	1,000개
	500와트	300개
보통전구	15와트 25, 30, 40, 60, 100	1,000개
진공관	UY – 56	5
	UY – 45H	6
	UY – 2A3	6
	UY – 76	10
	UX – 45	5
	UX – 864	10
	UX – 30	5
	UY – 6301	5
	KX – 80	10

64 건조시킨 골풀이나 갈대를 엮어 만든 돗자리로 다다미 표면에 붙인다.

	KX − 523	5
	UZ − 85	3
	UZ − 2A6	3
	UZ − 41	6
	UZ − 6C6	5

1943~1945년 | 쇼와 18·19·20년판 | 11. 영화 자재

쇼와 18년도 조선 타이완 관둥주 각 흥행용 진공관 소요량

형식	수량	내역		
		조선	타이완	관동주
57	648	318	64	266
56	1,740	854	172	714
2A3	990	486	98	406
5Z3	818	400	82	336
80	614	302	60	252
2A5	204	100	20	84
77	34	16	4	14
76	102	48	12	42
42	68	32	8	28
MT3A	136	68	12	56
MT4A	68	32	8	28
12F	102	50	10	42
계	5,524	2,706	550	2,268

해제

트랜스/내셔널 시네마적 상상력의 아카이브로서 만주

손이레 · 미시간대학 아시아언어문화학부

들어가며

일곱 번째를 맞이한 『일본어 잡지로 본 조선영화』는 지난 6권에 이어 『영화연감』과 잡지 『만주영화』의 조선영화 관련 기사들을 수집·번역하여 수록한다. 만주영화와 조선영화의 관계는 특별하다. 무엇보다 만주는 조선영화사의 아카이브로서 기능한다. 지난 10여 년간 활발히 이루어진 식민지시기 조선영화 연구의 가장 큰 동력이라면 아무래도 그간 한국영상자료원이 해외 필름 아카이브와의 교류를 통해 그곳 수장고에 잠들어 있던 영화들을 발굴, 공개한 것이 아닐까. 그중에서도 특히 〈어화〉〈집 없는 천사〉를 비롯해 최근 발굴된 〈수업료〉에 이르기까지 상당수의 영화가 중국전영자료관에서 발굴되었다는 사실은 주목할 만하다. 이들 발굴 영화들의 첫 타이틀 프레임은 필름 프린트가 소재한 창춘전영제편창(長春电影制片厂)이라고 밝히고 있다. 창춘전영제편창이 1945년 일본 패전과 함께 해산한 만주영화협회의 주요 자산을 획득하여 설립된 둥베이전영제편창(东北电影制片厂)에서 유래했다는 사실에 비추어 볼 때, 최근 수집된 식민지시기 영화가 조선으로부터 만주를 경유하여 현 중국전영자료관 수장고에까지 이르렀다는 것을 유추하기란 어렵지 않다.

뜻하지 않은 곳에서 옛 필름이 발굴되는 것은 비단 식민지시기 조선영화만의 일은 아니다. 유실된 줄로만 알았던 상당수의 할리우드 초기 영화 역시 지구를 한 바퀴 돌아 100년 뒤 뉴질랜드의 아카이브에서 발견됐다.[1] 기실 영화의 역사 속에서 영화가 한 곳에 머물렀던 적은 단 한 순간도 없다. 그러므로 중요한 것은 이동 그 자

---

1   미국 국립영화보존재단(National Film Preservation Foundation)의 뉴질랜드 프로젝트에 대해서는 다음 사이트를 참조하라. http://www.filmpreservation.org/preserved-films/new-zealand-project-films-highlights

체라기보다는 이동의 맥락일 것이다. 식민지시기 조선영화가 중국을 향해 떠났던 여행은 단순히 일군의 필름이 지리적으로 이동한 데서 그치지 않는다. 그것은 제국주의, 식민주의, 그리고 전쟁 속에서 끊임없이 새로운 지도가 그려지던 유동(mobility)의 시대의 거대한 그림 속에 배치되어 있다. 사람들, 물건들, 또 사상이, 제국이 열어젖힌 새로운 길을 따라 움직였다. 필름도 함께 이동하고 있었고, 이는 영화에 기입된 공동체와 감정의 전이 또한 의미한다.

이 글은 본 자료집에 수록된 『만주영화』의 조선 관련 기사에 대한 해설로서, 위와 같은 문제를 직접 다루지는 않는다. 대신, 식민지시기 조선영화 연구자들에게 만주가 어떻게 아카이브로서 기능하는지를 검토하고, 이에 따라 『만주영화』를 독해하는 논점들을 제시하고자 한다. 본 해설은 우선 『만주영화』에 관한 주요 기본 사항들을 정리하고, 만주영화 또는 잡지 『만주영화』가 식민지시기 조선영화사 연구의 참조점으로서 어떻게 기여하는지를 살펴본다. 마지막으로 이 글은 제국주의와 전쟁이 펼친 유동의 시대에 영화와 함께 움직였던 트랜스/내셔널 시네마의 아카이브로서 『만주영화』의 담론 공간에 대해 간략하게 논하고자 한다.

『만주영화』와 만주영화협회

잡지 『만주영화』는 1937년 12월에 만주국과 남만주철도주식회사(만철)의 공동 출자로 세워진 국책영화사 만주영화협회(만영)의 기관지로서 창간되었다. 『만주영화』는 만영의 새로운 정책·시설·영화를 홍보하는 역할을 담당하는 한편, 만주 영화 통제의 '담론 공간'으로서 기능하기도 했다.

우선 만주영화협회에 관해 살펴보자. 잘 알려져 있다시피 만주 지역에서의 영화 국책에 관한 움직임은 일찍부터 시작되었다. 만철은 만주국 건국 이전인 1923년부터 홍보계 아래에 영화반을 설치하여 남만주 철도 연선을 따라 순회상영을 실시해온바, 1936년에는 만철 영화제작소를 설치하여 사업을 확충하였다. 한편 1932년에 건국된 만주국은 1933년 9월 만주영화연구회를 발족시켜 만주에서의 영화 통제·검열·제작·상영 등에 관한 국책을 연구하기 시작했다. 이 연구회는 매월 1회 정례모임을 가지면서 영화기구 설립과 영화정책에 대해 토론했는데, 그 외에도 영화 강습회, 기술 연구, 각국의 영화 국책에 관한 강습회를 개최했다. 1936년 7월 만주국은 '만주국 영화 대책 수립안'을 발표해 기본적인 가이드라인을 정하고 곧이어 영화기구 설립 및 영화 통제에 관한 구체적인 법령을 두 개 발표했는데, 하나는 만영 설립의 기초가 된 '주식회사만주영화협회법'(1937년 8월 14일 공포)이고 다른 하나는 만영 설립 이후 전반적인 영화정책의 기조를 규정한 '만주국영화법'(1937년 10월 7일 공포)이다.[2] 이는 1939년 10월에 시행된 일본 내지의 영화법보다 2년이나 빠른 것이었다. 만주국영화법의 전반적인 기조는 내지의 영화법이나 그와 거의 동일한 조선영화령과 유사했는데, 다만 주무대신을 만주국 국무총리대신으로 지정한 점, 영화 통제의 취지를 언급하지 않은 점 등 세세한 차이가 있다.[3]

1937년 8월, 이들 법령에 기초하여 만영이 설립된다. 만영은 만주에서의 영화 제작은 물론, 일본영화를 비롯해 독일영화의 수입·배급 또한 독점하고 있었던 한편, 순회영사 역시 역점을 두어 시행했다. 명실상부 만주국 영화 통제의 중심 기구였던 것이다. 1938년에는 일본의 닛카쓰촬영소 소장이었던 네기시 간이치(根岸寬一)가 제작부 부장 및 이사, 마키노 미쓰오(マキノ光雄/滿男)가 제작부 차장으로 취임하는 등 일본에서 다수의 영화인이 입사하여 제작 사업도 활기를 띠었다. 1939년 11월에는 2대 이사장으로 간토대지진 당시 오스기 사카에(大杉栄) 살해사건에 연루되었던 문제적 인물 아마카스 마사히코(甘粕正彦)가 취임하여 대대적인 혁신을 꾀했다. 만영은 아마카스 이사장 취임 직후 남신징에 "동양 제일"을 자랑하는 촬영소를 설립했고, 1940년 12월에는 제작부를 극영화 담당 오민영화부(娛民映畵部)와 기록영화 담당 계민영화부(啓民映畵部)로 나누어 보다 효율적인 영화 제작의 기반을 다졌다. 야마구치 다케시(山口猛)의 조사에 따르면 만영은 1945년까지 오민영화 108편, 계민영화 189편, 일본어 뉴스영화 〈만영통신(滿映通信)〉 307편, 중국어 뉴스영화 〈만영시보(滿映時報)〉 313편, 교육영화 〈어린이 만주(こども滿洲)〉 55편을 제작했다고 한다.[4] 영

---

2   이상의 구체적인 역사에 관해서는 후창(胡昶)과 구촨(古泉)의 『滿映―国策映画の諸相』(パンドラ, 1999, 22–32쪽)을 참조하라. 본 자료집에 수록된 아마노 고타로의 「만주·영화 금석담」(본문 14~19쪽)은 만영 설립 이전까지의 만주의 극장에서의 영화 상영과 배급에 관한 스케치를 담고 있다. 한편, 본 해제에서 잡지 『만주영화』의 출처는 자료집에 수록된 기사 인용과 일관되게 표기하기 위해 한국어로 옮겨 실었으며, 본 자료집에 수록된 기사인 경우 출처 말미에 괄호 표시를 하여 쪽수를 지시했다.

3   특기할 점은 이 법의 제1조는 영화를 "다중의 관람을 위해 제공되는 영화"로 규정하고 있다는 점이다. 영화를 근본적으로 "다중 관람"이라는 상영 맥락에서 정의하는 이와 같은 규정이 아마추어 영화의 제작과 배포, 즉 사적 영역에서의 영화를 어떻게 이해하고 있는지에 대해서는 별도의 연구가 필요하리라 본다.

4   山口猛 『哀愁の滿州映画』 三天書房, 2000, 17쪽.

화사가들은 만영의 역사를 아마카스 취임을 기준으로 전기와 후기로 나누기도 하는데, 2013년 유마니쇼보(ゆまに書房)에서 출간된 『만주영화』 복각본의 해제를 쓴 우에다 마나부(上田学)는 기존의 영화사(映畵史)가 아마카스 취임 이후 후기 변화들에 역점을 두는 데 반해, 사료로서 『만주영화』는 만영의 역사가 전기에서 후기로 이행하는 과정에서의 복잡한 변화를 고스란히 담고 있다고 주장한다.[5] 이러한 '담론 공간'으로서 『만주영화』에는 마키노 미쓰오, 스즈키 시게요시(鈴木重吉), 우치다 토무(内田吐夢), 이와사키 아키라(岩崎旭) 등의 저명한 일본 영화인들이 만주에서 구상한 계획과 실천 또한 담겨 있다.

복각본 해설에서 스즈키 나오코(鈴木直子)는 영화잡지 『만주영화』의 가장 두드러지는 특징으로 "언어 문제"를 꼽는다.[6] 초창기의 『만주영화』는 일문판과 만문판(중국어판)의 이원 체제로 발간되었다. 양자는 구성상 여러 차이를 보인다. 만문판은 일문판 기사의 번역을 중심으로 구성되는데, 일문판에 실린 영화 평론이나 기술에 관한 글들은 때로 만문판에서 누락되고 상하이영화계나 중국영화의 동향을 전하는 기사로 대체되기도 했다. 이후 1939년 8월부터는 일문판과 만문판을 한 권으로 통합한 만일문합병판으로 간행됐고, 어떤 경우에는 언어에 따라 별개의 기사를 싣거나 한 페이지에 중국어와 일본어 설명을 병렬하기도 했다. 『만주영화』는 이러한 변화를 거쳐오다가 1941년 즈음에 종간 또는 개편된 것으로 추정된다. 본 자료집에서는 일본의 와세다대학 쓰보우치박사 기념연극박물관(坪内博士記念演劇博物館) 및 가와키타 기념영화문화재단(川喜田記念映画文化財団) 소장 자료 등을 중심으로 4권 9호, 즉 1940년 9월호까지의 잡지를 다루고 있다. 그 시점을 전후로 하여 잡지 『만주영화』의 권호 상당수가 유실된바, 일본에서 복각본 출간을 위한 일본·중국·러시아 연구자의 공동 조사를 통해 1941년 5권 2호까지 간행된 것이 확인되었다.[7] 복각본에 수록된 최종호인 4권 9호의 판권지에 실린 「근고(謹告)」에 따르면, 잡지 『만주영화』는 "또 하나의 탈피, 전환으로서 만주영화협회로부터 분리하고, 그 발행 경영 제반을 다이리쿠고단샤(大陸講談社)[신징 주오도리 12]로 이양하게 되었다"고 밝히며 잡

5   上田学 「『満州映画』の映画史的位相一解題を兼ねて」『満洲映画復刻版』第8巻 ゆまに書房, 2013, 9쪽
6   鈴木直子 「『満洲映画』に見る文化の交錯一映画と演劇、日本と中国」『満洲映画』復刻版 第8巻 ゆまに書房, 2013, 21쪽.
7   上田学, 앞의 글, 8쪽

지 운영의 변화를 고시하고 있다.[8] 이후 다이리쿠고단샤는 사명을 만주잡지사(滿洲雜誌社)로 변경했고, 1941년 6월호부터는 『전영화보(電影畵報)』가 『만주영화』의 권호를 이어 1944년까지 출간을 계속했다.

조선영화사의 아카이브로서 만주

사실 조선영화 관련 기사로 한정했을 때, 잡지 『만주영화』가 기존 영화사 사료에 비해 완전히 새로운 이야기를 전하고 있는 것은 아니다. 그럼에도 만주가 조선영화의 아카이브로서 기능하는 것은 첫째로는 식민지시기 영화 필름이 가진 보관소로서의 의미 때문이고, 둘째로는 『만주영화』가 조선영화사에서 중요한 장면들을 몇 가지 보여주고 있기 때문이다.

우선 서론에서 언급했듯 식민지시기 조선영화 필름들이 만주를 거쳐 중국전영자료관의 수장고로 유입된 과정을 중심으로 『만주영화』를 읽어볼 수 있을 것이다. 만영 배급부는 '반도영화 매월 1편 수입 개봉'을 실시하고 있었다고 전하는데, 구체적인 시점은 확인되지 않지만 1938년 말경 시작된 사업으로 추정된다.[9] 1939년 초까지 만주에서의 조선영화 수급은 그리 원활하지 않았던 것으로 보인다. 「만주영화계 결산」 내지는 「만영 업무 개황」이라는 제명하에 매월 게재된 월별 결산표에는 1938년 11월⟨어화⟩ 개봉)과 1939년 3월⟨심청⟩ 개봉)을 제외하고는 수입된 조선영화가 없다고 기록되어 있다. 이는 1938년까지 조선에서 제작된 영화가 충분하지 않았기 때문으로 추정되는데, 일례로 경성에서는 1937년 11월에 공개되었던 안석영 감독의 ⟨심청⟩이 만주에서는 '반도영화 매월 1편 수입 개봉' 정책에 따라 1939년 3월에 공개됐다. 『만주영화』 기사들을 통해 작성한, 식민지 조선에서 만주로 이출되었으리라 추정되는 영화의 목록은 다음 표와 같다.

8 「근고(謹告)」, 『만주영화』 제4권 제9호(만일문합병판), 1940년 9월, 105쪽.

9 오하라 유키코, 「대륙의 거리―도쿄의 친구에게」, 『만주영화』 제3권 제1호(일문판), 1939년 1월, 36쪽(본문 50~53쪽); 「만영 업무 개황 [11월 말 현재]」, 『만주영화』 제3권 제1호(일문판), 1939년. 1월, 108~109쪽(본문 54~58쪽); 「만주의 문화영화를 말하다」, 『만주영화』 제3권 제2호(일문판), 1939년. 2월, 48~57쪽(본문 59~75쪽).

제목	일본어 제목	조선(경성) 개봉일	만주 공개시점	발굴 여부
심청	沈淸	1937. 11. 19	1939. 3. 18~20	○ (일부)
나그네	旅路	1937. 4. 24.	1938. 4	×
어화	漁火	1938. 10. 16.	1938. 10	○
한강	漢江	1938. 5. 6.	미상	×
군용열차	軍用列車	1938. 6. 29.	미상	○
도생록	圖生錄	1938. 9. 20.	1938. 11	×
무정	無情	1939. 3. 15.	1939. 2 *	×
국경	國境	1939. 5. 22.	1939. 8	×
애련송	愛戀頌	1939. 6. 27.	1939. 6 *	×
성황당	山の御堂	1939. 9. 25.	1939. 7 *	×
처녀도	處女圖	1940. 1. 19.	1940. 4 *	×
수업료	授業料	1940. 4. 30.	1940. 1 *	○
수선화	水仙花	1940. 8. 21.	1940. 2 *	×
지원병	志願兵	1941. 3. 17.	1940. 3 *	○
복지만리	福地萬里	1941. 3. 22.	1940. 1 *	×
돌쇠(조선어 제목: 창공)	多爾賽/ドルセ	1941. 8. 21.	1940. 6 *	×
신개지	新開地	1942. 1. 10.	1940. 5 *	×

*비고: '만주 공개시점' 항목에서 *로 표시된 것은 『만주영화』 지면에 처음 소개된 날짜이다.

위의 표에 따르면 1937년 12월부터 1941년 사이에 만주에서 공개되었으리라 추정되는 영화는 모두 17편에 달한다. 이 중 한국영상자료원이 중국전영자료관을 통해 수집한 영화는 〈어화〉〈군용열차〉〈수업료〉〈지원병〉 4편이고, 〈심청〉의 일부가 러시아 고스필모폰드를 통해 발굴된 바 있다. 그런데 위의 표에서 '만주 공개시점' 항목은 완전하지 않다는 점에 주의해야 한다. 특히 1938년 11월 이후에는 영화들이 경성에서 개봉한 날짜와 거의 동시에 또는 그에 앞서서 지면에 소개된다. 〈애련송〉〈성황당〉〈복지만리〉 등의 영화는 아직 제작 단계에 있을 때 이미 『만주영화』에 소개되었었다. 따라서 이들 영화의 실제 개봉 여부는 다른 자료들과의 대조를 통해 확인해보아야 할 것이다.[10] 이처럼 『만주영화』를 비롯한 만주에서 발행된 신문 잡지를 통해

10 김려실은 만주에서 발행된 조선어 신문 『만선일보』의 활동을 중심으로 만주에서 상영된 조선영화들의 목록을 작성한 바 있다. (김려실, 「조선영화의 만주 유입: 『만선일보』의 순회영사를 중심으로」, 『한국문학연구』 제32집, 2007, 253~291쪽)

서 만주에 공개된 조선영화들의 목록을 재구성해볼 수 있는데, 이 목록은 향후 수집 조사를 위한 기초자료로서도 기능할 수 있을 것이다.

한편, 『만주영화』는 식민지시기 조선영화에서 종종 누락되거나 잊혀졌던 장면들을 꺼내어 보여주기도 한다. 이를테면 배우 김연실은 1936~1937년 무렵 경성영화계에서 종적을 감추고 만주국 신징(新京)으로 옮겨와 조용히 지낸다. "떠도는 소문하나 없"이 조용히 지내던 그녀는 『만주영화』에 "만영의 커피숍 구석 박스 자리에서 쓸쓸한 옆모습으로 홍차를 마시던" 모습으로 기록된다.[11] 1938년 3월호 일문판에 실린 「영화 흥행·이문(異聞)」 역시 자못 흥미롭다. 기사는 익명으로 처리된 O강을 사이에 둔 만주국의 A시와 조선의 S시 사이를 오가며 영화 흥행을 하던 젊은 김씨 형제의 이야기를 전한다. 익명이라고는 하나 O강이 압록강, A시가 안둥, S시가 신의주임은 어렵지 않게 알 수 있다. 그렇다면 오래된 극장을 임차하여 관명을 네오극장으로 바꾸고 양화 대작을 상영해 현지인 신의주는 물론 강 건너 안둥에서도 관객들을 불러모았던 젊은 영화 흥행자 김씨 형제는 누구일까. 구체적인 사항은 향후 조사해봐야 할 테지만, 정황상 최인규·최완규 형제로 추정된다. 우선 『한국영화감독사전』에 따르면 최인규는 형 최완규와 함께 신의주의 신극장을 임대하여 양화 전문 극장으로 개조했다고 한다. 또, 「영화 흥행·이문」 기사에서 언급되고 있는 것과 마찬가지로, 『동아일보』는 신의주의 "유지 최인규"가 안동현에 2만 명에 달하는 조선 동포를 위해 야마토바시도리(大和橋通) 9정목에 위치한 전영원을 수리하여 1936년 4월 29일에 개관한다는 소식을 전하고 있다.[12] 해당 기사는 〈수업료〉〈집 없는 천사〉〈망루의 결사대〉〈사랑과 맹서〉 등 현존하는 필름들로 식민지시기 영화사에 확고한 지위를 획득하고 있는 최인규 감독은 물론, 해방 후 고려영화사를 이끌었던 최완규의 초기 행적을 유추할 수 있게 하는 귀중한 자료이다.

이러한 개인들의 행적만큼이나 흥미를 끄는 것은 『만주영화』가 펼쳐 보이는 월경(越境)의 이미지다. 최인규 형제로 추정되는 S시의 김씨 형제를 다룬 기사에서는 서양영화를 보기 위해 안둥시의 열성 팬들이 "얼음 녹는 소리가 따가운 어둠을 뚫

11　이토 슌, 「미인 각양각색 – 만주·조선·지나의 여배우 풍속」, 『만주영화』 제3권 제12호(일문판), 1939년 12월, 102~103쪽(본문 116쪽); 하타모토 하치로, 「농담이 아니라」, 『만주영화』 제4권 제5호(만일문합병판), 1940년 5월, 90~92쪽(본문 158쪽).

12　「안동현 동포들이 극장을 설치」, 『동아일보』 1936. 4. 21. 조간 5면.

고 철교를 넘어" 신의주로 건너오는 장면을 묘사한다. 그런가 하면 도쿄의 친구에게 "긴 시간 추위에 갇혀 있어야 하는 겨울의 우리에게는 영화관이야말로 제일의 오락장"이라고 전하는 한 일본 여성은 일본영화·만주영화·조선영화·상하이영화 등으로 "내지보다 훨씬 버라이어티하고 풍부한" 만주의 영화관을 소개한다.[13] 〈복지만리〉에 관한 기사들도 눈에 띈다. 최초로 시도된 조선·만주 합작영화 〈복지만리〉의 제작 과정은 『만주영화』 지면에 속속 기록되었다. 1940년 1월호에 수록된 「매월 만화」 코너에서는 둥보(董波)라는 만주 배우가 〈복지만리〉 제작에 참여하기 위해 압록강에 가로놓인 철교 위에서 압록강을 건너다가 입국 보증금을 내지 못해 양안의 조선인과 만주인에게 양팔을 붙들려 오도 가도 못하는 장면이 우스꽝스럽게 그려진다.[14] 〈복지만리〉의 여배우 유계선은 리샹란과 함께 만영 스튜디오 앞에서 포즈를 취한다.[15] 『만선일보』 기자이자 만영 선전부에서도 근무했던 이태우는 조선·일본·만주를 오가며 〈복지만리〉가 힘겹게 완성되어가는 과정을 전한다.[16]

만주인과 조선인이 넘나드는 압록강의 철교, 추운 나라에서 멀리 고국을 바라보는 일본인의 심상, 경계를 오가는 영화 제작의 어려움, 이 모든 월경의 이미지는 기실 만주국 경계 안팎의 접촉을 통해서 생성된다. 이를 트랜스내셔널 엑조티시즘이라고도 할 수 있을 터, 이에 대한 평가는 뒤로 미뤄두더라도 월경의 이미지가 누구의 시선을 통해 생성되는가 하는 문제는 여전히 남는다. 월경과 경계를 넘은 자들 사이의 접촉이란 비단 만주와 조선, 만주와 일본 사이에만 있었던 것은 아니었다. 그 자체로 이미 다민족국가였고 따라서 '민족협화'를 건국 당초부터 슬로건으로 내세웠던 만주의 경계 안에서도 다른 양태의 접촉들이 문제시되고 있었다. 말하자면 『만주영화』는 조선영화라는 틀로 환원해버리기에는 보다 복잡한 질문들을 제기하고 있었다. 즉, 만주의 영화 혹은 만주의 이미지는 누구에게 소구하고 있었는가? 이는 곧 트랜스/내셔널 시네마에 관한 질문과 연결된다.

---

13   오하라 유키코, 앞의 글.
14   『만주영화』 제4권 제1호(만일문합병판), 1940년 1월, 29쪽(본문 117쪽).
15   「유계선」, 『만주영화』 제4권 제4호(만일문합병판), 1940년 4월, 48~49쪽(본문 144~145쪽).
16   이태우, 「최초의 만선 제휴영화 〈복지만리〉가 완성되기까지」, 『만주영화』 제4권 제4호(만일문합병판), 1940년 4월, 126~127쪽(본문 153~156쪽).

트랜스/내셔널 시네마의 실험실로서 만주영화

야마무로 신이치(山室信一)는 만주국의 초상을 키메라에 빗댄 바 있다.[17] 일본 제국의 괴뢰국가이자 민족협화의 이상국가이기도 했던 만주는 실로 관동군이라는 일본 군부와 천황제 국가라는 제국주의 이데올로기, 그리고 마지막 황제로 상징되는 근대 중국의 혼란이 뒤엉킨 괴수의 모습으로 그려질 터이다. 만주국이라는 괴수 생명체를 일본 제국이 벌인 거대한 국가 체제의 실험이라고 본다면, 다민족국가의 내셔널 시네마, 혹은 트랜스/내셔널 시네마로서 만주영화의 실험은 무엇이었을까?

우에다 마나부는 복각본 해제에서 담론 공간으로서 『만주영화』는 "이제껏 방향성이 정해지지 않은 다양한 담론이 잡다하게 뒤엉킨 공간"이었다고 지적한다.[18] 복잡한 벡터들을 가름하면 크게 두 가지 방향성이 보이는 듯하다. 하나는 만주를 하나의 축으로 삼아 제국 일본의 동아시아 영화 네트워크를 구축하려 했던 벡터다. 만주영화협회는 초창기부터 일본, 화베이, 상하이, 조선, 그리고 유럽을 망라하는 다양한 지역 영화와의 관계 속에서 만주영화를 자리매김하기 위해 노력했다.[19] 특히 1939년 12월호에 실린 특집 「1939년 동아영화계 회고」는 이러한 노력의 흔적을 보여준다. 이는 1939년 만주를 비롯한 각국의 영화계를 정리하는 특집으로 본 자료집에도 수록된 오노 겐타(大野賢太)의 「만주」와 김태진의 「조선」을 비롯, 이와사키 아키라(岩崎旭), 스공(史公), 그리고 이지마 다다시(飯島正)가 각각 일본, 중국, 유럽의 영화 동향을 기술하고 있다.[20] 특집 지면 첫 페이지에 인쇄된 제목의 타이포그래피는 또 다른 주목을 요한다. 특집 타이틀 「1939년 동아영화계 회고」는 검은색 박스 안에 흰 고딕체로 찍혀 있고, 이 박스 바깥으로 빠져나온 검은 화살표 아래로 '만주' '조선' '일본' '상하이' 그리고 '유럽'이 나열되어 있다. 각각의 지명은 양 방향 화살표로 연결되어 있고, '유럽' 앞에는 '附'자가 덧붙여져 있다. 개별 지역의 이슈를 다루는 기사들인 만큼 내용과 접근이 다양하지만, 이들 화살표는 이들을 어떻게든 한 특집 타이

17   山室信一, 「キメラ─満洲国の肖像」, 中央公論社, 1993, 16쪽.
18   上田学, 위의 글, 10쪽.
19   특히 만영이 중국 대륙 진출을 꾀하여 신민영화협회(新民映畵協會) 및 화베이전영주식회사(華北電影股份公司)와 맺은 관계, 나아가 가와키타 나가마사(川喜田長政)의 상하이 중화전영주식회사(中華電影股份有限公司)와의 경쟁에 관해서는 이준식, 「일본제국주의와 동아시아 영화네트워크: 만주영화협회를 중심으로」, 『동북아역사논총』 제18권 (2007), 190~245쪽 참조.
20   「강더 6년도 동아영화계 회고」, 『만주영화』 제3권 제12호(만일문합병판), 1939년 12월, 90~99쪽. 본 자료집은 104쪽에서 113쪽에 걸쳐 오노 겐타와 김태진의 글을 번역·수록했다.

틀 아래에 모아놓으려는 의도를 드러낸다. 말하자면 이들 양 방향 화살표는 만주와 조선, 조선과 일본, 일본과 상하이, 그리고 상하이와 멀리 덧붙여진 유럽이 상호 교환관계에 놓여 있음을 드러내는 인덱스이다. 만문판의 동일 특집은 만주, 상하이, 일본, 조선순으로 다르게 편집되어 있다는 점에 비추어 볼 때, 이 순서는 각각 일본어와 중국어 독자의 입장에서 만주로부터의 심상 거리를 의미하는바, 이는 기실 동아시아 영화 네트워크의 구상 역시 누구에게 소구하느냐에 따라 다른 맥락으로 구축될 수밖에 없었음을 드러낸다.

　　소구 대상이라는 관점에서 보자면 담론 공간으로서의 『만주영화』의 벡터가 만주국 내부의 차이를 가리키고 있음을 알 수 있다. 만주국의 영화는 제국주의시대 네이션-스테이트의 실험실이었다. 만주영화는 건국 초기부터 '민족협화'를 슬로건으로 내걸고 만주계, 일본계, 몽골계, 러시아계, 그리고 조선계 인구가 뒤섞인 다민족국가로서의 정체성을 모색했다. 고쿄 마사오(古鄕正男)는 "이러한 조건하의 만주영화는 (…) 일만(日滿)을 기초로, 또는 오족(五族)을 토대로 한 새로운 성격의 창조로서 만주 건설의 역사적 의도를 실현하는 완전히 별개의 만주적인 표현에 있다"고 주장한다.[21] 본 자료집에 실려 있는 시마다 사다히코(島田貞彦)의 「영화 자료로서 만주 고고 미술」은 중국 동북지방의 역사 유적들을 검토하면서 새로운 국가의 영화 소재들을 탐구하고 있다. 앞서 고쿄 마사오가 "완전히 별개의 만주적 표현"이라 지칭한 것은 이처럼 특정 민족에게 환원되지 않는 만주 정체성의 창출, 즉 다양한 민족이 혼재했던 역사의 조화로운 영화화를 의미했다.[22]

　　정책적 차원에서도 만주의 다양한 민족에게 영화를 어떻게 소구할 것인가 하는 질문이 초창기에는 반복적으로 제기되었는데, 1939년 6월호는 「만주영화의 민족성」을 특집 삼아 조선인 이태우, 만주계 쑨펑페이(孫鵬飛), 몽골계 조릭투(卓里格圖), 그리고 러시아계 M. 블라소프(M. Vlasov)에게 각각 지면을 맡겼다. 각 필자는 만주영화를 민족성을 중심으로 재편하는 데 입장 차이를 보인다. 본 자료집에도 실려 있는 이태우의 「민족별 영화 제작이 필요」는 가장 급진적으로 "만영기구 내에 '만주인 영

21　고쿄 마사오, 「영화와 민족성 등」, 『만주영화』 제2권 제5호(일문판), 1938년 5월, 71쪽.
22　시마다 사다히코, 「영화 자료로서 만주 고고(考古) 미술」, 『만주영화』 제2권 제5호(일문판), 1938년 5월, 62~65쪽(본문 41~46쪽).

화부' '조선인 영화부' '몽고인 영화부' '러시아인 영화부'를 설치, 이를 통해 현재의 기구를 확충하고 강화를 도모하여 강력하고도 거대한 스케일로 영화활동의 책무를 다하자"고 주장하는 한편, 쑨펑페이는 만주국 인구의 다수가 만계, 즉 중국인인 이상 민족협화를 다루는 영화를 제작한다는 것은 시기상조라고 말한다.[23] 이에 대해 러시아계인 블라소프는 "주민 수의 많고 적음에 의해 그 하나의 민족성만을 존중하고 다른 것을 잊어버리는 식은 허용할 수 없다"고 반박한다.[24] 한편, 민족성 영화에 대한 모색은 만주국 건설에 참여하는 칭기즈칸의 후예 몽골인들을 다룬 〈흥몽표기(興蒙驃騎)〉 등과 같은 영화의 제작으로 현실화되기도 했다.

하지만 민족협화의 이데올로기는 점차 희미해져갔다. 홍수경은 위의 특집에서 "민족협화라는 거대한 슬로건을 영화로 만드는 것이 잘못되어가고 있음을 감지한 것은 블라소프와 이태우 같은 민족적 소수자들이었다"고 지적한다.[25] 만영의 활동 속에서 "그들이 보고 싶어했던 것과 실제로 목격하고 있었던 것의 균열"은 앞서 언급한 『만주영화』의 언어 체제 변화에서도 드러난다. 『만주영화』는 초창기 일본어와 만주어(=중국어)의 이언어(二言語) 체제로부터 만일문 통합 체제로, 그리고 다시 잡지 이름에서 일본어인 '영화'를 떼고 중국어인 '전영(電影)'을 앞에 내세웠다. 이는 기실 만영이 일본인을 중심으로 한 영화 제작으로부터 점차 중국인을 포괄하기 시작하여 종국에는 만주국 인구의 대다수를 차지하는 중국인만을 정책적 초점에 두는 방향으로 옮겨 가고 있었던 것과 궤를 같이 한다. 식민지시기 조선영화는 『만주영화』 지면에서 꾸준히 소개되었고 〈복지만리〉와 같은 합작 시도 역시 있었지만, 합작은 〈복지만리〉를 처음이자 마지막으로 더 이상 이루어지지 않았고 만영의 눈은 중국 대륙으로 옮겨 갔다. 실질적으로 만주국 내부의 조선인 관객들, 그리고 오족협화의 슬로건은 점차 주변화되고 있었던 것이다.

이는 비단 조선영화가 『만주영화』 담론 내부에서 주변화되고 있었음을 의미하지 않는다. 『만주영화』가 민족협화의 내셔널 시네마를 모색했다가 다시 다른 방향으로

23 이태우, 「민족별 영화 제작이 필요」, 『만주영화』 제3권 제6호(일문판), 1938년 6월, 22~24쪽(본문 89~93쪽); 쑨펑페이(孫鵬飛), 「민족협화 영화의 중점」, 『만주영화』 제3권 제6호(일문판), 1938년 6월, 24~25쪽

24 M. 블라소프, 「각 민족의 광영 있는 생활을」, 『만주영화』 제3권 제6호(일문판), 1938년 6월, 26~27쪽.

25 Sookyeong Hong, "Between Ideology and Spectatorship: the 'Ethnic Harmony' of the Manchuria Motion Picture Corporation, 1937–1945," *Cross-Currents: East Asian History and Culture Review* 2.1 (2013), p. 132.

재정향하는 과정은 소구 양식(mode of address)으로서 '내셔널한 것(the national)' 그리고 그것의 영화적 표현으로서 내셔널 시네마를 이해하자는 폴 윌먼(Paul Willemen)의 주장과 공명한다. 물론 윌먼은 할리우드 등의 국제적 영화 헤게모니하에서 "소수자이자 가난한 영화"로서의 내셔널 시네마를 이론화하고 있지만, 소구 양식이라는 문제틀이 그 자체로 저항의 진지를 구축하지는 않는다.[26] 문제는 영화가 어떠한 네이션을 상상하는가다. 만주영화의 사례에서 볼 수 있듯이 그 귀결과 방향성은 다양하다. 트랜스/내셔널 시네마의 실험실로서 만주영화는 바로 동시대 조선영화의 모색과도 공명한다. 1930년대 말, 식민지시기 조선영화 역시 타자의 시선을 의식하기 시작하면서 향토색과 이국 취미, 그리고 조선의 고유한 생활 감정 등 조선영화를 어떻게 정의할 것인가 하는 문제와 맞닥뜨렸다. 이와 같은 조선영화의 트랜스/내셔널 시네마적 상상력은 만주영화라는 아카이브를 통해 참조되고 도전될 수 있지 않을까.

나가며

만주영화는 식민지시기 조선영화사의 아카이브로서 기능한다. 이는 단순히 만주와 조선의 영화계가 상호작용하고 있던 역사적 맥락에 국한된 이야기는 아니다. 마지막 절에서 살펴보았듯이 만영의 내셔널 시네마 실험의 기록으로서 『만주영화』는 당대에 존재하던 내셔널 시네마에 관한 많은 상상력과 비전을 펼쳐 보인다. 만주영화의 상상력과 비전은 내셔널 시네마 역사의 동시대적 참조점으로서 조선영화에서 반복되기도 하고, 함께 서로 다른 관계망에 배치되기도 한다.

『만주영화』 자료 조사 및 번역에 착수할 당시에는 조선영화 관련 기사와 더불어 위와 같은 관계망을 드러낼 수 있는 기사들도 함께 번역 수록하려고 했었다. 그러나 『일본어 잡지로 본 조선영화』라는 본 자료총서의 취지와 기출간된 자료집과의 일관성이라는 문제상, 유감스럽지만 조선영화에 대한 직간접적인 언급이 없는 꼭지들은 싣지 않기로 결정했다. 이 점에 대해 널리 양해를 구하며, 본 자료집을 시작으로 새로운 질문들이 촉발되어 '『만주영화』를 통해 본 조선영화'가 조선영화라는 지리적 경계를 넘어서 트랜스/내셔널 시네마적 상상력의 아카이브를 탐구할 수 있기를 기대한다.

---

26 Willemen, Paul. "The National Revisited." *Theorising National Cinema*. Ed. Valentina Vitali and Paul Willemen. London: British Film Institute, 2008, p. 35.

전시 통제하의 '마지막' 『영화연감』과 조선/영화의 위치

양인실 • 이와테대학 인문사회과학부

들어가며

　본 자료집에 번역·게재하게 된 1943년판 『영화연감』은 일본영화잡지협회가 펴낸 '마지막' 『영화연감』(이하, 연감)이었다. 연감의 서언(緒言, 본문 166~167쪽)에서 일본영화잡지협회 이사장이었던 다나카 사부로(田中三郞)는 1944년 제2차 잡지 통합('제2차 기업 통제')을 앞두고 "연감의 간행 주체인 일본영화잡지협회"가 어떻게 될지 "예단하기 어렵다"고 기술한다. 또한 전시체제하에서 연감의 발간일시가 이미 "심하게 지연된 점"을 "보고해두는" 것을 보면 다나카는 기업 통제하에서 '연감'이 폐간될 수도 있다는 생각을 했을지도 모른다. 1940년 내무성이 입안하여 1941년에 시행된 영화잡지 통합에서 영화 관련 잡지 출판사는 영화출판사와 영화일본사 등 2개로 통폐합되었고,[1] 이와는 별도로 연감 간행을 목적으로 하는 일본영화잡지협회가 설립되었다.[2]

　이 협회의 구성원은 다나카 사부로, 우치다 기사오(內田岐三雄), 스즈키 시게사부로(鈴木重三郞), 이다 신비(飯田心美), 이마무라 다이헤이(今村太平), 가에리야마 노리마사(歸山敎政), 쓰다 도키오(津田時雄), 마쓰다 마스조(松田益藏), 기타가와 후유히코(北川冬彦), 미즈마치 세이지(水町靑磁), 시마자키 기요히코(島崎淸彦), 간 사다요시(菅貞義)였다.[3] 이들은 본 자료집 시리즈에도 자주 등장하는 필자들로 『키네마준포(キネマ旬報)』나 『신에가(新映画)』 『니혼에가(日本映画)』 같은 영화잡지의 구 필진들이었으며 제국일본의 영화정책에 적극적으로 동참한 영화계 중심 인물들이기도 했다.

1　전시체제하의 잡지 통합에 대해서는 양인실, 「영화신체제와 『영화순보』」, 본 자료집 시리즈 3권, 299~312쪽을 참조할 것.

2　牧野守, 「映画書誌の誕生と年鑑に到る映画ジャーナリズムの動向」, 『映画年鑑 昭和編 I 別巻』, 日本図書センター, 1994, 74쪽.

3　牧野守, 앞의 글.

이 글에서는 이 마지막 영화연감의 기사들을 중심으로 조선영화가 어떻게 자리매김했는지 생각해보도록 하겠다.

연감 이전 내지일본의 영화계 동향

1937년 이지마 다다시(飯島正), 이와사키 아키라(岩崎昶), 우치다 기사오는 "영화를 '국제'적인 시장, 전시장, 교류의 장소로 가져감으로써 '일본' 이미지를 해외에 구체적으로 전달"[4]할 목적으로 『영화연감 국제판(Cinema Year Book of Japan)』(1936~1937)을 발행했다. 연감의 국제화가 시작된 1937년, 제국일본의 영화계는 국제화되는 동시에 서서히 전시 통제하로 접어들고 있었다. 1937년 영화계 주요 동향을 보면, 일본영화의 수출을 위해 만들어진 영화 〈새로운 땅(新しき土)〉(Arnold Fanck·伊丹万作, 1937)이 데이코쿠극장(帝国劇場)에서 개봉되었으며, 8월에는 도호영화주식회사가(사진화학연구소, P·C·L, 도호영화배급, J·O 등의 4개 사가 합병), 11월에는 만주영화협회(이하 만영)가 발족, 12월에는 일본 최초의 영화 서지인 『일본영화서지(日本映画書誌)』(映画評論社, 1937)가 발행되었다.

1938년 2월에는 내무성령에 따라 하루 두 번의 흥행 시간이 각각 세 시간 이내로 제한되었으며, 3월에는 영화관 입장세가 생겨났다. 1939년 3월에는 영화법이 성립되어 같은 해 4월 5일에 공포되었다. 6월에는 일본영화감독협회, 일본영화작가협회, 일본카메라맨협회, 일본영화배우협회, 일본영화미술협회, 일본영화조감독협회를 규합하여 일본영화인연맹이 결성되었으며 11월에는 아마카스 마사히코(甘粕正彦)가 만영 이사장에 취임, 12월에는 화베이전영(華北電影)이 창립되어 영화계는 내지일본을 넘어 중국대륙을 지향하기 시작했다. "만주의 만영(満映), 북지(北支)의 화베이전영(華北電影) 및 중지(中支)의 중화전영(中華電影)"은 제국일본이 관리하는 대륙의 영화사들이었는데 만영은 그 중심에 있었으며 "화베이전영에도 중화영화사에도 출자를 하고"[5] 있었다.

이어 1940년에는 내지일본의 도쿄, 교토, 오사카, 요코하마, 고베, 나고야 등 6대 도시에서 문화영화 상영이 의무화되었으며 2월에는 영화 흥행이 허가제로 바뀌었다.

---

4   岩本憲児, 「戦時下の外国語版 『日本映画年鑑』刊行背景を探る」, 『日本大学芸術学部紀要』 제55호, 2012년, 71~84쪽.

5   쓰무라 히데오(津村秀夫), 「영화신제체의 정신」, 『영화순보』 제58호, 1942년 9월 1일, 42쪽(본 자료집 시리즈 5권 37쪽).

또한 같은 해 4월에는 문화영화를 만들어오던 아사히(朝日), 오사카마이니치·도쿄니치니치(大每東日), 동맹뉴스(同盟ニュース), 요미우리뉴스(読売ニュース)의 각 부문이 합병되어 사단법인 니혼뉴스영화사(社団法人 日本ニュース映画社)가 창립됐고, 12월에는 대일본문화영화협회(大日本文化映画協会)가 창립되었다.

1941년 1월에는 극영화 제작 편수가 제한되기 시작했다. 앞에서 서술한 일본영화잡지협회가 설립되면서 영화잡지계도 재편되었고, 니혼뉴스영화사와 문화영화협회는 사단법인 니혼영화사로 통합되었다. 9월에는 정보국에서 극영화는 도호, 쇼치쿠, 대일본영화사의 3개 사가 제작하는 작품에 한할 것을 제안했으며 12월부터 미국 및 영국영화는 상영 금지 조치가 내려졌다.

1942년 1월에는 신코키네마(新興キネマ), 다이토영화(大都映画), 닛카쓰(日活)의 제작 부문이 대일본영화제작주식회사(다이에이)로 발족되었고, 2월에는 사단법인 영화배급사가 설립되었으며 6월에는 일본영화보급연맹이 결성되었으며 9월에는 조선영화제작주식회사가 설립되었다.

1943년의 영화연감과 조선/영화의 위치

이렇듯 제국일본의 영화계는 내지일본에서 벗어나 중국대륙을 지향하며 '동아공영권'을 꿈꾸고 있었다. 1943년판 연감의 「범례」(본문 167~170쪽) 보면 크게 제1부 일본영화계, 제2부 동아공영권영화계, 제3부 세계영화연표, 제4부 대동아영화관계자록의 순이고 조선 및 대만영화계는 제1부 일본영화계의 한 부분으로 분류된다. 그리고 '동아공영권'에 만주국, 중화민국, 남방지역의 영화계가 수록되어 있는데 이런 분류는 당시 제국일본의 문화 정책이나 심상지리를 반영하는 것으로 보인다.

그중에서도 특히 흥미로운 점은 내지일본의 각 영화사가 조선의 위치를 정하는 방식이다. 1943년판 연감을 보면 쇼치쿠주식회사는(연감 306쪽; 본문 175쪽) 기획실 다음에 영화 제작, 오후나(大船)제작소, 시모가모(下賀茂)제작소, 우즈마사(太秦)제작소가 있고 오사카지점 아래로 나고야출장소와 규슈출장소, 조선출장소가 차례로 있다. 도호영화주식회사의 기구도에서는(연감 310~311쪽; 본문 176쪽) 영업부 아래로 업무과, 흥행과, 오사카영업소, 후쿠오카영업소, 나고야출장소, 삿포로출장소, 경성출장소가 구성되어 있다. 대일본영화제작주식회사는(연감 314~315쪽; 본문 177쪽) 업무국

이 총무부, 경리부, 흥행부, 오사카지점, 조선출장소로 나뉘며 일본영화사(니치에이)
는 (연감 317~319쪽; 본문 178쪽) 수라바야 주재원, 셀레베스지사, 버마지국, 홍콩지국,
자카르타지국, 방콕지국, 마닐라지국, 사이공지국, 남방총지사, 중남지지사, 신징지국,
베이징 주재원, 광동지국, 타이베이지국, 경성지국, 홋카이도지국, 나고야지사, 규슈지
사, 오사카지사, 조사과, 적산 관리, 제작소, 해외국 등으로 나뉜다. 사단법인 영화배급
사의 조선출장소도 있었지만 1943년 5월 하순에 폐지되었다(연감 325쪽, 본문 179쪽).

여기서 중요한 점은 이들 조직도에 나오는 조선출장소, 경성출장소 등의 역할이
다. 「영화정책의 동향」(연감 554쪽; 본문 210~211쪽)에서 "조선의 영화 보급 상황은 내
지가 3만 명 대 1관 정도인 데 반해" 열악하고, 대형 영화관도 적은 데다 "프린트와
영사기, 기타 자재의 부족이 오락의 빈곤을 한층 강화시키고 있"으며, 이런 상황이
"영화관의 실연 혹은 연극 방면의 융성을 초래, 악극단이나 극단이 영화관 무대에
올라오는 경향을 야기"했다. 이 상황에서 문제는 "이들 악극단이나 극단이 모두 조
선인으로 구성되어 조선어로 공연할 때, 조선 주재 내지인의 오락"을 해결할 방법이
없다는 점이었다. 이런 상황에서 내지의 영화 제작사가 세운 각 출장소나 지점은 재
조 일본인들을 위한 오락을 제공하는 역할을 했다.

그런데 이들 경성출장소나 조선출장소가 조선에 설치된 것은 재조 일본인들을
위한 오락이 없다는 이유뿐만 아니라 내지 영화사들이 "대륙영화계에 대한 관심이
높아짐에 따라 그 관문인 조선의 중요성을 인식"[6]했기 때문이기도 하다. 대륙으로의
진출에서 더 나아가 남방영화를 지향하기도 했는데, 니치에이도 1942년 8월 "〈싸우
는 일본〉 시리즈 조선 편 제작을 위해 고니시와 니시 두 명이 경성을 방문, 각 방면
과 협의"했다는 기사를 보면 '남방영화공작'에서도 조선이 중요한 위치를 차지하고
있었음을 알 수 있다(연감 552쪽; 본문 206쪽).

한편 '남방영화공작'에 관한 기사는 1943년판에 처음으로 게재되었다. 남방영화
에 관한 정책은 이전부터 계획적으로 진행되고 있었으나 1943년에야 비로소 연감에
체계적으로 게재된 것이다. 이전에도 제국일본에서는 남방영화공작을 위해 1940년
남양영화협회를 설립했는데, 동 협회는 1942년 9월에 해산되었으며 이를 대신할 사

6   「영화관의 페이지」 경성, 『영화순보』 제23호, 1941년 8월 21일, 66쪽(본 자료집 시리즈 3권 50~51쪽).

단법인 남양영화사를 만들 계획이었지만 실행되지 못했다. 이후 남방영화공작은 영화배급사 남방국과 일본영화사 해외국이 업무를 분담[7]하게 되었다. 1942년에는 남방영화공작요령을 정했는데 여기에는 일본영화의 남방 진출상황과 대략적인 활동 내역 등이 기록[8]되어 있었다. 또한 1942년 12월에는 "정보국 3부 내에 정보국, 내무성, 육해군부, 대동아성(大東亞省) 각 관계관, 영화배급사, 일본영화사라는 영화공작 각 담당자로 구성된 남방용 영화선정위원회가 설치"[9]되는 등 일본영화의 남방 진출을 위한 국책이 적극적으로 시행되고 있었다.

만주 순회영사 속의 조선/영화

연감에서 조선영화는 앞에서 말한 것처럼 제1부 일본영화계에 포함되어 있었지만, 일부는 제2부 대동아공영권영화계에 포함되기도 했다. 특히 만주에 사는 조선계를 대상으로 하는 순회영사는 대부분 내지일본과 조선의 극영화였다. 만주의 이동영사 프로그램은 "만주계(系)를 대상으로는 만영 오민영화와 만영 또는 내지의 계발영화·시사영화들을 하나의 프로그램으로 편성하는데, 시사영화로는 〈만영시보〉를 편집한 〈만영월보〉를 사용"했으며 "일본계 대상으로는 극영화 1편과 문화영화 및 뉴스, 조선계[10] 대상으로는 내지 및 조선의 극(劇)을 사용"한 것이다(연감 609쪽; 본문 263쪽).

연감에서 만주의 '쇼와 17년도 순회영사 상황'을 보면(연감 611쪽; 본문 266~267쪽) 주로 학교가 그 대상이었는데 학생들뿐만 아니라 학부형도 순회영사를 보러 왔으며 조선계 학교를 대상으로 한 순회영사 프로그램은 〈수업료〉와 〈그대와 나〉 등을 상영했음을 알 수 있다. 만영은 1938년 9월부터 한 달에 한 편의 조선영화를 수입해서 상영하려는 계획을 세웠는데 "월 1편이라는 배급 계획은 잘 지켜지지 않았고 1938년부터 1943년까지 평균 1년에 4편 정도만 배급"[11]되었다.

7   佐崎順昭, 「解題」, 『映画公社旧蔵 戦時統制下映画資料集 第8巻 外地関係II』, ゆまに書房, 2014, 720쪽.
8   岩本憲児, 「『映画年鑑』―いくつかの視点」, 『映画年鑑 昭和編I別巻』, 日本図書センター, 1994, 90쪽.
9   岡田秀則, 「記録映画史の空白を探る: 日本映画社ジャカルタ製作所の興亡」(http://www.yidff.jp/docbox/20/box20-3-1.html)
10 1942년 당시 만주국에 사는 조선인은 전체 인구의 3.5퍼센트였다. 김경일 외, 『동아시아의 민족이산과 도시—20세기 전반 만주의 조선인』, 역사비평사, 2004, 67쪽.
11 김려실, 『만주영화협회와 조선영화』, 한국영상자료원, 2011, 71쪽.

그런데 1942년 5월 1일부터 업무를 개시한 사단법인 조선영화배급사는 조선 전역의 13개 도를 "제1구 경기도, 평안남도, 평안북도, 황해도-46관" "제2구 경상남도, 경상북도, 충청남도, 충청북도, 전라남도, 전라북도-58관" "제3구 함경남도, 함경북도, 강원도-49관" "합계 153관"으로 나누어 흥행장의 배급상황을 파악하고 있었다. 제1구의 특징은 "총독부 소재지이자 정치·경제·문화의 중심인 경성이 포함"되어 있다는 점이고 제2구는 "농업생산지인 터라 주로 이동영사반의 활동에 기대고 있는" 지역이라는 점, 제3구는 "공장과 광산이 상위를 점하고 있"고 "만주 방면으로의 교통이 매우 편리"하여 "실연 건수가 다수를 기록하고"(연감 561~562쪽; 본문 225~227쪽) 있다는 점이다.

한편 조선에서 '실연 건수'가 많은 것은 제3구만의 특징이 아니라 전체적인 경향이기도 했다. 조선은 내지일본과 달리 연극 무대와 영화 흥행장의 구분이 거의 없고 "상당수 극단이 활발하게 활동"하고 있었으며, "이들 극단은 거의 전부가 영화 흥행장을 이용하고 있기 때문에 조선의 영화관은 동시에 실연극장이라고도 할 수 있는 상황"이었다. 더욱이 프린트의 부족이 실연 경쟁을 낳았다. 그런데 "실연 입장요금은 영화보다 훨씬 고액이며 흥행 수입 역시 극히 우수하다는 것이 통례"였다(연감 562쪽, 본문 227쪽). 이런 실연[12]은 조선의 악극단이 '조선'적인 요소로 프로그램을 구성하면서도 '고쿠고(國語)'로 무대에서 상연되었고 "일본인으로서의 훌륭한 국가의식을 지니고 만들어진 것"[13]들이었다.

연감 이후의 『영화연감』

연감의 「범례」에 "본서는 지난 쇼와 17년도판을 기념으로, 이후 각 연도판을 매년 계속 간행하는 것으로 한다"고 되어 있지만, 일본영화잡지협회가 간행하기로 되어 있던 『영화연감』은 간행되지 못했다. 1942년판, 그리고 1943년판 영화연감을 간행한 일본영화잡지협회는 1943년 말에 해산되었고, 1945년 5월에는 영화통제기관

---

12 실연 경쟁이 격화됨에 따라 악극단의 상설관 상설 실연 대본 및 실연의 사전 검열도 행해졌다(아키 아키라[亜木朗], 「조선영화령 1주년 회고」, 『영화순보』 제28호, 1941년 10월 11일, 30쪽; 본 자료집 시리즈 3권 80쪽).

13 히나쓰 에이타로(日夏英太郎), 「내선 두 영화계의 교류에 대해」, 『영화평론(映画評論)』 1941년 7월호, 60쪽(본 자료집 시리즈 1권 257쪽).

이었던 사단법인 대일본영화협회, 사단법인 영화배급사, 재단법인 대일본흥행협회 영화부의 3개 사가 사단법인 영화공사로 통합되었다.[14] 1943년 이후의 영화연감 간행에 대해 도쿄국립근대미술관 필름센터는 다음과 같이 기술하고 있다.[15]

본 자료는 당초 『쇼와 18년 영화연감』의 후속지로 일본영화잡지협회가 간행하기로 예정되어 있었는데 전세가 긴박하고 패전의 혼란으로 결국 빛을 보지 못한 '꿈의 연감'이다. 원래 쇼와 16년의 영화잡지 통합으로 만들어진 일본영화잡지협회는 쇼와 18년 말 해산되기에 이르렀고, 연감 간행사업은 사단법인 대일본영화협회(쇼와 19년 1월 발족), 사단법인 영화공사(쇼와 20년 4월 설립)로 이어지지만 모두 실현되지 못한 채 종전을 맞이한 것이다. 한편 후세에 남겨진 방대한 직필 원고는 편찬자 쓰다 도키오의 활약으로 분산되는 것을 피할 수 있었고 쇼와 27년에 신설된 국립근대미술관 필름라이브러리(현재의 필름센터)로 위탁되었다. 그 내역은 2000매에 이르는 200자 원고지와 통계, 법규 등의 구겨진 종이 자료이며, 종전 직후에 가필된 부분도 포함하여 쇼와 18년부터 20년 점령기까지 3년간에 걸친 영화계의 움직임이 극명하게 기록되어 있다.

쓰다 도키오는 1942년판, 그리고 1943년판 영화연감을 간행했던 일본영화잡지협회의 주요 구성원이었는데, 동 협회의 해산과 동시에 발족한 사단법인 대일본영화협회의 심의실 조사 제1과장, 그리고 조사 제2과장, 계획과장 등을 쭉 겸임했으며 1945년 5월에 사단법인 영화공사가 발족할 때에도 조사과 과장으로 계속 일했다.[16] 그가 가지고 있던 『쇼와 18·19·20년도 영화연감』의 원고는 GHQ의 거부로 계속 간행되지 못하다가 1952년 도쿄국립근대미술관 필름센터에서 소장하게 되었으며 2006년에 겨우 복각판으로 간행되기에 이르렀다. 본 자료집에 실린 『쇼와 18·19·20년도 영화연감』은 이런 복잡한 과정을 거쳐 세상에 나왔으며 조선영화 관련 기사들 또한 겨우 빛을 보게 된 것이라는 점은 염두에 둘 필요가 있다.

14   牧野守, 앞의 글, 75쪽.

15   「刊行にあたって」, 『戦時下映画資料 映画年鑑 昭和 18·19·20年』, 東京国立近代美術館フィルムセンター, 2006.

16   牧野守, 앞의 글, 75-76쪽.

부록

인명 정보

이름	원문 표기	본명/필명/창씨명 등	활동
가가 시로	加賀四郎		다이에이 조선출장소장(1943년)
가네가와 기요시	金川聖	이성근(李聖根)	경찰관료, 매일신보사장, 조선영화배급사원
가네무라 핫포	金村八峰	팔봉 김기진(八峰 金基鎭)	문학가, 조선영화제작주식회사 촉탁
가라시마 다케시	辛島驍		문학자, 경성제대 교수, 조선연극문화협회장, 조선영화기획심의회 위원
가모이 요시카즈	鴨井吉一 / 鴨井吉壹		조선영화배급사 사업과장, 전 신코 지사장
가쓰우라 센타로	勝浦仙太郎		연출자, 조선영화제작주식회사 제1제작과장
가에리야마 노리마사	歸山敎政		영화비평가, 조선영사기술자협회 강습회 강사
가와모토 슌샤쿠	河本駿錫	하준석(河駿錫)	기업인, 조선영화제작주식회사 이사
가와스미 이쓰오	河淸逸男		조선영화제작주식회사 제3제작과장
강홍식	姜弘植	진훈(秦薰, 예명), 미타니 기요시(三溪淸)	배우
고기봉	高奇峰	다카키 모토미네(高奇基峰)	배우
고바야시 겐로쿠	小林源六		조지야(丁子屋) 백화점 대표, 조선영화제작주식회사 이사 겸 주주
고영란	高永蘭		배우
고이소 구니아키	小磯國昭		조선총독
구니모토 다케오	國本武雄	이창근(李昌根)	연출자, 촬영자, 동양토키영화촬영소 대표
구란쥔	顧蘭君		상하이 배우
구보 요시오	久保義雄		선만기록영화제작소 대표, 조선영화제작주식회사 관리과장
궈사오이	郭紹儀		만영 배우
기쿠치 모리오	菊地盛央		문화영화 제작자, 시나리오 작가
김관	金管		음악평론가, 영화음악가
김덕심	金德心	김덕룡(金德龍, 본명)	배우
김령	金玲		배우
김문집	金文輯	오에타쓰 나사케노스케 (大江龍無酒之介)	문학자
김복진	金福鎭		배우
김성호	金聖浩		조선영화제작주식회사 이사
김소영	金素英	김혜득(金惠得)	배우
김신재	金信哉	호시 신사이(星信哉)	배우
김연실	金蓮實	이마이 미치요(今井實千代)	배우

이름	원문 표기	본명/필명/창씨명 등	활동
김영순	金永順	가네이 에이준(金井永順)	배우
김영화	金永華		연출자
김유영	金幽影		연출자
김일해	金一海	가네야마 쇼사쿠(金山正錫)	배우
김정혁	金正革	나쓰메 타다시(夏目正)	조선영화제작주식회사 선전과장
김태진	金兌鎭		『만주영화』필자
김학성	金學成	가나이 세이이치(金井成一)	촬영자
김한	金漢	호시무라 히로시(星村洋)	배우
나웅	羅雄	라잔 도시오(羅山俊夫)	배우
나카다 하루야스	中田晴康		닛카쓰 다마가와 제작부장, 조선영화제작주식회사 상무 겸 촬영소장
나카무라 요시유키	中村能行		일본(만영) 시나리오 작가
나카야마 히데오	中山英夫		도호 조선출장소장
네기시 간이치	根岸貫一		만영 상무이사
노노무라 고헤이	野々村康平		조선영화배급사 선정과장
노자키 신조	野崎眞三		조선영화제작주식회사 및 조선영화배급사 이사
노재신	盧載信	노갑순(盧甲順, 본명)	배우
니시무라 세이지	西村靑兒		일본 배우
니시키 모토사다	西亀元貞		시나리오 작가, 조선영화제작주식회사 기획과
다나카 기누요	田中絹代		일본 배우
다나카 도미오	田中富夫/田中富雄		도호 경성출장소장
다나카 사부로	田中三郎		경성상공회의소 부회장, 조선영화제작주식회사 사장 겸 대주주, 조선영화배급사장, 조선영화기획심의회 위원
다쓰오키 마사즈미	龍興正純		조선영사기술자협회/조선영화기술자협회 부회장
다카기 데이이치	高木定一		조선영화제작주식회사 이사
다카다 미노루	高田稔		일본 배우, 〈망루의 결사대〉 출연
다카미야 다이헤이	高宮太平		경성일보사장, 조선영화배급사원
다카시마 긴지	高島金次		경성발성영화제작소 대표, 『조선영화통제사』저자
다카야나기 하루오	高柳春雄		일본(만영) 시나리오 작가
다카야마 아쓰후미	高山淳文		조선영사기술자협회/조선영화기술자협회 회장
다카이 다케오	高居武雄		조선영화제작주식회사 이사

이름	원문 표기	본명/필명/창씨명 등	활동
다카하라 도미지로	高原富次郎		일본(만영) 연출자
단노 스스무	丹野晋		조선총독부 정보과 영화반, 시나리오 작가
도미이 지쓰타로	富井實太郎		경성 도화극장 및 신토미자 흥행주
도요다 시로	豊田四郎		일본 연출자
독은기	獨銀麒	미쓰나리 다케시(光成健)	배우
두찬	杜撰		만영 배우
둥보	董波		만영 배우, 〈복지만리〉 출연
루밍	路明		상하이 여배우
류 치슈	笠智衆		일본 쇼치쿠 배우
류언자	劉恩甲		만영 배우
리리	李麗	베이핑 리리(北平 李麗, 애칭)	상하이 배우
리밍	李明		만영 배우
리샹란	李香蘭	야마구치 요시코 (山口淑子, 본명), Shirley Yamaguchi	만영 배우
리셴팅	李顯廷		만영 배우
리허	李鶴		만영 배우
마쓰바 시로	松葉詩郎		만주 활동 변사
마지마 우메키치	間島梅吉		기라쿠칸 관주, 조선흥행연합회 이사장, 조선영화배급사 이사
마키노 미쓰오	マキノ光雄	牧野満男, マキノ満男	만영 제작부 차장/부장
멍훙	孟虹		만영 배우
모리 히로시	森浩		조선총독부 경무국 도서과장, 조선영화기획심의회 위원
모리나가 겐지로	森永健次郎		일본 연출자
무라야마 도모요시	村山知義		일본 극작가, 연출자
문예봉	文藝峰		배우
미나미 지로	南次郎		조선총독
미우라 미쓰오	三浦光雄		일본 촬영자
미즈가에 류이치	水ヶ江龍一	미즈에 류이치 (水江龍一, 오기 추정)	일본(만영) 연출자
미즈이 레이코	水井れいこ		일본 영화비평가
바이메이	白玫		만영 배우
바이양	白楊		만영 배우

이름	원문 표기	본명/필명/창씨명 등	활동
박기채	朴基采		연출자
박제행	朴齊行	아라이 사이교(新井齊行)	배우
박창환	朴昌煥		배우
박흥식	朴興植		기업인, 조선영화제작주식회사 이사 겸 주주
방태영	方臺榮/ 方台榮		언론인, 조선영화제작주식회사 이사 겸 주주
방한준	方漢駿		연출자
배응룡	裴應龍		실업가, 〈복지만리〉 투자자
백련	白蓮		배우
복혜숙	卜惠淑	도미가와 바리(富川馬利)	배우
사노 주사부로	佐野重三郎		경성일보 사업부장, 조선영화배급사 창립위원
서광제	徐光霽	다쓰조 고사이(達城光霽)	영화 비평가 겸 감독
서월영	徐月影	서영관(徐永琯, 본명)	배우
소노다 미오	園田實生		경성 광무극장 주, 조선영화배급협회 창립위원
송창관	宋創冠	송인길(宋仁吉, 본명)	배우
쑤이인푸	隋尹輔		만영 배우
쉐하이량	薛海樑		만영 배우
쉬충	徐聰		만영 배우
스기우라 요	杉浦要		일본(만영) 촬영자
스스키다 겐지	薄田研二		일본 배우. 〈수업료〉 출연
스즈키 시게요시	鈴木重吉		일본 연출자, 만영 문화영화 제작 담당
시라후지 로쿠로	白藤六郎		만주 활동 변사
시마즈 다메사부로	島津爲三郎		일본(만영) 촬영자
시미즈 쇼조	清水正藏		조선총독부 영화검열실장
시바야마 료지	柴山量二		도와상사 조선지사장, 조선영화배급사 배급과장
신경균	申敬均	오조라 게이킨(大空敬均), 오조라 히사아키(大空久晃)	연출자
신일선	申一仙		배우
심영	沈影	아오키 진에이(青木沈影)	배우
쑹사오쭝	宋紹宗		만영 감독보
아라마키 요시오	荒巻芳郎, 荒牧芳郎		일본(만영) 시나리오 작가

이름	원문 표기	본명/필명/창씨명 등	활동
아라이 순지	新井俊次		조선영화제작주식회사 이사 겸 주주
아사하라 류조	淺原隆三		도호 조선출장소장, 조선영화배급사 업무부장
안복록	安福祿		배우
안석영	安夕影	야스다 사카에(安田榮)	연출자
안철영	安哲永		연출자
야기 류이치로	八木隆一郎		일본 시나리오 작가, 〈망루의 결사대〉 및 〈사랑과 맹서〉 각본 담당
야기 야스타로	八木保太郎		일본 시나리오 작가, 〈수업료〉 각본 담당
야나베 에이자부로	矢鍋永三郎		조선영화배급사 감사
야마네 히사코	山根壽子		일본 배우
야마모토 야스에	山本安英		일본 배우
야마우치 에이조	山內英三		일본(만영) 연출자
야마카와 히로시	山川博		일본(만영) 시나리오 작가
야오루	姚鷺		만영 배우
양세웅	梁世雄	미하라 세오(三原世雄)	촬영자
양예	楊葉		만영 시나리오 작가
양정런	楊正仁		만영 시나리오 작가
에밀 야닝스	Emil Jannings		독일 출신 영화배우
엔도 요키치	遠藤瀛吉		일본(만영) 촬영자
오노 겐타	小野賢太		「만주영화」 필자
오노 도시유키	小野利幸		조선영화배급사 이사
오모리 이하치	大森伊八		일본(만영) 촬영자
오이시 사다시치	大石貞七		경성 주오극장주, 조선영화배급사 이사, 조선흥행연합회 부이사장
오카 요시타케	岡義武		오카 요시타케 상점 대표
오카다 준이치	岡田順一		조선영화배급사 상무이사 겸 총무부장
오카모토 세이지로	岡本清次郎		경성 와카쿠사극장 주
오카자키 도시오	岡崎敏夫		오카자키 도시오 상점 대표
오타니 도시오	大谷俊夫		일본(만영) 연출자
왕런메이	王人美		상하이 배우
왕리쥔	王麗君		만영 배우
왕인보	王銀波		만영 배우

이름	원문 표기	본명/필명/창씨명 등	활동
왕평	王平		배우
왕푸춘	王福春		만영 배우
요시다케 데루요시	吉武輝芳		조선영배 선정과장
요시무라 고도	芳村香道	박거복(朴巨福, 본명), 박영희(朴英熙, 필명)	문학가, 조선문인협회 간사장, 조선영화기획심위회 위원
위안메이윈	袁美雲		상하이 배우
유계선	劉桂仙		배우
유치진	柳致眞		극작가, 시나리오 작가, 조선영화기획심의회 위원
윤봉춘	尹逢春		연출자
이규환	李圭煥	이와모토 게이칸(岩元圭煥)	연출자
이금룡	李錦龍	가야마 나가하루(香山長春)	배우
이기세	李基世		시나리오 작가
이마이 다다시	今井正		일본 연출자, 〈망루의 결사대〉 연출
이명우	李明雨	세토 아키라(瀬戸明)	촬영자
이명우	李銘牛		연출자
이바 난테쓰	伊波南哲		일본 시인, 〈오야케 아카하치〉 원작자
이백수	李白水		배우
이병길	李丙吉		조선영화배급사 감사
이병목	李丙穆	리노이에 헤이보쿠(李家丙穆)	촬영자
이병우	李炳宇	이노우에 간(井上寛)	촬영자
이병일	李炳逸	이병록(李炳祿, 본명), 이가와 헤이로쿠(維川炳祿)	연출자, 명보영화사 대표
이시바시 료스케	石橋良介		경성 메이지자 관주, 조선영화배급사 이사, 조선흥행연합회 전무
이신웅	李信雄	이신(李信, 본명)	촬영자
이영춘	李英椿		연출자
이와사키 아키라	岩崎昶		일본 영화비평가
이와이 가네오	岩井金男		조선영화제작주식회사 제2제작과장
이익	李翼		시나리오 작가
이재명	李載明		조선영화제작주식회사 기술 겸 촬영과장
이준희	李俊嬉/李準熙	이일춘(李日春, 본명)	배우
이창용	李創用	히로카와 소요(廣川創用)	고려영화사 및 조선영화문화연구소 대표, 조선영화제작주식회사 촉탁

이름	원문 표기	본명/필명/창씨명 등	활동
이케다 구니오	池田國雄		조선총독부 영화검열관, 조선영화기획심의회 간사
이케다 센타로	池田專太郎		일본(만영) 촬영자
이태우	李台雨	쓰무라 히데오 (律村英雄/律村芳夫)	『만선일보』 기자, 만영 선전부원, 『만주영화』 필자
이화삼	李化三		배우
자오수친	趙書琴		만영 배우
자오아이핑	趙愛蘋		만영 배우
자오위페이	趙玉佩		만영 배우
장민	張敏		만영 배우
장수다	張書達		만영 배우
저우댜오	周凋		만영 배우
저우샤오보	周曉波		만영 감독보
전옥	全玉	마쓰바라 레이코(松原禮子)	배우
전창근	全昌根	이즈미 쇼콘(泉昌根), 첸창건 (錢昌根, 상하이 활동명)	연출자, 배우
전택이	田澤二	미야타 야스아키(宮田泰彰)	배우
정샤오쥔	鄭曉君		만영 배우
정찬조	鄭澯朝		배우
조석원	曹錫元		배우
주원순	朱文順		만영 감독보
주인규	朱仁奎	야스카와 후미하루(安川文治)	배우
지옌펀	季燕芬		만영 배우
진옌	金燄	김염	상하이 배우
천옌옌	陳燕燕		상하이 배우
천윈상	陳雲裳		상하이 배우
천전중	陳鎭中		만영 배우, 〈복지만리〉 출연
최남용	崔南鏞	오카모토 도미헤이(岡本富平)	배우
최승희	崔承喜		무용가
최운봉	崔雲峰	다카미네 노보루(高峰昇)	배우
최인규	崔寅奎	호시 인케이(星寅奎)	연출자
하라 세쓰코	原節子		일본 배우, 〈망루의 결사대〉 출연
하라다 고도	原田公道		조선영화배급사 이사

이름	원문 표기	본명/필명/창씨명 등	활동
하세가와 슌	長谷川濬		일본(만영) 시나리오 작가, 시인
한은진	韓銀珍	기요카미 긴진(淸上銀珍)	배우
핫타 나오유키	八田尚之		일본 시나리오 작가, 〈젊은 모습〉 각본
현순영	玄舜英		배우
호리코시 유지로	堀越友二郎		대구 에이라쿠칸 및 다카라즈카극장 주, 조선흥행연합회 부이사장
혼조 가쓰지	本庄克二		일본 배우
황운조	黃雲祚		촬영자
후지와라 가마타리	藤原釜足		일본 배우
후지이 하루미	藤井春美		일본(만영) 촬영자
히가시하라 인쇼	東原寅燮	정인섭(鄭寅燮)	문학자, 조선영화기획심의회 위원
히루타 요시오	晝田義雄		조선총독부 영화검열관, 조선영화기획심의회 간사
히무라 이사오	陽村勳男		조선영사기술자협회/조선영화기술자협회 부회장

영화 정보

번역 제명	원제	감독	제작/공개연도	비고
5인의 척후병	五人の斥候兵	田坂具隆	1938	
가구야히메	かぐや姫	荒井和五郎, 飛石仲也	1942	
가족	家族	渋谷実	1942	
강	Reka	Josef Rovenský	1933	
건강하게 가자	元気で行かうよ	野村浩将	1941	
걸식학생	Der Bettelstudent	Georg Jacoby	1936	
겐로쿠 주신구라	元禄忠臣蔵	溝口健二	1941~1942	전·후편으로 나뉘어져 있으며 일본 내 전편은 1941년, 후편은 1942년 공개
결전 기병대	決戦奇兵隊	丸根賛太郎	1941	
결전의 하늘로	決戦の大空へ	渡辺邦男	1943	
고원의 달	高原の月	佐々木啓祐	1942	
고향의 폐가	故郷の廃家	佐々木康	1938	
구로가네의 아내	くろがねの妻	曽根千晴	1941	
국경의 꽃	國境之花	水ケ江龍一	1939	
국법무사	國法無私	水ケ江龍一	1938	
군용열차	軍用列車	서광제	1938	
규조토지대	珪藻土地帯	坂斎小一郎	1942	
그대와 나	君と僕	日夏英太郎(허영)	1941	
글짓기 교실	綴方教室	山本嘉次郎	1938	
기다리고 있던 남자	待って居た男	マキノ正博	1942	
기지 건설	基地の建設 海軍報道班員現地報告第一輯	桑野茂, 上田勇	1943	
길가의 돌	路傍の石	田坂具隆	1938	
꾀돌이 탐험기	奇童歴険記	徐紹周	1941	
나그네	旅路	이규환	1937	
날개의 개가	翼の凱歌	山本薩夫	1942	
날아오르는 정열	舞ひ上る情熱	小石栄一	1941	
남자의 꽃길	男の花道	マキノ正博	1941	
남쪽에서 돌아온 사람	南から帰った人	斎藤寅次郎, 毛利正樹	1942	
남쪽의 바람	南の風	吉村公三郎	1942	
남쪽의 유혹	La Habanera	Douglas Sirk	1937	

번역 제명	원제	감독	제작/공개연도	비고
남풍	The Stranger's Return	King Vidor	1933	
남해의 꽃다발	南海の花束	阿部豊, 井上深	1942	
뇌우	雷雨	方沛霖	1938	
설야의 복수기	林冲雪夜殲仇記	吳永剛	1939	
눈과 군대	雪と兵隊	滿洲映畵協會	1942	
니시즈미 전차장전	西住戦車長傳	吉村公三郎	1940	
달맞이꽃	宵待草	佐々木康	1938	
대금강산의 보	大金剛の譜	水ヶ江龍一	1938	
대륙 신전장	大陸新戦場	日本映画社, 中華電影	1943	중지나파견노보리부대 (中支派遣軍登部隊) 지휘 문화영화
대륙장홍	大陸長虹	上砂泰蔵	1938	
대일향촌	大日向村	豊田四郎	1940	
도고 원사와 일본해군	東郷元帥と日本海軍	光音文化映画製作所	1942	
도금적성	镀金的城	費穆	1937	
도리이 스네에몬	鳥居強右衛門	内田吐夢	1942	
동물원 대행진— 학예회의 권	動物園大行 進—学芸会の巻	国光映画社	1940	
동양 평화의 길	東洋平和の道	鈴木重吉	1938	
동양의 개가	東洋の凱歌	勝屋福重	1942	
동유기	東遊記	大谷俊夫	1939	
레미제라블	Les misérables	Raymond Bernard	1934	
마로천사	馬路天使	袁牧之	1937	
말레이 전기	マレー戦記	日本映画社	1942	육군성 후원으로 제작된 다큐멘터리. 〈진격의 기록(進撃の記録)〉, 〈쇼난도의 탄생(昭南島誕生)〉으로 구성
망루의 결사대	望楼の決死隊	今井正	1943	
망춘풍	望春風	安藤太郎, 黃粱夢	1937	
망향	Pépé le Moko	Julien Duvivier	1937	
맹강녀	孟姜女	吳村	1939	
모자초	母子草	田坂具隆	1942	
목란종군	木蘭従軍	卜万蒼	1939	중국 개봉이 1939년으로 일본 개봉은 1942년

번역 제명	원제	감독	제작/공개연도	비고
무용회의 수첩	Un carnet de bal	Julien Duvivier	1937	
미야모토 무사시 이치조지결투	宮本武蔵 一乗寺決闘	稲垣浩	1942	
밀월쾌차	蜜月快車	上野真嗣	1938	
바다 독수리	海鷲	井上莞(이병우)	1942	
바다의 어머니	海の母	伊賀山正徳	1942	
바람 속의 아이들	風の中の子供	清水宏	1937	
바람의 마타사부로	風の又三郎	島耕二	1940	
바리에떼	Varieté	Ewald André Dupont	1925	
백란의 노래	白蘭の歌	渡辺邦男	1939	
백묵	白墨	渥美輝男	1941	
벌거벗은 거리	裸の町	内田吐夢	1937	
보카치오	Boccaccio	Herbert Maisch	1936	
부계도	婦系図	マキノ正博	1942	
부귀춘몽	富貴春夢	山内英三	1939	
부인심	婦人心	李萍倩	1929	
부인종군가	婦人從軍歌	田口哲	1939	
불타는 대공	燃ゆる大空	阿部豊	1940	
비경열하	秘境熱河	滿鐵弘報部	1936	
사랑과 맹서	愛と誓ひ	今井正, 최인규	1945	
사랑의 미소	愛的微笑	丁明	1942	
사천금	四千金	吳村	1937	
상하이여, 잘 있거라	再會吧!上海	鄭雲波(정기탁)	1934	
새로운 날개	新しき翼	東寶文化映畵部	1941	육군항공본부 지도로 제작된 다큐멘터리
새로운 땅	新しき土	Arnold Fanck, 伊丹万作	1937	
새로운 행복	新たなる幸福	中村登	1942	
새벽의 진발	暁の進発	中川信夫	1941	
서반아의 밤	Andalusische Nächte	Herbert Maisch	1938	
성황당	城隍堂	방한준	1939	
셋이 모이면	三人寄れば	柏原勝	1939	

번역 제명	원제	감독	제작/공개연도	비고
소년표류기	少年漂流記	矢倉茂雄	1943	
소주의 밤	蘇州の夜	野村浩将	1941	
쇼와 19년	昭和十九年	森永健次郎	1942	
쇼카손주쿠	松下村塾	重宗和伸	1939	
스타플레이어	花形選手	清水宏	1937	
승리의 기초	勝利の基礎	中川順夫	1942	
십계	The Ten Commandments	Cecil B. DeMille	1923	
아녀영웅전	兒女英雄傳	岳枫	1938	
아름다운 희생	美しき犧牲	山内英三	1941	
아리가토상	有りがたうさん	清水宏	1936	
아버지가 있었다	父ありき	小津安二郎	1942	
아버지에게 기원한다	父に祈る	森永健次郎	1940	
아와의 목각인형	阿波の木偶	伊奈太郎	1942	
알프스 창기대	Condottieri	Luis Trenker	1937	
애염	愛焰	山内英三	1940	
야규대승검	柳生大乘劍	池田富保	1942	
양어장	養魚田	片山輝雄	1942	
어느 보모의 기록	或る保姆の記錄	水木荘也	1942	
어린이와 공작	子供と工作	渡辺義美	1941	
어머니여 한탄 말아요	母よ嘆く勿れ	深田修造	1942	
엄마 찾아 만 리	万里尋母	坪井與	1938	
에도 최후의 날	江戸最後の日	稲垣浩	1941	
여명서광	黎明曙光	山内英三	1940	
여학생기	女学生記	村田武雄	1941	
여화미권	如花美眷	荒牧芳郎	1930	
연귀	煙鬼	水ケ江龍一	1939	
연애수학여행	恋愛修学旅行	清水宏	1934	
영국 무너지는 날	英国崩るゝの日	田中重雄	1942	
영춘화	迎春花	佐々木康	1942	
오로촌	オロチョン	滿鐵映畵製作所	1942	만주 오로촌족의 생활을 담은 다큐멘터리

번역 제명	원제	감독	제작/공개연도	비고
오무라 마스지로	大村益次郎	森一生	1942	
오야케 아카하치	オヤケ・アカハチ	重宗務, 豊田四郎	1937	
왕속관	王屬官	高橋紀・藤川研一	1940	
외인부대	Le grand jeu	Jacques Feyder	1934	
원혼복구	冤魂復仇	大谷俊夫	1939	
위문주머니	ゐもんぶくろ	渥美輝男	미상	
유랑가녀	流浪歌女	山内英三	1940	
유령	Ghosts	George Nichols, John Emerson	1915	
유신의 노래	維新の曲	牛原虚彦	1942	
육군 낙하산부대	陸軍落下傘部隊	日本映画社	1942	육군 항공본부 감수 제작 다큐멘터리로 〈장도 편(壯途篇)〉과 〈전투 편〉으로 구성
이에미쓰와 히코자	家光と彦左	マキノ正博	1941	
인마평안	人馬平安	高原富士郎	1940	
일본의 어머니	日本の母	原研吉	1942	
일출	日出	岳楓	1938	
일하는 소년 소녀	働く少年少女	東寶文化映畵部	1941	
자모루	慈母涙	水ケ江龍一	1939	
자비심조	慈悲心鳥	下村兼史	1942	
잠수함 1호	潜水艦1号	伊賀山正徳	1941	
장군과 참모와 병사	将軍と参謀と兵	田口哲	1942	
전원춘광	田園春光	高原富士郎	1938	
젊은 날개	若い翼	㵲映社	1941	항공국 지도하 제작 다큐멘터리
젊은 모습	若き姿	豊田四郎	1943	
정해항정	情海航程	水ケ江龍一	1940	
제5열의 공포	第五列の恐怖	山本弘之	1942	
제9교향곡	Schlußakkord	Douglas Sirk	1936	
지고마	Zigomar	Victorin-Hippolyte Jasset	1911~1913	프랑스에서 제작된 탐정 시리즈
지심곡	知心曲	高原富士郎	1938	
지원병	志願兵	안석영	1940	

번역 제명	원제	감독	제작/공개연도	비고
진가자매	眞假姉妹	高原富士郎	1939	
초선	貂蟬	卜萬蒼	1938	
초여름	Our Daily Bread	King Vidor	1934	
칭기즈칸	成吉思汗	牛原虚彦, 松田定次	1943	
쿼바디스	Quo Vadis?	Enrico Guazzoni	1913	
탄성고낭	彈性姑娘	苏怡, 鲁司	1937	
특별공격대	特別攻擊隊	日本映画社	1942	해군성 감수하 제작 다큐멘터리
하늘의 신병	空の神兵	渡辺義美	1942	
하늘의 저편	空の彼方へ	吉村廉, 春原政久	1939	
하얀 벽화	白い壁画	千葉泰樹	1942	
하와이 말레이해 해전	ハワイ·マレー沖海戦	山本嘉次郎	1942	
한강	漢江	방한준	1939	
함선 근무	艦船勤務	富岡捷	1941	
핫 워터	Hot Water	Fred C. Newmeyer (as Fred Newmeyer), Sam Taylor	1924	〈열탕 로이드〉 〈로이드의 첫사랑〉으로도 불렸음
해군	海軍	田坂具隆	1943	
해군과 체조	海軍と體操	西村元男	1942	
해군전기	海軍戰記	日本映画社	1943	
황당영웅	荒唐英雄	張天賜	1941	
황해대도	黃海大盜	吳永剛	1938	
훈풍의 정원	風薫る庭	大庭秀雄	1942	
희망의 푸른 하늘	希望の青空	山本嘉次郎	1942	
히다 사람	飛騨びと	マキノ眞三	1942	

기사 목록 | 『만주영화』

원문 호수	원문 쪽수	기사 제목	필자	자료집 쪽수
1937년 12월	49	[서지사항]만주영화 제1권 제1호		12
1937년 12월	2	발간사		13
1938년 2월	36~38	만주·영화 금석담	아마노 고타로	14
1938년 3월	24~28	전설의 만주	오쿠무라 요시노부	19
1938년 3월	46~47	영화 흥행·이문	무라야마 슌지	29
1938년 4월	34~35	[에세이]열차 안에서 영화를 생각하다	마치바라 고지	32
1938년 4월	52	[영화계 습록]조선영화주식회사 경성에 창립되다		35
1938년 5월	42~43	[읽는 시나리오]국도 건설	오쿠 이치	36
1938년 5월	62~65	[영화의 자료]영화 자료로서 만주 고고미술	시마다 사다히코	41
1938년 5월	71~72	[에세이]서사시와 영화, 기타	후루카와 겐이치로	46
1938년 10월	68	[영화계 습록]우수문화영화 가을의 에크랑을 장식하다		49
1938년 10월	68	[영화계 습록]〈만영뉴스〉 제7보 이미 착수		49
1938년 11월	65	[만주에서 개봉되는 일본영화 라인업]〈도생록〉		49
1938년 12월	23	[1938년 만주영화계 결산]배급 부분 - 12. 조선영화		50
1939년 1월	36	[신징에서 온 편지]대륙의 거리 - 도쿄의 친구에게	오하라 유키코	50
1939년 1월	65	[스타의 옆모습]최승희의 동생 자오수친		53
1939년 1월	108~109	만영 업무 개황		54
1939년 2월	48~57	만주의 문화영화를 말하다		59
1939년 2월	79	[일본영화·외국영화 소개]반도영화 〈무정〉		75
1939년 3월	74	[일본영화·외국영화 소개]〈심청〉		78
1939년 3월	83	[영화계 습록]반도영화계 최근 정세		78
1939년 3월	83	[영화계 습록]만영 최초의 후원회 자오위페이 양을 위해 탄생		80
1939년 5월	38	[양춘 시즌을 보내는 일본영화 라인업]조선영화 〈국경〉 국어자막판		80
1939년 5월	78	[만주영화신문]만선일여는 영화부터 - 만영, 조선배급소 신설		83
1939년 5월	88~89	만영 업무 개황		83
1939년 6월	22~24	[만주영화의 민족성 특집]민족별 영화 제작이 필요	이태우	89
1939년 6월	36~37	[훈풍을 탄 각국 영화 소개]조선영화 〈애련송〉		93
1939년 7월	35~36	[내가 좋아하는 만영 스타]국제적 여배우	이태우	96
1939년 7월	36~37	[내가 좋아하는 만영 스타]쑤이인푸와 왕리진	윤혜숙	97

원문 호수	원문 쪽수	기사 제목	필자	자료집 쪽수
1939년 7월	55～56	[동양영화계 동향]조선영화계 사건 하나	김태진	97
1939년 7월	75	[영화 소개]조선영화 〈성황당〉		101
1939년 8월	66	[영화 소개]조선영화 〈복지만리〉		103
1939년 12월	90～91	[1939년 동아영화계 회고]만주	오노 겐타	104
1939년 12월	92～93	[1939년 동아영화계 회고]조선	김태진	109
1939년 12월	102～103	미인 각양각색 – 만주·조선·지나의 여배우 풍속	이토 슌	114
1940년 1월	29	[매월 만화]		117
1940년 1월	96～97	[영화 소개]조선영화 〈수업료〉		118
1940년 1월	106～107	[영화로 본 '만주' 해부]만주의 민족	아카가와 고이치	118
1940년 1월	107～108	[영화로 본 '만주' 해부]만주의 풍물	모리 신	122
1940년 1월	110	[영화로 본 '만주' 해부]만주의 여성	하세가와 슌	124
1940년 1월	111～112	[만영 스타의 매력]만영 스타의 퍼스낼리티	심영	127
1940년 1월	112	[만영 스타의 매력]연기자 모두에게 보내는 말	송추련	127
1940년 1월	118～119	[특집 신춘영화 수필동산]경성영화계 이모저모	아리랑	128
1940년 1월	120	[만주영화신문]도호·만영 협동 대륙영화 〈백란의 노래〉 호평 자자		131
1940년 1월	120	[만주영화신문]만주영화 〈원혼복구〉 조선에서 큰 갈채		131
1940년 1월	120	[만주영화신문]비약하는 〈만영뉴스〉 영화부 북지나·조선까지 취재권으로		131
1940년 2월	53	[만영 연기자 만화 방문 특집]자오수친	무토 야슈	132
1940년 2월	62～63	[영화 소개]조선영화 〈수선화〉		132
1940년 2월	84	〈국경의 꽃〉 비판	오노 겐타	133
1940년 2월	87～88	[만주영화에 보낸다]경성으로부터 – 〈원혼복구〉에 실어	미즈이 레이코	136
1940년 2월	90～91	[제1선을 장식하는 신스타군]조선	이태우	137
1940년 2월	93	[만주영화신문]최초의 만선 제휴영화 〈복지만리〉 완성 임박		140
1940년 2월	93	[만주영화신문]만영 신발매 잡지 『만영화보』 호평		140
1940년 3월	52～53	[신영화]조선영화 〈지원병〉		141
1940년 3월	54	[매월 만화]만선 제휴영화 〈복지만리〉 완성		141
1940년 3월	90	[만주영화신문]영화화되는 〈만주인 소녀〉 – 만영과 일본의 신제휴작품		142

원문 호수	원문 쪽수	기사 제목	필자	자료집 쪽수
1940년 3월	90	[만주영화신문]대륙으로 깊이 들어가는 일본영화 각 사 주목		142
1940년 3월	91	[만주영화신문]최초의 만선 제휴영화 〈복지만리〉 드디어 완성		143
1940년 3월	91	[만주영화신문]조선 동아영화제작소 〈대지의 아이〉[개척민] 제작 결정		144
1940년 3월	91	[만주영화신문]도호, 조선영화와의 첫 번째 제휴작품 〈춘향전〉 제작 개시		144
1940년 4월	48~49	[화보]유계선		144
1940년 4월	64~65	[신영화]조선영화 〈처녀도〉		145
1940년 4월	104	조선전영계	서재하	145
1940년 4월	117~118	[대륙영화 제작 현황]만주	오노 겐타	147
1940년 4월	118	[대륙영화 제작 현황]조선	쓰무라 히데오(이태우)	151
1940년 4월	126~127	최초의 만선 제휴영화 〈복지만리〉가 완성되기까지	이태우	153
1940년 5월	56~57	[신영화]조선영화 〈신개지〉		156
1940년 5월	90	[좋아하는 스타]쑤이인푸 및 기타	김영팔	156
1940년 5월	91	[좋아하는 스타]농담이 아니라	하타모토 하치로	157
1940년 5월	91~92	[좋아하는 스타]흘러가는 별들	요시오카 긴로쿠	158
1940년 6월	94~95	[신영화]조선영화 〈돌쇠〉		160

기사목록 | 『영화연감』 쇼와 18년도(1943년)

기사목록 | 『영화연감』 쇼와 18·19·20년도(1943~1945년)

기사 제목	자료집 쪽수
[1. 영화계 일지]쇼와 19년 영화계 일지	282
[5. 영화 선장·표창·기타]쇼와 18년도 문부성 추천영화 기록 및 추천 이유	282
[5. 영화 선장·표창·기타]쇼와 18년도 문부대신상 영화	283
[8. 영화작품]쇼와 18년도 일본영화 총람	284
[8. 영화작품]일본 시사영화	286
[9. 영화 배급·흥행]개봉영화 일람표	286
[9. 영화 배급·흥행]쇼와 18년도 개봉영화 개봉관 흥행 수입 및 입장자 수 비교	287
[9. 영화 배급·흥행]쇼와 18년도 개봉 장편 일본영화 개봉 흥행 수입 및 개봉관 입장자 수 분석표	287
[11. 영화 자재]사단법인 조선영화사 쇼와 18년도 영화 제작용 자재 소요량	289
[11. 영화 자재]쇼와 18년도 조선 타이완 관둥주 각 흥행용 진공관 소요량	293

일제강점기 영화자료총서 14

일본어 잡지로 본 조선영화 7

초판 인쇄	2016년 12월 8일
초판 발행	2016년 12월 15일
기획 및 발간	한국영상자료원(KOFA)
펴낸이	류재림
펴낸곳	한국영상자료원
주소	서울 마포구 월드컵북로 400
출판등록	2007년 8월 3일 제 313-2007-000160호
대표전화	02-3153-2001
팩스	02-3153-2080
이메일	kofa@koreafilm.or.kr
홈페이지	www.koreafilm.or.kr
편집 및 디자인	현실문화연구(02-393-1125)
총판 및 유통	현실문화연구

2016 ⓒ 한국영상자료원, 이유미, 손이레, 양인실

값 22,000원

ISBN 978-89-93056-587 04680
      978-89-93056-09-9 (세트)